楚汉争霸

Hegemony Seeking between Chu and Han

兰台令史 著

辽宁人民出版社

© 兰台令史　2024

图书在版编目（CIP）数据

楚汉争霸 / 兰台令史著 . — 沈阳：辽宁人民出版社，
2024.9
ISBN 978-7-205-11068-0

Ⅰ . ①楚… Ⅱ . ①兰… Ⅲ . ①楚汉战争—通俗读物
Ⅳ . ① K234.109

中国国家版本馆 CIP 数据核字（2024）第 059930 号

出版发行：辽宁人民出版社
　　　　　地址：沈阳市和平区十一纬路 25 号　邮编：110003
　　　　　电话：024-23284191（发行部）　 024-23284304（办公室）
　　　　　http://www.lnpph.com.cn
印　　刷：天津光之彩印刷有限公司
幅面尺寸：160mm×230mm
印　　张：21
字　　数：260 千字
出版时间：2024 年 9 月第 1 版
印刷时间：2024 年 9 月第 1 次印刷
责任编辑：赵维宁
封面设计：人马艺术设计·储平
版式设计：一诺设计
责任校对：耿　珺
书　　号：ISBN 978-7-205-11068-0

定　　价：78.00 元

序 言

很多时候，人们都会被先入为主的固有认知限制，以至于对事情的本质的认识，从开始就受到有意识的引导，从而形成认知局限。

大部分人都会有从众的心理，接受约定俗成的观念，但这种观念正确与否，人们却并不具备辨别力。而学习历史，研究历史，就是塑造形成这种辨别力的过程，这对人的成长至关重要。

只有具备独立思考的能力，才能不受来自外界的纷繁复杂的干扰，做出独立正确的预判。

楚汉战争的历史广为人知，然而，大众熟知的却未必是真相。陈胜起义不仅仅是因为失期当斩，还因为秦与六国的矛盾依旧。秦尚未真正彻底征服六国，特别是楚国。

刘邦的身份不是一个普通的泗水亭长那么简单，他同时还是一位广交豪杰的游侠，沛县长吏萧何、曹参是他的至交，樊哙、周勃是他的好友。

刘邦与吕雉的婚姻是典型的地方实力派与外来豪门的政治联姻，他们是各取所需的双向奔赴。

巨鹿之战是项羽的成名战，也是他霸业的起点。鸿门宴是刘邦与项羽的第一次正面交锋，然而结果在宴会之前就已经见分晓。刘邦答应赴宴本身就是服输的表现，之后的"发配"蜀汉只是结果。

但项羽未曾想到，萧何月下追韩信，刘邦得到韩信，仅用数月便还定三秦，兵进中原，袭取彭城。

之后，楚汉争霸。刘邦采纳张良之计，为击败西楚霸王项羽，以韩信出其北，以黥布出其南，以彭越出其后，四面夹攻。最终使项羽陷入十面埋伏，四面楚歌，霸王别姬，兵败垓下。

三年反秦战争，四年楚汉争霸。刘邦从泗水亭长到建号称帝，仅仅用了七年。

但刘邦的天下是靠众人之力，之后，他不得不依照约定，大封异姓诸侯。这其中尤以韩信、彭越、黥布实力为强。曾经的战友，如今却成为心腹之患，刘邦不惜使诈用计乃至出兵镇压，历时七年，才将极具威胁的异姓诸侯换成同姓诸侯，刘邦的八个儿子，嫡子刘盈被立为太子，其余七子尽封诸侯。楚汉战争到此才真正结束。

作　者

目 录

大秦崩溃——大泽乡揭竿而起

有这么一场战争，距今已有两千年，人们熟知这场战争，也听说过很多关于这场战争的故事，甚至很多人对其中的典故如数家珍。

人们知道开局，也知道结果，却未必清楚其中的过程，然而真相就隐藏在过程之中，只有了解过程，才能知道真相。

是的，这场在中国历史上占据重要位置的战争，就是决定华夏民族命运与历史走向的楚汉争霸。

埋葬秦王朝的号角由大泽乡的九百戍卒率先吹响，这场由陈胜、吴广领导的农民起义揭开了反秦战争的序幕。

陈胜的功绩在于首倡大义，然而，他未能完成亡秦大业。因为不久他即兵败身亡，真正亡秦的是项羽跟刘邦。

九百戍卒的大泽乡起义是偶然的，但反秦起义的发生是必然的。

因为秦朝对百姓的压榨已经超出了人能承受的极限。

总之，一句话——天下苦秦久矣！

即使起义不发生在大泽乡，也会发生在全国的其他地方。即使不是陈胜，也会有张胜、李胜站出来，只要他们振臂一呼，也必然是群起响应。

历史的偶然中有必然。

历史的必然中有偶然。

大泽乡起义是偶然的，但反秦是必然的。因为秦法出了名的严酷。其实，秦法不仅酷虐还很严密，各项规定简直细致入微。民众稍不留意就会触犯秦律。

比如说偷采邻居家一片树叶，就要被罚三十天的苦役。乱倒垃圾就要被处以黥刑，即在人脸上刺字，这种刑罚会给当事人留下洗刷不去的耻辱印记。伤害性很大，侮辱性更强。

更为奇葩的是，成年男人连哭都是有罪的。现代社会，男人哭吧不是罪。但在秦朝，男人哭就是罪。有罪就要接受处罚。秦朝对此的惩罚是剃去眉毛胡须。这又是一项践踏尊严、侮辱性极强的刑罚。

古人讲，身体发肤受之父母，不得毁伤，眉毛、胡须与头发不仅关乎仪容，更是人尊严的体现。三国时，曹操割发代首、周鲂断发赚曹休的故事，都是古人这种观念的体现。剃去眉毛、胡须是对一个人极大的羞辱。

秦律的狠毒在于，不仅要通过苦役黥刑对人百般折磨，还要从精神层面对人极尽羞辱。

在严酷的秦律下，人们犹如生活在一所大监狱里，整日战战兢兢，如临深渊，如履薄冰。稍有不慎就会招致牢狱之灾。整个社会由此沉闷压抑，毫无生趣可言。压抑久了，就会爆发。

有压迫，就会有反抗。

终于在秦二世元年（前209），秦始皇死去的第二年，有人起来反抗了。

这年七月，一支由九百人组成的队伍在两名秦军校尉的率领下从楚国故都的陈郡出发前往渔阳戍边。在经过泗水郡（也称四川郡）蕲县大泽乡时遭遇大雨。

这场大雨下了很久，导致道路被冲毁，这九百戍卒也就被困在这里。眼看着一天天过去，再不走就要延误行程。众人不免心生忧惧，既担忧又恐惧。担忧是因为怕不能及时赶到渔阳，恐惧则是因为秦律对此处罚相当之重，失期当斩。

连绵的大雨下个不停，终于大家不再忧虑，而只剩下恐惧。因为耽搁得过久，此时就算立即出发昼夜兼程，也不可能在指定的日期赶到渔阳了。

就在众人对未来充满恐惧时，有两个人却正在密谋一场兵变。这两人一个叫陈胜，一个叫吴广，都是队伍里的小头目屯长。

秦代军队编制，五人为一"伍"，设伍长一人；两"伍"为一"什"，设什长一人；五"什"为一"屯"，设屯长一人。陈胜、吴广的部下合计也有百人左右。

秦法，失期当斩；逃亡，被抓也是死路一条；起兵反秦，也可能会死。既然都是死，与其被斩被杀，还不如起来反抗，也许还有一线生机。

陈胜说："天下苦秦久矣。我听说秦二世是少子，不当立，当立的本应是公子扶苏。只因扶苏多次犯颜直谏，才被逐出京城去边塞带兵。扶苏为二世所杀，百姓多闻其贤，未知其死。项燕为楚将，数战有功，爱恤士卒，楚人怜之。我们对外就称是公子扶苏、项燕的部队，起兵反秦，为天下先，必然应者云集。"吴广深以为然。行动之前，二人决定占卜预测吉凶。占卜师得知二人来意，当即说道："足下事皆可成，有功。然足下卜之鬼乎！"陈胜、吴广闻言大喜。他们瞬间领会占卜师的意思。占卜求神是他们求问吉凶。问鬼是要大家相信他们。

在干决定生死的大事时，人们总是要寻求精神上的慰藉。于是，两人开始行动。他们找来布帛写上"陈胜王"三字，悄悄将帛书放进鱼腹中。戍卒买鱼烹食，不出预料地发现了藏在鱼腹中的帛书。很快，帛书上的内容就在戍卒们中间流传开。接着，二人又趁热打铁，晚间宿营，陈胜又让吴广躲在草丛中，在篝火附近学着狐鸣大呼"大楚兴，陈胜王"。听到声音的戍卒们躁动不安，度过了惊恐的一夜。第二天，大家三三两两聚在一起，窃窃私语，说话的同时却都不约而同地看向陈胜。

给自己增加神秘感，显示出自己的与众不同，这是古往今来最普通最寻常的套路，却也是最简单最实用的策略。

这么做的目的是抬高身份，大家都是戍卒，即使是屯长，比普通戍卒也高不到哪里去。他们即将要干的是拼上性命的大事。既然出身不高贵，就只能营造一个人设，与普通人拉开距离感。因为距离不仅会产生美，也会生成权威。

经过鱼腹丹书与篝火狐鸣事件，陈胜的威望迅速提升。

氛围已经烘托到位，接下来就该动手了。他们要带领九百戍卒起事，首先就要夺取这支部队的领导权。而这对他们来说，其实并不难办。因为押送他们去渔阳的，只有两名秦军校尉。

至于如何夺权，两人也经过周密策划。首先，还是气氛烘托，吴广趁两个秦军校尉酒醉，故意用言语激怒他们，目的就是要他们当众鞭挞他。以此达到激怒众人，制造出秦法严酷、秦人暴虐的氛围，为接下来陈胜的出场做铺垫。

两名秦军校尉不知是计，果然举鞭就打。想必平时，他们也经常鞭挞手下的这些戍卒。秦军校尉嫌打得不过瘾，直接拔出佩剑，要杀吴广。他不知道，吴广等的就是这个机会。说时迟那时快，吴广起身，夺剑，反杀，整个过程一气呵成。秦军校尉尚未反应过来，就已经被吴广用剑击杀。这时，陈胜也及时出手解决了另一个秦军校尉。

陈胜随即召集九百戍卒，发表了那篇著名的载入史册的战前动员："我等遇雨，皆已失期，秦法失期当斩。即使免于一死，戍边死者亦十之六七。且壮士不死即已，死即举大名耳，王侯将相宁有种乎！"

千年之后，读到此处，仍令人血脉上涌，热血沸腾。

失期当斩，秦法的严酷是激起众人反抗的首要原因。秦朝的统治者原本是想用严刑重罚威慑百姓，使之不敢反抗，任其驱使奴役，不承想这反而加速了秦朝的崩溃。

如陈胜所说，失期不一定就会死，秦律对各项处罚都有明文规定，况且事出有因，罪不至死。但即使逃过这一次，能逃过下一次吗？陈胜还说，戍边的人大多有去无回，这也是人所共知的事实，很容易引起大家的共鸣。

在秦朝当老百姓是真的苦。稍有罪过，轻则罚做苦役，重则黥刑发配，被拉去盖宫殿；即使不犯罪，也会被征派徭役去修长城。不做苦役不做徭役的，又被派去戍边，从中原腹地去北方长城防御匈奴，千里长途，十之六七也会埋骨异乡。

触犯秦律是死，修城戍边也是死，反抗暴秦也是死，既然都是死，那还不如死得壮烈一些，那些王侯将相，难道是与生俱来的吗！

陈胜的话成功激起大家的反抗之心，大家群情激奋，愿受教命。

陈胜充分利用了众人对秦朝暴虐统治的不满，对故国的怀念，对远役戍边的恐惧，因势利导。

于是，九百戍卒群情激奋，斩木为兵，揭竿为旗，在陈胜、吴广的率领下发起反抗暴秦的农民起义。

关于大泽乡起义的文章大多是以《史记》为本做如上描述。这是事实，但又不完全是，只有将整个事件放在时代的大背景下，进行完整的叙述，才能窥得全貌，得到真相。

陈胜，陈郡阳城人。吴广，陈郡阳夏人。从这可知，这支戍边的部队成员大多来自陈郡。

而在秦统一之前，陈郡属于楚国。陈郡的治所陈县在楚国时也被称为郢陈，因为这里曾是楚国的都城。

起义的发生地大泽乡在泗水郡的蕲县，这里也是楚国的军事重地。昌平君反秦，楚将项燕大战秦将王翦的战争都发生在蕲县。陈郡、泗水郡所在的淮泗地区，在楚国东迁之后的重要性大致就相当于秦的关中。这里是楚人的大本营，是楚人势力最集中的地区，同时也是秦朝统治最薄弱的地方。由此可知，反秦起义率先在这里爆发，就一点也不足为奇了。

在秦统一六国的过程中，秦军遭遇的最大挫败就来自楚国。秦将李信率二十万大军攻楚，却被项燕率领的楚军打败，伐楚战争一度被迫停止。楚军甚至发起反攻不停地收复失地，逼得秦始皇不得不临阵换将，重新征召老将王翦，在其要求下征集动员六十万大军才攻下楚地。在攻伐六国的战争中，只有攻楚之战打得最为艰苦。

到陈胜起兵时，距那场战争也仅仅过去十四年。在陈胜率领的这支起义军中可能就有很多曾经的楚军士兵，他们中的很多人甚至就是当年项燕的部下。

主将被杀之仇，亡国切肤之痛，令楚人对秦始终怀有深深的仇恨，所以，才有那句流传甚广的口号：楚虽三户，亡秦必楚。

首先起兵吹响反秦号角的陈胜，随即响应并在后来的巨鹿之战中全歼秦军主力的项羽，以及率先入关最终实现亡秦的刘邦都来自楚地。

从始至终，楚都是反秦最彻底最坚定的。

楚与秦不仅在军事上是敌对的，在政治上也是对立的。

秦走的是郡县制中央集权路线，相比之下，楚虽然也在很多地方实行郡县，但仍保留有大量的分封制。相比于上下一体的秦国，楚国只是一个散装的国家，地方豪族拥有强兵劲旅。

在国家层面，秦优于楚。秦国可以集中全国力量进行统一战争。楚国却调不动地方上的强宗豪族。于是，楚在与秦的战争中败下阵来。

楚国和秦国是战国后期的两种极端。秦国几乎全盘否定西周的封建制度，而楚国几乎是全面发起建成楚国版的西周封建体系。

战国末年，秦代表集权，楚实际上代表的是封建。尽管各国出于救亡图存富国强兵的目的都不同程度推行以加强中央集权为目标的改革，但相比于山东六国，只有秦的改革最彻底。楚在战国七雄中的改制是最不彻底的那个。

楚国是集权改革非常早的国家。战国初年，楚国就推行吴起变法，但变法推行不久就被迫停止。楚悼王尸骨未寒，楚国封建贵族就对吴起发起反攻倒算，射杀吴起。楚国变法在战国初期即宣告失败，这让楚国王室在如此惨烈的前车之鉴下，从此不敢轻言变法改革。战国后期，楚国的景、屈、昭、项、怀、唐等大族在自己的封地内高度自治。此时的楚国就是一个小号的西周。

战国混战，秦以举国体制击败六国。秦与韩、赵、魏乃至燕、齐的战争堪称国战，交战各方都是中央集权体制下的国家。虽然集权的程度各有不同，但都是以举国之力，全力以赴与敌对抗，可以进行最大限度的战争动员。

秦是在基本全歼韩、赵、魏以及燕、齐等国的军队主力后，才将其纳入版图的，只有楚国是个例外。

因为楚国的分封体制散装结构，导致楚国很难进行全面的战争动员。以至于楚虽亡国，但在楚各地，地方豪强仍具有相当强的体量，实力得以保存。

楚国的封建在战国时代是劣势，但在后战国时代反而成为优势。

在各国与秦的对战中被消耗殆尽时，楚国地方仍保有相当强的实力。正是这个原因，才使不久之后，楚成为反秦的实力担当。

在七国混战中得以幸存的楚地豪强，在反秦战争中反而成为反秦的中流砥柱。这有点像魏晋北方少数民族南下时，中原各地豪强建立的坞堡营寨。他们在中原王朝执政时期具有很强的独立性，是地方的豪强，但在反抗北方民族政权南下时却也成为保存汉人种族血脉的主力军。

秦在统一六国之后，也注意到了地方上的强宗豪族。扫平六国不久，秦就有计划地将六国的主要宗室地方上的强宗大族迁往关中，就近看管，一来可以割裂他们与本土的联系，削弱其势力；二来也可以充实关中人口，增强实力。此消彼长，强干弱枝，也是确保国家长治久安的良策，后来刘邦把这些都学去在汉朝用。

实际上，秦汉、隋唐是军政一体，也是萧规曹随。秦北逐匈奴，南征南越；汉北伐匈奴，南并百越。隋北抗突厥，东征高句丽；唐北征突厥，东平高句丽。朝代更替，国策如一。

秦始皇迁移削弱关东六国宗室地方豪强的策略相当高明，这是加强中央集权最明智的选择。

只是如此好的政策尚未看出成效，秦便在楚人的汹涌攻势下土崩瓦解。

迁移豪强固然能削弱地方豪强，但秦始皇忽略了一个重要的问题，不仅布衣百姓是韭菜，可以不停地收割，其实，豪强也是。地方上的强宗大族被秦迁走不少，但很快就会有新的豪强冒出来，填补空缺。地方豪强是比布衣百姓更强劲的韭菜，割走一茬，又会再长出一茬。

秦迁徙的关东豪族以楚国的屈昭景及齐国田氏为主。因为六国之中，以这些豪族的势力最强。面对虎狼之师的秦军，齐国几乎未做抵抗，因而也得以保留有生力量。在不久之后的反秦战争中，楚人当仁不让成为抗秦主力，而齐人紧随其后，在诸侯中的实力仅次于楚。

不久之后的秦攻魏临济之战，秦攻赵巨鹿之战，魏、赵都不约而同地选择同时向齐楚求救。因为能救他们的、有实力救他们的，也只有齐、楚两国。

一直以来，人们都认为陈胜的起义是被迫的，是被逼上梁山。

但是，有没有一种可能，其实，他们只是在等一个机会，一个可以动手的时机。

被迫的成分当然有，但恐怕主观的意愿占比更多。

对秦的统治，最不服气的就是楚人，而楚人有实力，大量的地方豪强的存在；有意愿，"楚虽三户，亡秦必楚"的刻骨仇恨。

有潜在的巨大实力，有深厚的群众基础，之所以一直不敢动，只是因为那个人的存在——秦始皇。

一国之主对国家的影响究竟有多大呢！这个可以看看后来的汉朝，刘邦在时，吕后就不敢对刘邦的儿子们动手。吕后在时，功臣集团就不敢对吕氏动手。同理，秦始皇在时，六国的反抗势力就不敢妄动，连轻举都不敢。

对六国暗潮汹涌的反抗势力，秦始皇也有所觉察，所以，他在统一之后的第二年，就开始了他的多达五次、时间跨度长达十年的全国出巡之旅。

很多人都知道秦始皇出巡是为求仙问道寻找长生之术，但很多人不知道的是，盛装出巡，也是一种威慑，对反对势力的威慑。

史书上经常搞些神秘兮兮的事情，比如始皇帝常说东南有天子气，于是东游以厌之。其实，所谓"东南有天子气"，必须去压一压，用正常的政治话术说，就是原楚国地区的反叛势力暗流涌动，必须要加强警惕与巡视，要及时发现、尽早镇压。

但因为汉朝要为刘邦营造布衣天子的神秘感，所以将秦朝的政治决策给迷信化表述。刘邦在东南，刘邦是楚人，因此故意把楚国势力对秦朝的威胁，以"东南"这个方位安到刘邦头上。

而秦始皇在出巡的途中果然有"惊喜"。公元前218年，在第三次出巡途经阳武县博浪沙（今河南省原阳县）附近时，秦始皇遭遇了他人生中的第二次刺杀，上一次还是荆轲刺秦。刺客用投掷巨石的方式，想要将秦始皇砸死，但秦始皇的车队规模庞大，他的专车也不止一两个。结果，刺客搞错了，砸的是秦始皇的副车。秦始皇运气好，躲过一劫。

幸免于难的秦始皇大怒，当即下令在全国通缉刺客。但任凭他是皇帝，抓刺客这种事情，他也搞不定。到最后也未查清刺客和幕后主使。秦始皇不知道，但我们都知道。策划这一切的便是日后名动天下的"汉初三杰"之一的张良。因为刺客是他找的，地点是他选的。而张良的真正身份是韩国宗室，不是吃泡菜的那个，是战国七雄之一的韩国，坚甲利兵的那个。

秦始皇三十七年（前210），秦始皇第五次出巡。这也是他最后一次出巡，目的地就是南方的楚国故地。

秦始皇从咸阳出发经武关南下抵达云梦泽，之后登九嶷山望祭虞舜；随后乘船沿长江而下，经丹阳下钱塘，登会稽山祭祀禹；然后由会稽山北上，过会稽，北渡长江，沿海北上山东，先后抵达琅琊、荣成，而后西返。但在抵达平原津（今山东省平原县西南）时，秦始皇突然病倒，未及返回咸阳，便在沙丘（今河北省广宗县附近）病逝。

秦始皇死后，原六国的反抗势力才敢动。之前，他们是不敢的。最多也不过是搞些刺杀、暗杀。但之后，他们就敢了。因为令他们畏惧的那个人死了。

秦始皇过会稽的时候，有对叔侄目睹了始皇帝的威仪。侄子看着前呼后拥、威风八面的秦始皇，说了一句："彼可取而代也。"意思是，我可以取代他。完整的表述应该是，我可以取代他，坐上他那个位置。

他的叔叔赶紧捂住他的嘴说，别乱讲话，这是要杀头的。这个侄子就是后来威震四方的西楚霸王项羽。他的叔叔就是项梁。"彼可取而代也"，就是成语取而代之这个典故的出处。距这次巡游仅仅一年后，项梁、项羽叔侄便杀会稽太守起兵反秦。

很明显，将秦的暴政归咎于秦二世有点名不副实。这个锅，秦二世背不动。

大泽乡起义发生在秦二世元年（前209）。秦始皇死在秦始皇三十七年（前210）。注意这个时间，前后相差不到一年。总有人将秦的崩塌归之于秦二世的暴虐统治，但从秦二世上台到起义发生，只有一年。

秦始皇死后的第二年，反秦起义就发生了。

这真的是巧合吗？综合以上的种种因素，显然不是。起义发生在大泽乡是偶然的，但发生在楚地一点也不偶然。

他们早就在等这一天呢！

陈胜对外自称是公子扶苏、楚将项燕的部属。这个说法，总感觉有点怪怪的。

项燕好理解，他是楚国名将，也是曾经率领楚兵抵抗秦军的统帅，在楚地有很高的名望。

但公子扶苏是秦始皇的儿子，还一度被认定是始皇帝的接班人。

陈胜以公子扶苏的名义起事，还是跟项燕放在一起，一个秦国公子，一个楚国名将，不明真相的话，有疑问也是很正常的。

这两人究竟有何联系？不清楚战国历史的人看到这里，会觉得陈胜的口号多少有点风马牛不相及。

但如果清楚战国乃至秦楚之间错综复杂的关系以及他们爱恨交织的历

史后，就不会这么想了。他俩的联系可大了。

如今有一个很流行的词——相爱相杀。用来形容秦楚关系是再合适不过了。

秦楚确实是仇敌，多少次兵戎相见，战场搏杀。但同时，他们也是亲戚，秦楚联姻，世代通婚。

曾经，他们一个是西部的边鄙之国，一个是知名的南蛮国家，同时被中原各国所鄙视。相同的遭遇让他们很有共同语言，于是，他们决定抱团取暖。

秦楚通好的主要形式就是政治联姻。春秋时期，秦晋交往紧密，表现形式就是两国之间经常联姻以巩固双边关系。以至于后来，人们把男女结为夫妻步入婚姻称为结为秦晋之好。

进入战国时代，秦晋之好就变成了秦楚之好。虽然政治联姻在战国七雄之间很流行，联姻的也不只秦楚，秦与韩魏也联姻。但秦与楚的政治联姻更持久、更稳定，对两国的政治影响也更大。

战国七雄对峙二百年，秦始皇却仅用十年，便以摧枯拉朽之势横扫六国，统一天下。

之所以如此高效，原因在于秦始皇是"奋六世之余烈"。也就是说，秦始皇的成功靠的是六代人的积累与奋战。然而，真正为秦始皇打下坚实基础的是他的爷爷秦昭王。

改变战国时代的战略格局，影响战国历史走向的重大战役都发生在秦昭王在位时期。战国二百余年，秦昭王在位就超过五十年。秦与韩魏的伊阙之战，韩魏被打垮。秦与楚的鄢郢之战，楚国被重创。秦与赵的长平之战，赵国主力被歼，从此一蹶不振。因为这些战役的胜利，才确定秦统一六国的胜局。

但功劳不仅仅属于秦昭王，甚至在相当长的时间里，他都不是主角。

真正的掌权者是站在他背后的人——他的母亲宣太后跟他的舅舅长期担任秦国相邦的魏冉。

宣太后与魏冉是同父异母的姐弟，他们来自楚国。秦昭王在位的大部分时间，执政的其实是楚系外戚。

伊阙之战击溃韩魏、鄢郢之战击垮楚国、长平之战击败赵国的是同一个人——战国名将白起。而提拔白起的人是魏冉。

秦始皇的父亲秦庄襄王是一个很不受待见的公子，被派去赵国当人质。原本与王位毫不沾边的他，就因为投靠了楚系外戚，投到华阳夫人门下，才顺利接班实现逆袭。秦庄襄王的上位靠的是华阳夫人。他即位后，自然要投桃报李。华阳夫人被尊为王太后。楚系外戚又一次进入权力中心。

秦始皇即位之初，秦国有韩、赵、楚三大外戚。经过一系列的政治洗牌，楚系外戚笑到最后再度掌权。在平定嫪毐叛乱时，华阳太后的两个外甥昌平君与昌文君立下大功，昌平君更是一度担任秦国相邦。

昌平君与昌文君都是楚考烈王的儿子。楚考烈王还是太子时来到秦国做人质娶了秦国宗室之女，生下昌平君与昌文君。

后来，楚考烈王私自逃回楚国继位。留下来的两个儿子在华阳太后的庇护下，不但未受牵连，还因为平乱有功成为封君。

因为对秦始皇父子有拥立之功，华阳太后、昌平君的楚系外戚在秦国政坛的地位举足轻重，几乎就是当年宣太后跟魏冉的翻版。在他们的策划下，成年之后的秦始皇大婚迎娶的王后自然也是楚人。

秦始皇的长子扶苏就是他与来自楚国的王后生的儿子，也就是说，扶苏具有楚国血统。

秦始皇的处境就如同当年他的爷爷秦昭王，一心想摆脱楚系外戚的控制。于是，在华阳太后死去不久，秦始皇就将昌平君排挤出政治中心。昌平君在李信攻楚时也毅然选择起兵反秦为祖国而战，成为战国时代最后一任楚王。

既当过秦国相邦又做过楚王的昌平君的经历可以很好地反映出秦楚之间的复杂关系。

可惜，昌平君很快兵败身亡。而公子扶苏就成了楚系外戚在秦的最后代表。

秦始皇起初不想让扶苏继位，也是因为有当年楚系外戚干政的心理阴影。而且，昌平君在楚国旧都郢陈反秦，这对秦始皇的刺激相当大，楚系外戚因此被政治清算。

公子扶苏自然也受到牵连，但秦始皇还是很爱这个儿子，最后还是决定将皇位传给扶苏，可惜诏书被篡改。扶苏也被逼自杀。

正因为扶苏有楚人血统，死得又冤。楚人对扶苏充满同情，扶苏深得楚人心。以扶苏之名起兵极具政治号召力，陈胜正是考虑到这些，才自称是扶苏的部下。

不久之后，以项梁为首的楚地义军拥立楚怀王的孙子熊心为楚王，仍称楚怀王，也是相同的理由，"从民望"。

陈胜、吴广以扶苏、项燕的名义在大泽乡起兵。陈胜自封将军，吴广为都尉率九百戍卒起义后，立即占领大泽乡，并很快攻占蕲县。

随后，起义军兵分两路，分别向东、西两个方向进军：陈胜令符离人葛婴率兵攻打蕲县以东；陈胜、吴广则率主力西进，先后攻占铚（今安徽省宿州市西南）、酂（今河南省永城市西）、苦（今河南省鹿邑县）、柘（今河南省柘城县北）、谯（今安徽省亳州市）。一路上，沿途百姓纷纷加入，到陈县（今河南省周口市淮阳区）附近时，起义军已有兵车六七百乘，骑兵数千，步卒数万。

陈胜在大泽乡点起的星星之火，在楚国旧地很快便呈燎原之势。

从蕲县大泽乡到陈郡的郡治陈县，起义军顺风顺水，只见沿途加入的民众，却不见有秦兵出来阻挡，直到陈县才遇到轻微的抵抗。

原本应担负守城重任的陈郡郡守与郡尉竟然都不在，估计是事前得到风声，弃职挂印，望风而逃。

只有郡丞坚守岗位率领部下与起义军对战，然而，他很快就败下阵来。面对汹涌而来人数众多、气势如虹的起义军，郡丞的抵抗显得微不足道，简直就是螳臂当车，不自量力。郡守、郡尉为何不战而逃呢？因为他们知道陈郡守不住，靠为数不多的郡兵根本挡不住起义军，与其白白送死，还不如早点逃命。

陈胜率军顺利攻占陈郡的郡治陈县。之前说过，这里曾是楚国的旧都郢陈，是楚国东迁后的军政中心。收复陈郡对楚人意义重大。

复兴楚国是千千万万楚人心中的梦，现在这个梦正在变成现实。陈胜的胜利让楚人看到了希望。陈胜本人也将复兴楚国当作他的使命。

进入陈县后，陈胜便召集当地三老豪杰商议大计。众人纷纷劝进："将军身被坚执锐，伐无道，诛暴秦，复立楚国之社稷，功宜为王。"陈胜本有此心，于是便"迎合众意"自立为王，定都陈县，号为张楚。

不难猜测，进入楚国旧都郢陈后，陈胜就萌生了称王的心思。正是因为他的意图表现得过于明显，在他的强烈暗示，也可以说是明示下，大家才心领神会一致推举他称王。

陈胜起兵才一个月就迫不及待建都称王，足见其见识之浅薄、才智之平庸。事业才起步，啥都不确定呢，就急着给自己加官晋爵，此时的这个官爵就只是徒增祸患的摆设，等于主动站出去给人当靶子打。在实力尚弱时称王称霸，过于招摇的结果就是，引来敌人的注意，被人围攻。起步时期，积蓄实力闷声发大财远比戴徒有其名的官帽更实在。官职名位是需要实力作背书才能做得长久的。

建国称王，但凡有点野心的都想，有的人急不可待，有的人稳中求进。陈胜显然属于前者，而后者的典型就是历史上在刘邦之后第二位平民出身的皇帝朱元璋。

一千多年后，朱元璋采纳谋士的建议，高筑墙，缓称王，明显就是吸取了陈胜的教训。

陈胜起兵之后，楚人群起响应，纷纷攻杀秦吏，夺取政权。楚人数千人为一部，占据乡邑，聚众兴兵的不计其数，这说明楚人早就想动手了。陈胜不过是最先付诸行动的那个人。在大家还在观望的时候，他有勇气第一个站出来。

陈胜的功绩在于首倡义兵。不过他的贡献也就仅限于此了。

陈胜称王不是临时起意而是早有此心，他在起兵之初就已经说得很明白了。正是他在大泽乡起义时对众人说的，"王侯将相，宁有种乎！"难道只有那些贵族宗室才能出将入相封侯称王吗？当然不是，我也行。

陈胜急于称王也有现实原因，那就是起义军急需一个号召大众的领袖。扶苏、项燕已死多时，当初可以以之为号，但如今起义军已然成势，他们需要一个真正的领导人。

陈胜其实有两个选择，一是利用楚人的故国之思，迎立楚国宗室为王；二是以首义之功、兵众之盛，自立为王。

陈胜选择了后者，但他的部下葛婴选择了前者。

在陈胜西进陈县的同时，葛婴也率兵东进。形势的发展之快超出所有人的预料，面对如火如荼的革命烽火，葛婴也意识到，起义军需要一个有名望的带头人，既然他们是楚国起义军，当然拥立原楚国宗室最合适。

葛婴进军至东城，在这里找到了原楚国宗室襄强，便立其为王，以为号召。

但很快，葛婴就收到了一个令他崩溃的消息，陈胜已经在陈县称王。

葛婴马上就意识到他犯下了多么严重的政治错误。"知错能改"的葛婴立即杀掉襄强返回陈县负荆请罪向陈胜认错，希望能得到宽大处理。

陈胜的反应也很干脆，当即将葛婴诛杀。

总有人说这是陈胜失败的开始，杀戮功臣，致使人不亲附。这些人显然不懂政治，缺乏常识。

葛婴犯的错在任何时代都是不可饶恕的。不经请示，自立中央。不管是项羽还是刘邦，遇到这类事情，都只有一个态度，杀。

一山不容二虎，一国不容二主。

葛婴拥立襄强事前却不请示陈胜，显然是未将陈胜放在眼里，不仅是对陈胜的轻视怠慢，更是对陈胜的政治挑衅。

如果陈胜不杀葛婴，才是大错特错。因为那就意味着以后人人都可自行其是，自作主张。

葛婴犯的是原则性错误，不可原谅，只能杀。

法令不行，何以号令三军？

听说陈胜称王，当年的一些故旧乡友纷纷前来投奔，因为他们都还记得当年陈胜对他们说过的话："苟富贵，无相忘。"

说起这句话的知名度，仅次于陈胜在起义时说出的那句名言："王侯将相宁有种乎！"

陈胜在大泽乡时的目标——称王已然实现。此时距他起兵不过一个月。人们相信他也会履行当年的诺言。

话说陈胜出身贫苦，年轻时他也曾跟很多底层人民一起，靠出卖体力谋生。他们受雇于地主，为人种地。农村按财富不同也有等级之分，最高的是良田千顷、富甲一方的大地主，其次是数十顷的小地主，再有就是百亩之地的小自耕农，最低的是没有土地只能给地主耕地的贫雇农。陈胜就属于最低等级的那类人。

　　一天，陈胜同一群雇农在田间劳作。干着干着，陈胜不禁心生烦闷，种地是很辛苦的，更何况种的还是别人的地。辛苦一年只是给别人劳作，自己只能得到微薄的报酬勉强糊口。可那些豪强地主不用劳动就能坐享其成。

　　想到这里，陈胜就愤愤不平，干脆放下农具，坐在田边怅恨良久，对身旁的伙伴说："苟富贵，无相忘。"大家听了只是笑笑："若为佣耕，何富贵也？"陈胜不再说话，因为他知道层次不同，多说无用，这些人是不会理解他的抱负雄心的，叹息良久之后，陈胜又说出了一句流传千古的名言："燕雀安知鸿鹄之志哉？"

　　陈胜只是感叹，你们这些燕雀，怎么会知道我这个鸿鹄的远大志向呢？

　　如今，陈胜已由戍边的屯长成为建都称王的义军首领，实现了鸿鹄之志。于是，当年那些"燕雀"得知后纷纷赶来投奔。

　　但是，多年过去，这些人还是一点都没长进，见识浅陋，言语粗鄙。

　　当着陈胜侍从部下的面，大谈昔日趣闻旧事，他们以为是在畅叙旧情，殊不知不经意间却揭了陈胜的短，泄底就怕老乡。

　　陈胜刚刚称王，正在树立威信，怕的就是这个。他最不愿提起当年旧事。这些人却说得起劲，丝毫未注意陈胜越来越难看的脸色。

　　陈胜知道再让这些人说下去，他必将颜面扫地。领导人既要表现出亲民的姿态，也要保持距离，营造神秘感。

　　真与他们打成一片，得到的将不是尊重，是怠慢，是得寸进尺的轻视与贪婪，这就是人性。

　　为了自己不被部下当作笑料，陈胜杀了一些信口乱说的老乡。剩下的见势不妙纷纷作鸟兽散。

　　很多人说陈胜的失败就是因为他杀故旧乡友，导致人心离散，才最终败亡。这实在是胡说八道。

陈胜只是在维护他的威信。那些揭露陈胜陈年往事的人死在不懂人情世故。

想想，如果朱元璋的旧时同乡老友在宫廷宴席上大谈特谈当年与朱元璋一起讨饭的往事，还绘声绘色说得眉飞色舞，你猜朱元璋会不会杀他们。

露脸的事儿随便说，但丢脸的事儿不要提，显贵之后更不可说。

地位越高，越在乎面子。

朱元璋自己可以说他是淮右布衣，但你要是敢当众揭他的底，他就敢扒你的皮。

西进北上——多路出击的张楚大军

陈胜建都称王之后，立即部署指挥军队，多路出击，主力西征，偏师略地，同时向南、北、西三个方向全面出击：

以周文为将军领兵西进直扑函谷关，目的是入关破秦；

以吴广为假王率主力向西进攻军事重地荥阳，也是连通秦国关中与山东六国的水陆交通枢纽，附近还有全国最大的粮库敖仓；

又命宋留进攻南阳郡，意图从南面的武关进兵关中；

令汝阴人邓宗南下攻略九江；

同时令陈人武臣率邵骚、张耳、陈余等北上攻略赵地。

虽然是南、北、西三面出击，但南、北两个方向都是虚张声势，目的也只是扩大政治影响，分散目标，派出去的都是偏师，尤其是南路，对战局的影响几乎可以忽略不计。

北路的武臣军只有三千人。南路的邓宗军大致与之相当。

三路之中，只有西路是主攻。这一路就集中了起义军的两支主力部队。

陈胜起义军初期的胜利在于快，扩张速度快，进兵速度更快。兵贵神速，用在此时的起义军身上最恰当不过。快，还要更快。越快越好。不给敌人准备的时间，不给敌人反应的机会，就是要用最少的时间去击溃敌人。

周文从陈县出发时的兵力不得而知，但他率军进至函谷关时，已有战车近千辆，兵数十万，其中大部分都是沿途加入的新兵。而陈胜七月才在大泽乡起兵。八月，周文大军就已经兵临城下，杀到函谷关前。这个速度不可谓不快，甚至可以说是相当之快。

起义军之所以能有如此速度，还要感谢秦始皇。是的，你没有看错。因为秦始皇在统一天下之后，下令在全国的主要交通干线上修筑驰道，也就是古代版的高速公路，目的当然是便于运兵。

因为兵力的投送能力就是军事实力的一种最直观最直接的体现。兵力投送的距离、范围跟速度在很多时候就能决定战争的胜负。

在兵力有限的情况下，高效快捷的运兵通道可以保证秦朝将有限的兵力，通过驰道投送到任何需要的地方。

只要调度得法，速度够快，十万人可以发挥出二十万人的效果，甚至更大。

秦军仅用十年时间，就以摧枯拉朽之势，横扫六国。这种纯靠武力压制的征服是不稳定的，在消化六国反抗势力之前，只能用武力镇压的方式来维持统治。

但秦军的兵力有限，将秦军分散到六国各地，像撒胡椒面似的到处设点驻军防守，既不现实，也难以做到。兵分则力弱，处处分兵，就会处处薄弱，更容易被各个击破。那就只能集中兵力防守主要的大城市，然后利用驰道将这些战略要地连通起来。

一旦一方有警，驻军只要通过驰道就能迅速出击，事后再返回驻地，这种以点制面的军事部署，靠的就是驰道。

本来，秦军通过古代版的高速公路驰道，可以有效解决占领区过大、兵力不足的难题。

但秦始皇的胃口属实有点大。在统一六国之后不久，他就将打击矛头指向北方的匈奴。

大将蒙恬率三十万秦军精锐北伐，将匈奴驱逐出河套平原，然后秦军并未撤走，而是修城筑堡就地驻防。

与此同时，秦始皇又先后派出五十万人南征百越。

北逐匈奴，南征百越。

取得辉煌胜利的同时，秦在国内尤其是刚刚被征服的山东六国的驻军数量也在急遽减少。

大秦帝国的兵力分布呈现严重的外重内轻的局面。最有战斗力的部队都在北方的边防线上，中原却极度空虚。

这种情况下，不出事还好，出事就是大事。秦朝要不是出了一个章邯，差点就被陈胜临时拼凑的起义军给平推了。类似的事情还有后来唐朝的安史之乱。唐朝虽未被平推，但也造成长安失陷、天子出奔的严重后果，唐朝也由盛而衰。

陈胜起义军从大泽乡起义到陈县称王，在楚地迅速壮大。在这个过程中，从头到尾都不见主力秦军的踪影。秦朝任命的官吏不是逃亡就是被杀。由此可见，秦在楚地的统治因为缺少驻军的军事威慑，变得极其脆弱。

脆弱的不仅是秦在楚地的统治。在外重内轻的布局下，原来坚不可摧的函谷关，也被起义军轻而易举地给突破了。

当年六国合纵伐秦，动辄就是几十万大军，精兵名将尽出，二百年间攻进函谷关的次数也屈指可数。仅有的那几次也是劳师糜饷，历时数月甚至数年，才辛苦打下来。

而此时的函谷关在周文率领的起义军面前简直不值一提，一走一过就给平了。这让六国的精兵强将情何以堪！

周文率军沿着秦朝修的东西快速干道——三川东海道，一路狂飙突进，一直前进到戏这个地方。

这里距咸阳已经很近，可说是近在咫尺。胜利似乎遥遥在望，唾手可得。

轻取函谷关后，起义军就在秦国的关中腹地彻底放飞自我，纵横驰奔。但是，他们的入关之旅也就到此为止了。因为大秦的正规军即将出场。

听闻起义军入关，秦廷陷入慌乱。秦二世更是吓得不知所措，只是连说，怎么办，怎么办？他向群臣问计，可大臣们也是面面相觑，想不出主意。就在秦廷君臣大眼瞪小眼没辙的时候，少府章邯挺身而出说："群盗已近，从各县调兵已来不及。骊山刑徒尚多，请皇上赦免他们，发给兵器，使击盗贼。"

秦二世当即采纳章邯之计，宣布大赦。按照谁出主意谁干活的原则，少府章邯成为这支临时组建的秦军的主帅。

也许有人会问，用罪犯刑徒组成的军队去迎战起义军真的靠谱吗？要是这些人临阵倒戈怎么办？要知道，当年的殷商王朝就是这么亡国的。

周武王趁商军主力东征，商都朝歌兵力空虚之际，也率军东进，乘虚而入。商纣王来不及调集军队，匆忙之间只能武装奴隶囚徒来抵抗周军。谁知，奴隶们在阵前倒戈，转头就带领周军杀进朝歌。商纣王走投无路被迫举火自焚，商朝也就此覆亡。

陈胜也是趁秦军主力远在北方防御匈奴，派周文率军趁机攻入函谷关，目的也是想乘虚而入，一举灭秦。秦二世也是来不及调兵才组织刑徒来抵抗起义军。

殷鉴不远，秦朝会不会重蹈殷商的覆辙呢？历史已经告诉人们答案，不会。

虽然看起来，秦二世拿到的剧本跟商纣王的一模一样，但其实是不同的。因为秦二世的剧本里多了一个章邯。

很多时候，名将的出现是能够改变国运的。而且，章邯也不是一个人在战斗。他率领的这支秦军也不都是刑徒。作为都城的咸阳还有五万卫戍部队，这些士兵可是战斗力极强的秦军精锐。因为按照常识，守卫首都的军队战力都要远远强于普通的地方军队。

章邯的秦军是以首都卫戍部队为骨干，再加入被赦免的刑徒组成。这是秦与商的根本不同。

即使被赦免的骊山刑徒，很多也是本地的老秦人，他们对秦朝是有感情的。陈胜的起义军大多是普通的平民百姓。众所周知，刑徒的战斗力是强于平民的。正规军加本地刑徒的优势叠加，对起义军已经形成碾压优势。

战争在任何时代都是拼实力的。

章邯率领的秦军与周文率领的起义军终于在战场相遇，一场激战过后，之前势如破竹的起义军，在正规军组成的秦军面前立即被打回原形。周文被章邯杀得大败，被迫沿原路退出函谷关。

起义军一路败退到曹阳，一待就是三个月。奇怪的是，章邯并未乘胜追击。不追的原因也很简单，整合队伍，毕竟当时部队大部分是临时编组凑成的。如今危机解除，正好利用这个时间申明军法，整训练兵。

三个月后，章邯再次出击。这次，他再也没给起义军喘息的机会。在曹阳，章邯率秦军再次大败周文的起义军。周文率军退至渑池。仅仅过去十天，章邯就追杀而来，又一次击败周文。这次，周文没有后退，举剑自杀，部队随之溃散。这支西征军算是彻底失败。

另一路西征军的境况也好不到哪去。他们负责围攻荥阳，却久攻不下。

周文军从势如破竹到兵败溃散。他们都在原地不动。时间在一天天过去，谁都知道，再这么拖下去，形势将对起义军不利。

之前还有周文军冲在前面，为他们阻挡秦军。如今，周文兵败身亡，秦军援兵将近，到时来一个里应外合，就是必败之局。

假王吴广的部将田臧等人聚在一起密谋："周文军已败，秦兵旦暮至，我军围荥阳久攻不下。秦军至，必大败。不如留下少量兵力继续围困荥阳，集中精兵主力迎战秦军。今假王骄狂，不知兵机，不可与之计事，只有杀掉假王，夺取兵权，再战章邯，否则必遭大败。"于是，田臧等人假称陈胜之令发动兵变斩杀吴广，派人将首级献给陈胜，说明缘由，请令出战。

事到如今，陈胜明知田臧等人的所作所为是以下犯上作乱夺权，但此时他已经失去对军队的掌控。大权旁落的他，只能装作不知，顺水推舟，任命田臧为张楚令尹，拜为上将。

田臧得到陈胜的授权，于是让部将李归等人继续围困荥阳，他则率领主力精兵西迎秦军，与章邯交战。业余选手遇上职业"杀手"，结局一点都不意外，田臧军败身死。章邯乘胜进兵，攻击守在荥阳外围的李归。结果就是，李归被杀，荥阳围解。章邯迎来出关以后的四连胜。

两路西征军全部失败。这两支部队几乎是陈胜的全部家底。拼光实力的陈胜败局已定。西征失败，张楚政权也就此进入覆亡倒计时。而此时距这个政权的建立还不到半年。三个月前，起义军还是势不可挡，还在急速扩张。三个月后，陈胜的起义军就已经连战连败呈现败亡之兆了。

胜利的捷报也是有的，但跟陈胜已经没有关系了。

陈胜攻占陈县之初，各路豪杰纷纷前来投奔，其中就有两位原魏国名士。因为在魏国比较有名，因此他们也受到了秦军的"重点关照"，被全国通缉。

为躲避秦军的追捕，他们跑到楚国的旧都郢陈躲藏起来，平时以做看门人维持生计。他俩一个叫陈余，一个叫张耳，都是楚汉之际的知名配角、专业龙套。

陈胜早就听说过两人的大名，听说两位名士来投，自然十分高兴，捧场的来了，当然高兴。可是，他想错了。这两位不是来捧场的，是来拆台的。

当陈县的豪杰父老纷纷劝陈胜称王时，陈胜特意向两位名士征求意见。陈胜的本意自然是想利用他们的知名度让两位名士拥护他称王。但两位名士故意装傻使坏，不但反对，还怂恿陈胜拥立六国后人复国。

陈余、张耳的提议将阴损坏都给占全了。表面上是为陈胜着想，实则是在给陈胜挖一个大坑。

立六国后，听起来很不错，实际上就是个坑。这个主意后来也有人给刘邦出过。刘邦起初未反应过来，还打算照此执行，连印章都刻好了。还是谋士张良及时制止，刘邦才避开这个大坑。张良也因此说出了立六国后隐藏的秘密："大家跟着您征战沙场，不过是指望能立功封侯，日夜望咫尺之地。"

今复立六国，韩、魏、燕、赵、齐、楚各有其主，天下之士将各归其主，您与谁取天下呢？

张良对刘邦说的话也同样适用于陈胜。立六国后的直接后果就是，各归各家，各找各妈。众人各归其主，谁还会跟着陈胜？

陈余、张耳的这种套路很常见，打着为你好的旗号坑你。但他们显然小看了陈胜。

这两个卑鄙小人的阴谋被陈胜一眼看穿，陈胜对两位名士的建议不予理睬，坚持称王。这一举动令陈余、张耳感到很丢面子。

陈余知道在陈胜这里是混不下去了，于是主动请缨去赵国："大王举梁、楚而西，务在入关，未及收河北也。臣尝游赵，知其豪桀及地形，原请奇兵北略赵地。"

陈胜任命他的故旧陈县人武臣为将军，邵骚为护军，张耳、陈余为左、右校尉，率三千人北略赵地。

将军武臣率军从白马渡过黄河进入赵地。

这个武臣不愧是陈胜的亲信，口才一点也不输陈胜。初到赵地的他就以一场慷慨激昂的演说打开了局面，论政治动员的水平仅次于陈胜在大泽乡的那次。

面对赵地的众多豪杰，武臣慷慨陈词："秦为乱政虐刑以残贼天下，数十年矣。北有长城之役，南有五岭之戍，外内骚动，百姓罢敝，头会箕敛，以供军费，财匮力尽，民不聊生。陈王奋臂为天下倡，王楚之地，家自为怒，人自为斗，各报其怨而攻其雠，县杀其令，郡杀其守。今已张大楚，称王于陈，使吴广、周文将卒百万西击秦。此时而不成封侯之业者，非人豪也。夫天下同心而苦秦久矣。因天下之力而攻无道之君，报父兄之怨而成割地有土之业，此士之一时也。"

这些话说到了赵人的心坎里，秦赵之战远比秦楚之战更为惨烈，且不说之前长平之战四十万赵兵被坑杀的旧怨。仅这些年，秦人在赵地的横征暴敛就足以令赵人愤怒。赵地豪杰皆然其言，于是群起响应。旬月之间，武臣便得数万人，号武信君，连下赵地十余城。

对那些据城坚守不肯归附的城池，武臣也不与之纠缠，直接绕过去，不在这些无关紧要的地方浪费宝贵的时间。眼下，速度才是王道。

进兵至范阳时，范阳人蒯通给武臣上了一课。正是这个蒯通，凭借三寸不烂之舌，成功说服范阳令举城归降。由此开启新的略地模式，"嘴炮开疆"。

蒯通用行动告诉大家，城不一定要靠打，也可以说下来。

起义军即将兵临城下，蒯通找到范阳令说："听说您就要死了，特意前来吊唁。虽然听到这个消息很难过，但好在您遇到了我。因为有我在，您又能重获新生，所以，我还要向您贺喜。"

蒯通的开场白不同凡响，遇到这种情况，普通人的第一反应应该是，这人怕是神经病吧，赶紧躲远一点。

但范阳令到底是做官的人，他没有把蒯通当精神病，只是问蒯通："何出此言？"蒯通回答："秦法重罚，足下做了十年的范阳令，十年间，杀人之父，孤人之子，断人之足，黥人之首，不可胜数。百姓恨您入骨，而您之所以还能坐在这里，只是因为大家畏惧秦法罢了。如今天下大乱，以百姓对您的怨恨，一旦失势，必然被仇家报复，横尸街头，这就是我来吊唁您的原因。当今诸侯畔秦，武信君兵将至，而您坚守范阳，市井少年皆欲杀君，迎武信君。为今之计，只有派我去见武信君，约定降款，以城归附，方可转祸为福。"

范阳令被蒯通的一席话说得吓出一身冷汗，当即表示唯君之命是从。

成功说服范阳令取得其授权后，蒯通又找到武臣说："足下每到一地，必先战胜而后略地，先攻战而后得城，依在下之愚见如此虽能得城略地，但旷日持久，失亡甚多。诚能听在下之计，可不攻而降城，不战而略地，千里之地可传檄而定，如此岂不快哉！"

蒯通的话极具诱惑。武臣心说："你以为我不想吗？你以为我愿意去啃城砖、刨城墙？既然不用打就行，那不管真假，总还是值得一试的。"武臣便问："先生有何良策？"蒯通见对方感兴趣，这才说出了他的不战而胜的计策。

　　总结起来也很简单，接受范阳令的投降，给予其优厚待遇，具体点说就是裂土封侯，朱轮华毂到燕赵各地巡游做政治宣讲。用事实告诉大家，投降不仅免死还给待遇。

　　蒯通的话打动了武臣，不妨一试，反正失败了，也没啥损失，当即给范阳令封侯，让蒯通带回去。

　　蒯通既有胆识又有口才，他将两边的处境困局与心理预期都揣摩得相当透彻，游走其间，成功实现了两边利益的最大化。他自己也谋得不少好处。这一番操作看似不可思议，却又非常符合常理，蒯通的这次精彩表现再一次向世人展示了战国纵横家的风采。

　　范阳令的广告示范效应还是相当明显的。之前，武臣费尽力气才打下十座城。按蒯通所说，一番操作下来，居然招降了三十多座城。

　　就这么靠着一路招降，武臣等人顺利进入赵国故都邯郸。

　　此时，周文兵败的消息也传到了邯郸，陈余、张耳怨恨陈胜不听他们立六国后的建议，又不满陈胜封武臣做将军，却只让他们当校尉，就极力怂恿武臣脱离陈胜在赵地称王。

　　听听这俩货是怎么说的："陈王起兵于蕲，至陈称王。如此来看，未必一定要立六国后。将军今以三千人下赵地数十城，雄踞河北，若不称王，恐难以镇抚赵人。"

　　几个月前，与武臣出身地位几乎完全相同的陈胜要在楚地称王。他们拼命反对。

　　原文如下："今始至陈而王之，示天下私。原将军毋王，急引兵而西，遣人立六国后，自为树党，为秦益敌也。"

　　几个月后，他们劝初至赵地的武臣称王，也不说这是"示天下私"了，也不提立六国后了。

陈胜、武臣从身份到地位再到经历几乎相同，得到的却是完全相反的对待。陈余、张耳极力反对陈胜称王，又极力怂恿武臣称王，如此双标，区别对待，只因利益。

陈余、张耳都是魏国人。同时，他们又常年活动于赵国，在赵、魏两国都有广泛的人脉。

陈胜在楚称王，对他们这些流亡在楚地的中原人士关系不大。他们更关心中原的局势。如果陈胜的张楚坐大甚至扩张到中原，还会威胁到他们的利益。

劝陈胜立六国后，他们才能回到故国，发挥他们的名望人脉优势，为自己捞取好处。

在陈胜看穿他们的把戏后，他们就主动寻求北上赵地，脱离陈胜的势力范围。

当他们在赵地占据三十余城，实力迅速壮大的同时，又得到陈胜的主力部队遭遇挫败的消息。他们就彻底撕破面具，劝武臣在赵地称王，这也就意味着与陈胜的决裂。

陈余、张耳之所以选在此时独立，正是看到张楚的急速衰败与他们自身实力的迅速增强，二者缺一不可。武臣初来乍到在赵地没有基础，虽然称王，不过是陈余、张耳的政治傀儡，赵国此时真正的掌权者是陈余跟张耳。

在陈余与张耳的策划下，武臣自立为赵王，封陈余为大将军，张耳为右丞相，邵骚为左丞相，脱离陈胜，独立建国。

赵王武臣派使者通报陈胜，从此正式单飞。陈胜闻讯大怒，当即就要把武臣留在楚地的家小悉数处死，然后发兵讨伐赵国。陈胜的相国赶紧劝说："暴秦尚在，大敌当前，若此时诛杀武信君，此又生一秦也；不如因而贺之，使急引兵西击秦。"

陈胜的发怒不过是虚张声势。他很清楚他早已控制不住武臣，人家既然敢称王就不怕你报复，再说，拿什么报复？两支西路军都失败了。秦军很快就要杀过来。陈胜已经自身难保，哪还有兵去讨伐赵国？

眼下最要紧的不是征讨赵国，而是如何挡住即将追杀而来的秦军。

张楚政权面临前所未有的危机，而此时陈胜能指望的也只有赵国。他哪里还敢讨伐，求救还来不及呢！佯装发怒不过是做做姿态。人家都敢背叛你称王了，你不表示一下愤怒也说不过去。

戏演过之后，就得办正事儿了。

陈胜令人将武臣等人的家眷接入王宫做人质，封张耳的儿子张敖为成都君。做完这些，陈胜又派出使者前往赵国祝贺，同时令其发兵西进入关伐秦。

扣押人质、封官许愿、遣使祝贺，都是为了一个目的，让赵国赶紧出兵。

事到如今，陈余、张耳也不装了。二人对武臣说："您在赵地称王不是陈王的本意，而今陈王派人来贺，不过是想令赵兵西出。秦楚争锋，于赵有利。我军不可西进而应北徇燕、代，南收河内，广土拓地。届时，赵国南据大河，北有燕、代，可得志于天下。"赵王武臣深以为然，于是不再理会陈胜令其西进入关的要求，而是分兵四出，扩张地盘，派部将韩广略燕，李良略常山，张黡略上党。

韩广将兵北徇燕地，当地豪杰不仅热情迎接，还一致表示要拥立韩广做燕王。韩广说："万万不可，广母在赵，岂可自立？"众人说："今赵西忧秦，南忧楚，其力不能禁我。且以楚之强，不敢害赵王将相之家，赵独安敢害将军家乎？"韩广于是也"顺应众意"自立为燕王。

赵国岂止是不敢加害，甚至还主动示好。数月后，赵国就派人将燕王韩广的母亲送到燕国。赵国连人质都不敢要，足见其"诚意"。赵国西有强秦，东有张楚，哪有余力对付燕国？对韩广的擅自称王，也只能听之任之。

陈胜派武臣攻略赵地。武臣一到赵地便割据称王。武臣派韩广攻略燕地。韩广一到燕地也割据称王。

至于原因，陈胜在大泽乡起义时就已经说得很清楚了。

"王侯将相宁有种乎！"

再补上一句："兵强马壮者为之耳！"

只要兵强马壮，就能割据一方，称王称霸。

出现这种状况，不是偶然的，而是必然的。个别现象可以称之偶然，但群体现象只能说是必然。

唐代名臣四朝元老、三代帝师的李泌曾对唐肃宗说过，天下大乱，人心重将。统帅必须亲自带兵，亲临一线掌握部队，且具有极强的军事能力，在持续取胜的加持下，才能始终掌控大局，否则时间一长，必然太阿倒持，失去对将领及军队的控制。

陈胜失败的最主要原因还不是过早称王，而是不再亲临前线掌握部队。这是他犯的最致命的错误，且是不可逆转、不可挽回的大错。

陈胜在占领陈县后，便独坐深宫，不再领兵打仗，对统军在外的将领就只是遥控指挥，军队都交给各路将军，自己身边实际能指挥的部队少得可怜。这也是一种外重内轻的军事布局。

将军们手握重兵，长期在外，逐渐尾大不掉，不听指挥，时机成熟便割据称王脱离其控制，就实在是再正常不过的事情了。

如果是建国百年、根深蒂固的王朝，陈胜这么操作再寻常不过。因为这时的政权稳定，国家对各级地方的控制深入。军队兵源的补充、粮饷的调拨都要依靠中央政府，失去补给的军队难以生存，很快就会溃散。

但乱世就完全不同了。将领打下一块地盘，所有的资源就会自动被占据。新生政权对其缺乏有效的制衡。这才出现放出去的将领，一旦羽翼丰满，就会立即单飞的现象。于是，陈胜的部将背叛陈胜，武臣的部将背叛武臣，韩广的部将后来也将背叛韩广，都是这个原因。

不具备实力的王，遭部下背叛还不是最惨的，被部下反杀才是。

在这个实力为王的时代，失去实力的王，同时也将失去生命。

赵将李良已定常山，派使者还报赵王武臣。收到捷报的赵王又令其攻略太原。李良率军进至石邑，发现秦兵已经将进兵通道井陉口堵塞，前进不得，这时对面的秦将以秦二世的名义写信劝降。李良并未答应，但内心已经起了波澜。

李良随后率军准备返回邯郸，请赵王加派援兵。尚未到邯郸，在路上李良遇到了出外露营饮博的赵王姐姐。这位新晋贵妇前呼后拥，随从百余骑。李良远远望见，以为是赵王，赶紧下马，伏谒道旁。赵王的姐姐喝得晕晕乎乎，不知来的是李良，走到近旁才发现，当即派从骑道歉。李良这才知道拜错人。

李良感到很丢面子，大庭广众之下，自己居然屈身向一个妇人下拜。这时随从有人说："天下畔秦，能者先立。当即赵王素出将军之下，今其女眷不为将军下车，傲慢无礼之甚，请追杀之！"李良自从收到秦军的招降书就已萌生反意，只是尚未下定决心。

当众遭妇人羞辱后，李良怒火中烧，当即派人追杀王姊，随后，一不做，二不休，干脆直接反了，带兵直驱邯郸。

因为事发突然，邯郸不知李良反叛，全然没有准备。李良带兵一路冲进邯郸杀死赵王武臣、左丞相邵骚。张耳、陈余因为在当地人脉极广，耳目众多，提前得到消息，才得以顺利逃脱。

赵王武臣的被杀，说明称王容易，但想坐稳不容易。李良反叛，表面上是受到羞辱一时冲动，实际上，这不过是个借口。所有的背叛都是蓄谋已久的。

初来乍到，在当地根基不稳的新王很容易被推翻。但赵王武臣只是傀儡，赵国真正的主政者是张耳跟陈余。这两个在赵国举足轻重、影响深远的关键人物，李良一个也未抓到，这就注定他在赵地也坐不稳。被张耳、陈余反推就只是时间问题。

陈人秦嘉、符离人朱鸡石起兵围东海郡守于郯城。东海郡在四川郡的东面，都属楚地。领兵的秦嘉还是陈人。陈胜听说后派武平君畔为将军去郯城做督军，目的当然是想控制这支部队。

陈胜终于意识到抓部队的重要性，但秦嘉虽是楚人却不是陈胜的人。在陈胜巅峰时都未去投奔，如今陈胜已是日暮穷途，秦嘉就更不想听陈胜的指挥。他杀武平君畔，自封大司马，独立于张楚政权。

陈胜到处抓部队，却找不来人。而章邯却等来一支生力军。秦二世派长史司马欣、董翳率兵增援章邯。得到补充的章邯立即发动新的进攻，击败张楚柱国蔡赐军，杀蔡赐；又在陈县以西击败张贺军，杀张贺。

张楚军在陈县外围的最后一道防线被撕破。腊月，陈胜不得已只能放弃陈县，退守汝阴，又退守下城父。接连的挫败导致人心惶惶，士气低落，不可避免地出现动摇的叛徒，连陈胜身边的人也叛变了。车夫庄贾趁陈胜不备将其杀害投降秦军。

当然忠于陈胜的将领还是有的，将军吕臣率苍头军反攻，收复陈县，将杀害陈胜的叛徒庄贾斩首，为陈胜报仇。

陈胜在最后的岁月里一定是极度郁闷的。因为他派出的将军，除去被杀的，战死沙场的将领，十之八九都不再听从他的指挥。

陈胜曾派魏人周市攻略至魏地。这位周市在魏地得势后，虽未割据称王，但在陈胜看来，其所作所为比割据称王更恶劣。

周市打算立故国公子宁陵君魏咎为王。但当时魏咎在陈县。周市占据魏地后，相同的场景再次出现。周市在魏地的待遇与武臣在赵地、韩广在燕地的待遇如出一辙。当地豪杰也准备拥立周市称王。但周市不肯，他说："天下昏乱，忠臣乃见。"他坚持要立魏国宗室。豪杰们再三请求，周市坚辞不受，一定要迎回魏咎。

之前说过，陈胜对立六国后是十分反感的。周市的请求被陈胜驳回。但周市也不气馁，一次不行就两次，两次不行就三次，到第五批使者时，陈胜终于妥协，很不情愿地放魏咎回国。回国之后的魏咎被立为魏王，周市为魏相。

由此可以看出，当初，陈胜力排众议坚持不立六国后，坚持要自己称王的决策是多么正确。陈胜称王是对的，过早称王才是错的。

如果当时听信张耳、陈余的蛊惑怂恿，那陈胜面临的局面只会更被动。

周市表面上忠于故主，可在陈县时，给他兵马钱粮派他出征的是陈胜。周市先叛陈胜再迎故主。陈胜不同意立魏咎，他就一而再，再而三地请求，这哪里是请求，分明就是逼迫。

周市的卑鄙之处在于，他不仅要杀人还要诛心。强迫陈胜做他最不想做的事，以此满足周市本人的私心。因为谁都知道，在如此背景之下上台的魏咎只是名义上的魏王，真正掌权的是他这个魏相。周市既要名也要利。他才是最贪心的那个。

陈胜派去赵地的人背叛他。

陈胜派去魏地的人背叛他。

陈胜的失败在于他不懂得牢牢掌握军权的重要性。他不应该早早放弃军队的实际指挥权。他不应该派别人去，而是要亲自领兵去打最硬最苦的仗。

创建一支属于自己的部队，建立一个自己主导的政权，就必须组建属于自己的团队，拥有属于自己的基本盘，即铁杆支持者。这些只能也必须在战争的过程中进行。

打仗的过程也是发现人才组建团队的过程，打仗的时候更是树立自己领袖威望、凝聚人心的时候，越是关键紧要的关头，越是要自己上。

这个过程别人不能代替，也不允许别人来替，因为这就是一支部队的统帅、一个政权的建立者必须完成的使命。

看看后来的项羽跟刘邦是如何做的。

关乎楚国命运的巨鹿之战，项羽亲自带兵上阵，破釜沉舟，与敌人决一死战。正是这场战争确立了项羽西楚霸王的赫赫威名。

在对项羽最后一战的垓下之战中，刘邦明知在野战中对阵项羽危险重重，但也要自己领兵，亲临前线指挥对项羽的十面埋伏。

胸怀大志——泗水亭长刘邦

魏相周市带兵南下丰、沛略地，然后他诱降了一个人——雍齿。如果问汉朝开国皇帝刘邦这辈子最恨谁。那大概率就是雍齿了。

而刘邦痛恨雍齿的原因就是这次叛变。因为雍齿的反水把刘邦害得太惨了。刘邦因此受到了深深的伤害，以至于多年后仍深记此仇。

我们的第一男主，刘邦终于上场了。

刘邦原名叫刘季。因为古人兄弟排行的顺序是伯、仲、叔、季。由此，我们知道刘邦在家行四。为行文方便，这里统一称刘邦。

史书记载刘邦是沛县丰邑中阳里人。秦汉时代的邑行政级别大致相当于今天的乡。曾经的州变成如今的省，曾经的郡变成现在的市，至于县，两千年过去，却从未变过，是中国行政区划中最稳定的一级。

但正是这个记载误导了很多人。因为丰原本也是县，不是邑。秦统一前，丰县是丰县，沛县是沛县，他们是级别对等的两个县。直到今天也是如此。

秦统一后，将丰县降级为邑，归入沛县。汉朝建国，刘邦又将丰邑恢复为丰县。汉六年（前201），汉朝分泗水郡南部设沛郡，为与沛郡相区别，沛县也称小沛。三国时，刘备屯兵的小沛即是沛县。

因为秦的改县设邑，丰县人刘邦在成年之后成为秦朝泗水郡沛县的泗水亭长。

史料还记载刘邦这个人贪酒好色，喝酒还不给钱，经常拖欠，跟一个姓曹的妇人在未婚娶的情况下就有了一个儿子刘肥。平时，刘邦也不事生产，还经常开同事的玩笑，而且很多还是带颜色的那种。

经过这么一番描述，刘邦老流氓的形象便跃然纸上，并由此深入人心。

因为记载刘邦这些事迹的史书是《史记》，很多人对此深信不疑。

在介绍刘邦时，很多历史著作便会照抄照搬这套说词，提到刘邦就是老流氓如何如何，先入为主的思维会导致人们对历史的认知产生严重的偏差，从而离真相越来越远。

事实真的如此吗？当然不是。

《史记·高祖本纪》未记载的还有很多，比如刘邦年轻时曾特别崇拜一个人——信陵君，战国四大公子之一，窃符救赵，率领诸侯联军击退秦军，拯救长平之战后陷入危急的赵国的魏国公子。如果说当时六国之中，还有一个人有威望团结诸侯，有才干统率联军力挫强秦，那么这个人只能是信陵君。

当赵国都城邯郸在秦军的围攻下岌岌可危时，是信陵统率五国联军，力挽狂澜，大败秦军，还一路追杀至函谷关，使秦军不敢东出。经此一战，信陵君威震天下。

很多时候，通过一个人的偶像就能知道他的志向。

年轻时的刘邦曾收拾行囊跋涉数百里前往魏都大梁，想要投奔自己的偶像，干一番轰轰烈烈的大事业。但他不知道信陵君早已去世多年。刘邦虽然有些失望，但此行也不是没有收获。因为他结识了信陵君的门客也是当时的名士张耳。

刘邦与张耳在魏国结下深厚的友谊。后来，刘邦称帝还与张耳结为亲家，将女儿鲁元公主嫁给张耳的儿子张敖。虽然这是典型的政治联姻，但也不得不说，两家的交情相当之深。

张耳在楚汉之际是个不引人注意却相当重要的人。秦始皇统一六国后曾悬赏千金捉拿张耳，相比之下，给陈余开出的赏钱只有五百金。著名的巨鹿之战，诸侯各国去救赵国也是救张耳，至于那个赵王歇几乎就是陪衬。

秦军悬赏重金追杀张耳，又派重兵围攻巨鹿想杀掉张耳。秦军如此重视张耳，只能说明张耳在魏地从事的就是反秦活动。

而作为张耳志同道合的友人，刘邦很可能也参与其中，抗秦失败，张耳逃亡。刘邦可能在这时返回家乡丰县，在秦统一六国后谋得一个亭长的差事暂且存身。

亭长这个职位只是为了保护自己，刘邦真正的身份是游侠。战国是游侠的时代，不事生产，喜好交游，这些都是典型的游侠特征。刘邦崇敬信陵君，因为信陵君的门客大多也都是游侠，张耳自然也是。刘邦同张耳交好，因为他们都是游侠。

《史记·高祖本纪》也未记载，丰沛曾属于魏国。公元前284年五国伐齐之后，魏国趁势夺取了齐国吞并的原宋国郡县，在其地设方舆郡。后丰沛又被楚国夺去。魏相周市略地丰沛，就是因为这里曾是魏国的土地，被秦统治十余年，在他看来，现在不过是收复故土。

在刘邦的心里他可能也更认同自己魏人的身份。因为刘邦的祖上原本就是魏国大梁人。刘邦祖父刘荣从大梁徙居丰县。

虽然到刘邦这一代家境落魄，但刘邦的身份仍然是士，他可不是普通的底层民众。从刘邦与吕雉的婚姻就可推测出，刘邦当时在沛县的身份并不简单。

管中窥豹，可见一斑。

《史记》记载的刘邦与吕雉的婚配完全可以当小说看。

原魏国砀郡单父县人吕公是当地大族，因与人结仇，又与沛县县令有旧，便举家东迁搬到泗水郡的沛县。沛中豪杰吏民听说是县令的贵客，纷纷携带礼单礼品前往祝贺乔迁之喜。这些人当然都是冲着县令的面子去的。

对这种能与父母官拉近关系的重要社交活动，各界人士自然是趋之若鹜，挡都挡不住。

萧何作为沛县领导班子的重要成员、县令的心腹，负责主持宴席、款待宾朋、收取礼金。因来宾众多，萧何当场宣布："贺钱不满千钱的坐堂下。"言下之意，只有超过千钱的贵宾才能登堂入室。

刘邦作为泗水亭长"体制内干部"，这种场合自然不能缺席。刘邦是不肯坐堂下的，丢不起那个人。但要升堂入室，他又拿不出钱。尽管囊中羞涩，但气势这块不能输，刘邦故意抬高声音对负责记录的人说："刘邦，贺万钱。"当然，实际上，他一分也未出。

吕公听说有人贺万钱，大惊，当即起身相迎。吕公好给人看相，见刘邦骨骼清奇，相貌不凡，甚为敬重，当即把刘邦请入上座。注意，吕公与县令是好友，能做上座的都是身份、地位与之相当的人。刘邦当仁不让，从容地在上座就座，一点也不觉得有何不妥。

酒席宴间，吕公的目光始终停留在刘邦身上。刘邦向主人吕公敬酒。吕公趁机当场提亲说："我平生爱相人之面，看过很多人的面相，但都不如您。家有小女，希望能成为您的箕帚妾。"对吕公的美意，刘邦自然是来者不拒，欣然笑纳。

来一次宴会，一分钱未花不说，还白得一个媳妇，刘邦自然是十分高兴。

但吕公的老婆、刘邦的丈母娘吕媪却十分恼怒，对吕公说："你常说此女非常，要嫁与贵人。沛令是你的好友，连他向你求婚，你都不答应，却商量都不同我商量就擅自做主，许给刘季！"吕公只是说："这不是你们女人家所能知道的。"很快，连县令都求之不得的吕雉，就在吕公的支持下嫁给亭长刘邦。

在这个故事里，唯一反应正常的就是吕媪。因为寻常人嫁女都是门当户对的居多，也有少数攀高枝的，但主动下嫁的还真少见。

明明可以嫁县令，却偏要嫁亭长。

吕公的这番操作确实会让人觉得不可思议。吕媪为此提出疑问也是再正常不过的反应。

事出反常，必定不寻常。

吕公嫁女并非下嫁，而是门当户对的政治联姻。刘邦是亭长，但又不是一个简单的亭长。

沛县事实上的一县之长其实是刘邦。沛令不过是名义上的县令。

因为沛令是秦朝任命的空降县令。而刘邦则是地方实力派。

沛令最大的弱点就是在地方上缺乏根基，而这恰恰是刘邦这种本土派最大的优势。

吕公是避仇而来。以吕氏的社会地位，他们的仇家必定也来头不小。沛令只能提供暂时的保护，因为他在当地也是势单力薄。

陈胜起义以来，在原六国的秦朝官员不是被杀就是逃跑，剩下的也是积极寻求与地方豪强合作，以求保命。

秦在关东六国的统治相当薄弱。秦朝官员的处境更是岌岌可危，甚至说朝不保夕也不为过。他们缺乏军队的保护，又是外派而来，人地两生。

吕公对此看得相当透彻，要想求得吕氏的长久，必须也只能同当地豪族合作，最有效也最持久的方式当然就是联姻。

当时，沛县的豪族是王陵。丰县的豪族是雍齿。这两家才是吕公政治联姻的首选。

吕氏是砀郡单父县的豪族。但到了泗水郡的沛县，他们也是人地两生，实力降级。因此，本地的一等豪族不愿与之联姻。吕公只能退而求其次，选择与刘邦这种地方实力派结为秦晋之好。

沛县的主要官员如萧何、曹参都是刘邦的朋友。樊哙、周勃之类的壮士也都是刘邦的兄弟。

总之，刘邦在沛县黑、白两道通吃。

沛县衙门早就被刘邦渗透成了筛子。沛县地面更是到处都是刘邦的人。所以，刘邦说贺万钱，一钱不出也是座上宾。基于相同的原因，初来乍到的吕公才会主动提出与刘邦结亲。

相面，骨骼清奇之类，只是为不可明说的动机找一个应付外人的理由。

明白这些之后，之前的所有反常就都正常了。

只有在实力对等的条件下，才可能谈合作。

沛令因为实力弱小才被排除出局。不久之后发生的事情证明，吕公当初的选择是多么正确、多么富有远见。

刘邦与吕雉的婚姻，不是流氓无赖逆袭迎娶白富美，而是地方豪强与外来豪族的强强联合。

历史是需要研究才能得出真相的学问。

因为真相一定会被人为遮盖在表象之下。

也总有人，不希望真相被公开，将他们的秘密公之于众。

由于有些社会原因及人为原因，真相在当时是不允许被说出的，至少不能直说。

历史是需要解读才能弄懂的学科门类。

因为很多话不可明说，只能婉转地去表达。

要懂人情世故，才能明白，那些被隐藏起来的关系，才是真正的关系。

站在寻常视角想不通的事情，从利益的角度再去看，就很容易懂了。

《史记》在写刘邦的事迹时是"很用心的"。只写刘邦贪酒好色，却只字不提刘邦对信陵君的敬慕，更不写刘邦的大梁之行。因为那会暴露真实的刘邦、一个胸怀大志的刘邦。

刘邦确实贪酒好色，这部分可以说写得很真实。但志存高远的热血青年刘邦也是真实的，却被有意忽略不去写。

对刘邦与吕雉的婚姻，事件的整个过程都被如实记录是真实的，但婚姻背后的家族背景与实力对等却被有意略过不做记载。

写到的部分是真实的，《史记》也被有的人称为实录。但未写的部分更真实，《史记》却不做说明。

有些世家子弟从内心里看不起那些底层出身的人，尽管那些人后来身份显赫，出将入相，甚至贵为皇帝，但依然受到这些世家子弟的鄙视。他们的鄙视不是言语刻薄、态度傲慢，而是有选择地去记录。后来的月旦评也是他们表达不满、彰显身份的方式。

将军李广将门出身，征战数十载却未能封侯，其遭遇令人同情。将军卫青、霍去病出身低微，却后来居上，立功封侯，令人羡慕。

但李广即使在战场上打得不尽如人意，战报依然可以写得绘声绘色、精彩纷呈。霍去病出击河西，虽是汉军百年少有之大捷，但依然可以一笔带过，将其记成不带任何感情色彩、枯燥乏味的流水账。他们未做褒贬，但褒贬已在笔下、在文中，字里行间都透露着世家子弟身份的傲慢。

你做过的事不重要，重要的是，谁来写。事实不重要，掌握话语权才重要。

你知道的部分，是因为有人想让你知道；你不知道的部分，是因为有人不想让你知道。

局部的真实很难呈现历史的全貌，甚至会因此产生误导，只有全面地记录，深入地研究，才能得见历史的本来面目。

秦的崩溃是历史大势所趋，英雄要懂得顺势而为。

秦为何会崩溃？因为十天的活儿一天干；十天的饭一天吃。长此以往，不出事才怪。汉吸取秦的经验教训，爱惜民力，与民休息，才会有后来的文景之治。

数百年后，隋朝也是急功近利，修运河，战突厥，征高句丽。客观地说，这些都是应该做的，也是必须做的，但凡事都需要统筹规划，逐步实施，更何况是国家大事。

可隋朝偏要把百年才能做成的事在十年完成，还要同步进行，数事并举，民力已到极限，却仍不知收敛，结果就是民众不堪压迫，奋起反抗，隋朝亡国。

唐吸取隋的教训，认识到百姓的力量，知道水能载舟亦能覆舟。于是，唐朝才有贞观之治。汉承秦，唐承隋，秦汉隋唐既是继承也是进步。

亭长刘邦接到押送刑徒去骊山的差事，身为亭长这是他的职责所在，明知是苦差，却只能遵令而行。

此行远去数千里，即使能顺利抵达，劳役繁重，还不知道能不能有还乡的那一天。于是，押送途中，囚犯们不停地逃亡。队伍一路走一路散，负责押送的亭长刘邦知道，照目前这个解体速度，不用到骊山，人就都跑光了。

于是，刘邦干脆好人做到底，将押解的囚徒全都放了。但还是有十余个有情有义的壮士未走，这些人被刘邦的侠义精神所感动，表示愿意追随刘邦。

而刘邦当然知道，他的这种行为，在法令严苛的秦朝等待他的必定是官府的追捕缉拿。

犯人逃亡，亭长刘邦要被追责。释放犯人，亭长刘邦也就成为罪犯，要被通缉。

差事丢了，家也回不去，刘邦最终只能选择带着他的小部队藏进砀郡的芒砀山中躲避追捕。

为何要进芒砀山？因为从这里往东就是刘邦的老家丰县，而丰县不远就是沛县，离家近。

还因为这里距吕氏的家乡也很近，秦灭魏置砀郡。吕氏就是从砀郡搬到泗水郡的。

更重要的是，这一片地区地处豫东平原，附近只有芒砀山是山地。其实，芒砀山都算不上山，不过是十余座海拔还不到二百米的小山峰，与真正的名山大川相比实在过于寒酸。但在平原，芒砀山就是鹤立鸡群般的存在。

山里的生活是很苦的，但刘邦过得一点也不苦，甚至还有点滋润。因为离家近，他能很方便地得到补给。

刘邦的妻子吕雉经常带着人进山给刘邦和他手下的兄弟送吃送喝。而且，每次，吕雉都能精准地定位到刘邦的位置。刘邦也是大惑不解就问妻子，你是怎么找到我的。吕雉说，你待的地方，天上都有七彩祥云，我顺着云彩就找到你了。

这种说法自然是增添刘邦的神秘感。

刘邦与吕氏联姻后，此时终于开始享受联姻大族的红利了。吕雉送东西当然不是她一个人，在吕雉的背后是整个吕氏家族。刘邦是吕氏的女婿，吕氏自然是全力支持的。刘邦从来不是一个人在战斗。他不是一个人！在他的背后有一群人，特别是他妻子的娘家人吕氏宗族，此时是刘邦的坚强后盾。

这种艰苦的生活并未持续多久，泗水郡蕲县大泽乡就传来陈胜起义的消息。这对刘邦当然是重大利好，他再也不用东躲西藏，立即起兵响应。

而刘邦这些年在沛县建立起来的关系网也开始发挥作用，他们动手的时间甚至比刘邦还早。

原楚国郡县纷纷攻杀长吏响应陈涉。沛令接连收到同行被抓、上级被杀的消息，惊惧不安，兔死狐悲。为避免走同行的老路，他也想顺应形势，以沛县归附陈胜。

这时，在他身旁的萧何、曹参对他说："您是秦朝任命的官员，现在却要反秦，沛县子弟恐不听命。如今在外逃亡的沛人很多，您不如将他们召回，可得数百人，用这些人做您的班底威慑众人，大家不敢不听。"在二人的忽悠之下，沛令同意了。

萧何怕夜长梦多，赶紧派樊哙去找刘邦，让刘邦立即赶回沛县。此时，刘邦的手下只有百余人。靠这点人打县城，肯定不够用，那就只能忽悠。

樊哙将刘邦请出山，来到沛县城外，沛令却不肯开城门。虽然沛令的反射弧有点长，但这时也反应过来了。要是放刘邦进了城，刘邦就成了一城之主，到时他往哪里摆？萧何、曹参这两个人明显是刘邦的卧底啊。如梦初醒的沛令立即下令关闭城门，全城搜捕萧、曹。萧何、曹参眼线众多，得到消息立即跑路，翻逾城墙投奔刘邦。

城外的刘邦并未攻城，只是写了一封信绑在箭杆上射进城。刘邦在信中告诉大家："不要为沛令卖命，不然，诸侯大兵一到，小小的沛县就会被即刻踏平。到时，玉石俱焚，悔之晚矣。不如共诛沛令，推选一位首领响应诸侯，可保大家平安。"父老接到书信，想想也是这么回事儿，远近郡县都已反秦为楚。

这个时候，还为秦守就等于跟起义军作对，况且大家原本就是楚人。于是，沛县子弟一起冲进县衙杀了沛令，打开城门迎刘邦进城。

吕公的远见就在这里，他早看出来，秦的统治不稳，县令不可靠，豪强才是实力派，关键时刻才可依靠。吕雉嫁给县令，就是寡妇，嫁给刘邦，才是吕后。吕公嫁女，目光长远。

大家想拥立刘邦做沛令。刘邦嘴上不说，心里却想，瞧你们那点出息。区区一个县令怎能满足刘邦？在经过一番中国式的谦虚推让后，刘邦终于亮出底牌，他要做沛公。萧何、曹参原本就是沛县的主事人。在他们的操持下，很快就为刘邦招募到三千人。这三千沛县子弟就是刘邦起家的部队。

刘邦占据丰沛后，开始带着丰沛子弟往外打，首选目标是丰沛北面的胡陵、方与。丰沛与这两地都是楚地，当然更早这里是魏地，更早更早是宋地。战国，确实名副其实，总是在战斗，疆域也是动态变化的，谁更能打，地盘就归谁。从战国到秦汉，永远都是强者为王。

泗水郡的秦军围攻丰县。刘邦守了两日，打退秦军的进攻后，主动出城与秦军野战，再次将其击败。刘邦乘胜北上薛郡，令雍齿守丰。这应该是刘邦这辈子最后悔的决定，但在当时他好像也没有更多的选择，谁让雍齿是丰县的土豪呢！

然后，周市就来了。周市派人带话给雍齿，丰是咱魏国的，如今我已定魏地数十城。雍齿投魏，封侯，仍守丰，胆敢说个不字，城破之日，杀人屠城。

土豪雍齿本来就看不起刘邦，依附刘邦也是老大不情愿，如今又被魏军包围，被以屠城相威胁，而且对方也讲明了，过去之后，原有待遇不变，还有加码；不仅仍可做丰地的豪强，还能封侯。在魏相周市的威逼利诱之下，雍齿干脆直接反水，投了魏国。

刘邦正在前方攻城略地，回头一看，大事不妙，家丢了。

刘邦立即带兵反攻，让刘邦更郁闷的事发生了。刘邦打了几次，发现，居然打不下来。他的乡亲们在雍齿的率领下与他殊死对抗。攻城受挫，刘邦很伤心，但更令他难过的是他的父老乡亲居然跟着雍齿一起反他。

刘邦知道仅靠他自己现在的这点兵力奈何不了雍齿，要想夺回丰县必须搬援兵。他听说秦嘉在留城拥立景驹为王，便前往投奔，想请对方给自己增兵去攻丰县。

当时，秦将章邯刚刚攻破张楚，转而率秦军主力从陈县出发进攻魏国，同时派部将司马夷带兵南下。这路秦军虽是偏师，战斗力却不容小觑。他们攻下相城，并进行了屠城，接着，一路东进，攻击魏国的砀郡。

秦嘉率军北上救援魏国，让刘邦西进挡住深入砀郡的秦军。秦、楚两军在萧县以西遭遇，刘邦又败一阵。刘邦收拢散兵退守留城。

经过一番休整，刘邦引兵攻砀县，三日攻下，收砀兵得五六千人，队伍扩充到九千，乘胜攻下邑，也打下来了。

虽然连战连胜，但刘邦依然愁眉不展，因为丰县还未打下来。

而这个时期，楚地风云突变，北上救援魏国的秦嘉驻军方与，本打算联齐救魏，与之并力俱进，攻击定陶秦军。他派公孙庆出使齐国。齐王田儋对公孙庆说："陈王战败，不知死生，楚国岂能不请而自立为王？"公孙庆也不甘示弱，当即回击道："齐不请楚而自立称王，楚又为何要请齐称王！且楚首事，当令于天下。"齐王田儋大怒，当即诛杀公孙庆。两国就此谈崩。

齐国不承认景驹这个楚王的合法性。这下弄得秦嘉很尴尬。

秦嘉、景驹代表不了楚国，别说齐人不认可，楚人也不承认。

真正能代表楚国复兴的实力派代表隆重登场，他就是楚国大将项燕之子项梁。

将军的儿子还是将军。

先发制人——项梁会稽夺权

楚亡后，项梁带着侄子项羽渡江来到江东避祸。

为何要往南跑？因为越往南，秦的统治就越薄弱。他可是项燕的儿子。项燕，曾经的楚国柱石，与王翦对阵的名将。

陈胜能在楚地起兵并迅速发展，就已经说明了秦对楚地的控制有多弱，那还是在长江以北的淮河地区，靠近中原的富庶之地。长江以南的江东就更不用说了。

这给了项氏家族卷土重来的机会。项梁充分利用父亲项燕的名望跟江东的便利条件，加上他本人出色的交际能力，很快就与江东士大夫打成一片，在江东立下根基。

项梁在江东野蛮生长，实力迅速扩张。这个前朝勋贵子弟本应是重点管束对象，结果在江东却成为地方郡守的座上宾。

因为项梁在江东的势力强大，连郡守都要给他几分面子，有事都要找他商量。

项梁已经很牛，但他的侄子项羽比他还牛。

秦始皇出巡会稽那年，项梁叔侄也跑去看热闹。看到威武雄壮的皇帝仪仗，项羽带着羡慕的口吻说："彼可取而代也。"项梁吓得赶紧捂住他的嘴。这就是项羽的志向，人小，目标却不小。

开始，项梁也是按照常规模式培养这个侄子，教他读书，教他剑术。可是，项羽刚学会读写认识几个字便不肯再学。项梁教他练剑，也是学会几个套路招式就不再认真学。

项梁有点怒了，觉得这个侄子不成器，浅尝辄止，学啥都不用心，这么下去，还能干啥？项羽却说："读书，识字，会写自己的名字就行了。剑术只能敌一人，不值得学。要学，就学能敌万人之术！"那就只有兵法了。于是，项梁又教项羽兵法。但项羽性情急躁，缺乏耐心，略知大意，就又不肯好好学了。项梁也拿这个侄子没辙，那就随他去吧。

很多年过去，项羽已然长大成人，他身长八尺，勇武强悍。项梁这才确认，项羽确实不是读书的料，这个侄子只适合做武将。项羽也确实不用学剑术，那是单对单，而项羽可以轻松打十个甚至百个。以一敌百在项羽这里是常规操作。

九月，陈胜起义的消息传到江东，会稽郡守殷通坐不住了。他也准备响应，因为这是他所能做出的最好选择。只有响应起义才能实现他的利益最大化。

弃职而逃虽可保命，但官位丢了，保住性命又有何用？对高级别的官员而言，失去政治生命等于失去全部。为何说郡守是高级官员呢？因为秦朝全国只有三十六郡。今天的中国也只有三十多个省级行政区，对比之下，秦时郡守就相当于现在的省长。

爬到这么高的位置可不容易。想要保住官位，就只能顺应形势，秦军主力远在中原，远水难救近火。他只能顺势而为响应起义，趁官位还在，权力还在，换个招牌重新开始，这是最简单、最高效也是对他最有利的方案。但他选错了合作伙伴。

会稽郡守殷通想找的合作伙伴就是项梁。对于殷通的邀请，项梁并不感到意外。

项梁很清楚，他的身份家世在楚国的巨大影响是其他政治势力难以企及的。听到大泽乡起义的消息，项梁就准备行动了。但他并不打算与殷通合作，他要单干。

夺取会稽，干掉省级干部郡守殷通，在项梁看来易如反掌。而项梁在处理郡守殷通的事情上，确实简单粗暴。

项梁接受了殷通的邀请，如约而至。只不过他不是一个人去的，他还带上了项羽。

殷通对项梁说："江西皆反，天意亡秦。吾闻先发制人，后发制于人。吾欲发兵，使公与桓楚为将。"先发制人的成语就是这么来的。

殷通所说的江西其实是今天的江北。长江流经今天的江西湖口发生转向，从湖口直到汇入大海，长江基本呈西南一东北走向。江东其实是现在的江南。

当时桓楚的情况大致跟刘邦早期的情形差不多，也是逃亡在外。项梁说："桓楚逃亡，不知所终，只有项羽知道桓楚的藏身之地。"殷通也未多想，那意思既然如此就把项羽请进来问问吧。项梁走出去找到项羽让他在门外等候，等待召见，然后见机行事。

项梁吩咐好项羽再次入座，对殷通说："请召项羽，使受命召桓楚。"殷通说："好。"项梁出去将项羽带进来。

项梁察言观色见殷通并未起疑，就使眼色示意项羽："可以动手了！"项羽领命二话不说直接拔剑，斩下郡守的人头。项梁手持人头，佩带印绶，大步走出门外，向众人展示。殷通手下见状，顿时乱作一团。事发突然，郡守府的人惊慌失措，四散奔走。

项羽则镇定自若地开启杀戮模式，在府中见人就杀，逢人便砍，接连砍杀数十人。郡守府顿时血流成河。这一番血腥屠杀，彻底镇服众人，纷纷伏地请降。项梁坐镇府邸召集平日相交的故旧豪吏，告诉大家，我们要起兵反秦了。这些人都是他的铁杆亲信，自然是一致拥护。

项梁被众人推举为会稽郡守，项羽为裨将，同时派人到各属县征兵，共得八千精兵。八千江东子弟也成为项氏起家的班底。

说起来，项梁杀人夺权的过程跟刘邦的赴宴定亲有一拼，都相当魔幻。项梁、项羽就凭两个人，先是密室斩首后又血洗郡守府。怎么看都有点不可思议，虽然这里面有项羽的强悍武力加持，但还是使人感到这番场景更像武侠小说。

表面看是项梁叔侄勇闯郡守府，以少胜多，雷霆手段震慑众人。但很多人忽略了时代的大背景。会稽是楚地，而郡守是秦官。在反秦浪潮风起云涌的楚地，做楚人的秦官有多危险，看看陈胜起义后在楚地被杀的秦官有多少，答案便一目了然了。

秦会稽郡守府就如同漂浮的孤舟，早已陷入楚地人民战争的汪洋大海，时刻有被吞噬的可能。项梁叔侄进入府邸看似深陷重围，其实这是错觉。真正被包围的是秦郡守殷通以及他为数不多的部下。因为走出郡守府，就是项梁的天下。

项梁能很快稳住局势平息事件，并建立起一整套班子，指挥亲信幕僚全面接管郡县各级政权，各就其位，各司其职，动作娴熟，精准高效，很明显是早有准备。

项梁掌控江东之后，便有意北上逐鹿中原。

广陵人召平原本奉陈王之命略地广陵。城尚未攻下就传来陈王败走的消息，眼看章邯追兵将至，情急之下，召平渡江南下江东，以陈王的名义，拜项梁为楚国的上柱国。召平对项梁说："如今江东已定，当急引兵西击秦！"

这真是想睡觉就有人送枕头。召平此来，正合项梁心意。

项梁、项羽叔侄当即率八千江东子弟渡江北上。

此时的中原早已打成一锅粥，刘邦跟雍齿在丰县死磕；章邯击破陈胜军主力后北上攻击魏国；陈胜的余部则还在陈地与留在当地的秦军拉锯；以黥布为首的原骊山囚徒趁机逃走亡命江湖，这时也在江淮一带组织起来跟秦军打作一团。

渡江后，项梁率军进入江北的九江郡，听说东阳县已被反秦的起义军占领，立即派人前往联络，准备说服这支部队与之联合，一同西进。

使者去后，不久即返回向项梁禀告，说对方人很多，有两万之众，实力强劲。项梁听后大喜，自己才八千人，要是将对方争取过来，兵力瞬间就能增加数倍。但使者接下来说的话却让项梁心里一凉，使者说对方不同意联合。

项梁正要再派人去劝，只见这个使者慢悠悠地又说道，他们不同意联合。他们要求收编。

是的，您没听错。不是他们收编我们，而是要求我们收编他们。

项梁简直不敢相信自己的耳朵。一支两万人的部队要求一支八千人的部队收编，联合都不同意，只接受被收编。

居然还有这种好事儿！

东阳人提出这个要求当然是有原因的。这支东阳起义军的首领陈婴，原来是这个县的令史。他在这里的地位大致相当于沛县的萧何。而众所周知，沛县人民最开始是有人推举萧何做首领的，只是萧何自己不同意才作罢。大家才又推举的刘邦。

但在东阳，只有低配版的萧何——陈婴，没有低配版的刘邦。于是，陈婴就这么被志愿地成了首领。

东阳民众在杀掉县令后，就想立陈婴为王。此时，东阳义军有两万人，多少也具备点实力。但陈婴的母亲是个很有见识的妇人，她对儿子说："自从我嫁到你们家，就未听过你家祖上有显贵之人。今暴得大名，德不配位，此大不祥；不如有所归属，事成，不失封侯；事败，也可脱身避祸。"陈婴很听妈妈的话，正巧这时项梁的使者来到东阳，不早不晚，时机把握得刚刚好。

陈婴对部下说："项氏世世为楚将，天下知名。今举大事，非项氏不可。我辈随项氏伐暴秦，亡秦必矣！"众人被说服，于是，陈婴带着两万人投奔只有八千人的项梁。

因为陈婴的加入，项梁的队伍迅速从八千扩充到三万。

项梁的好运还未到头。很快，又一位勇将主动来投，九江郡六县人黥布。其实人家原本叫英布，只是触犯秦律被施以黥刑，即在脸上刺字，伤害性不大，但侮辱性极强。以黥布对秦朝的刻骨仇恨，当然不会袖手旁观，此时此刻正如彼时彼刻，报仇雪恨的时候到了。

耻辱刻在脸上，仇恨刻在心里。黥布听说庐江郡番阳县令吴芮在江湖上很有名号，号称番君，手下已聚集数千人马，便前往投奔。两人见面，大有相见恨晚之感。大家彼此需要，各取所需。番君吴芮当即将黥布招为女婿，把女儿嫁给黥布。然后，黥布率领岳父的数千兵马北上去找秦军报仇。

陈胜死后，部将吕臣率部驱逐秦军收复陈县。不久，秦军卷土重来再次攻占陈县。吕臣败退途中正好迎面遇上前来复仇的黥布，两人当即合兵一处，又杀回去，将秦军一顿暴揍，然后，重新夺回陈县这座反秦的大本营。

得胜后的黥布率军东进，得知项梁渡淮西上，便率部前来投奔。

项梁率军一路狂飙突进，沿途各路义军纷纷加入。进至东海郡的下邳时，项梁的部队已扩充到七万人。

很明显，项梁已经接过陈胜的旗帜，成为反秦大军的新领袖。

项梁这边门庭若市，秦嘉那里却是门可罗雀。有对比才有伤害。项梁来了，秦嘉就尴尬了。

景驹、秦嘉驻军彭城以东，准备武力拦阻。项梁收拾的就是秦嘉，当即做战斗动员，对部下说："陈王首倡大义，战事不利，未闻所在。秦嘉背叛陈王而擅立景驹大逆无道，当击之！"

项梁指挥大军包抄而上，秦嘉军抵挡不住，一路败走。项梁带兵在后紧追不舍，追至胡陵，秦嘉返身回来与项梁决战。激战一天，秦嘉战死，景驹逃往魏国，不久就死在那里。秦嘉余部则被项梁收编。

暗夜突袭——项梁定陶战亡

项梁引军西上。章邯则率军东进，屯兵于栗县。项梁派刚刚投降过来的秦嘉部将朱鸡石、余樊君前去迎战。这两人自然不是章邯的对手。余樊君战死，朱鸡石军败，逃往胡陵。

项梁知道章邯是楚军最大的敌人，但他初来，不知章邯虚实，故意派两员降将迎敌就是试探对方，同时他也知道，这两人打不过章邯。项梁也未指望他们能打赢，不过是利用他们消耗章邯军的战力。这些人都是降兵降将，项梁的心思不难猜测，就是令章邯与秦嘉旧部相互拼杀，他则坐收渔翁之利。

项梁为人素来如此。当初，会稽郡守殷通何等信任于他，不信任不会让他领兵，不信任不会在密室与他商议可能招来杀身大祸的反秦大计。可是，项梁是怎么做的呢？利用殷通，在决定夺权时，下手又快又狠。

真正的上层行事就是如此。

项梁将败逃回来的朱鸡石斩杀，用这个败军之将的人头来立威。

不久，项梁军从胡陵移防薛县，这里相邻刘邦屯兵的沛县，目的就是要将刘邦这支部队招致麾下为其所用。

项梁尝到了甜头，对收编地方部队的扩军模式上了瘾，而且，他也确实有这方面的需求。在对阵章邯这个最强的敌人之前，他要尽快整合楚地的各系部队，将这些部队进行整编，由他统一指挥去与章邯决战。

而在这之前，项梁必须让自己变得更强大。章邯攻势凌厉凶猛，很多起义军都被其击溃。自出关以来，章邯还未遭败绩，逢战必胜，到目前为止保持着全胜的纪录。

章邯几乎每次都选最强的对手作为攻击目标，而且每次都能赢。经历最初的慌乱后，重新整合的秦军再次展示出恐怖的战斗力。秦军还是当年横扫六国的秦军。

此时的章邯正在围攻魏国，下一个就是楚国，留给项梁的时间不多了。他需要刘邦的加入以壮大声势，但他也知道此时的刘邦更需要他的支持去扫平丰县的雍齿。他们彼此需要。

刘邦果然是聪明人，懂得人情世故。项梁移驻薛县，与他的沛县近在咫尺。刘邦在第一时间就明白了项梁的用意，当即去项梁那里拜码头认大哥，表示愿意归附，接受改编，服从指挥。

项梁对刘邦的表现也很满意，当即拨给刘邦大将十员、精兵五千。这些人马几乎都是原秦嘉旧部，项梁为收买刘邦便做了一个顺水人情。

刘邦得到兵员补充，兵力增加到一万四千人，再次对丰县的雍齿发动强攻，这次终于如愿以偿，顺利攻占丰县。雍齿逃亡魏国。

刘邦终于出了一口恶气，在报仇雪耻的同时，他也明白自己欠下项梁一个大人情。

于是，报仇之后的刘邦正式率部投奔项梁。至此，楚地各路豪杰聚齐。项梁也成为名副其实的楚军统帅。

刘邦甘愿做项梁的小弟是顺理成章的事，因为他们的起点不同、身份不同，相应地他们在官场上的地位、级别自然也不同。

刘邦出身士人，而项家世代为将。起点不同，差别明显，想想看，找刘邦谈合作的是沛县县令；请项梁商议大事的是会稽郡守。县令与郡守的距离，也就是刘邦与项梁的差距。

刘邦与项梁几乎同时起兵。但刘邦奋战多时也只是个普通将领，连老家丰县都搞不定，还要靠项梁出手帮忙。

而项梁出山即是众望所归的楚军主帅，出道即是巅峰。楚人听说是项家为将，都携家带口率领队伍赶来投奔，拦都拦不住。这就是名望、身份、等级不同带来的悬殊差距。

这时陈胜的死讯得到确认，项梁便在薛县召集楚军各路将领开会商议大计。居鄛人范增，年已七十，素有良谋能出奇计，也赶往薛县，游说项梁："自怀王入秦不返，楚人至今怜之。故楚南公有云：'楚虽三户，亡秦必楚。'今陈胜首事，不立楚后而自立，其势不长。今君起江东，楚地兵将争附君者，只因君世世为楚将，能复立楚之后也。"

项梁认为言之有理，当即派人访求楚国王室后人，找到了楚怀王的孙子熊心。流落民间的熊心此时的身份是牧羊人。

六月，项梁立熊心为楚王。

熊心仍称怀王，也是顺应楚国的民意。楚国人民忘不掉那个被秦国坑死的楚怀王。陈婴则被拜为上柱国，这是楚国特有的官职，是级别最高的武将，注意只是级别最高，封五县，这个相当大方。这些也是项梁对陈婴支持自己主动投靠的政治报答。楚国的新都设在盱眙。

项梁则自号武信君。这是延续战国时代的光荣传统。项梁自己不称王，也不是上柱国，但所有人都知道，楚国真正说得算的是武信君。

战国以来的封君，以武安君封得最多，影响也最大，武信君则紧随其后。虽然受封武安君的都是当时名将，但结局都不怎么好。秦国武安君白起被赐死，赵国武安君李牧被杀，楚国武安君项燕战死。陈胜封的武信君武臣被李良杀死。

项梁的结局也未逃过以上规律。

楚国复国刺激了在场的一个人——张良。刺杀秦始皇失败后，张良就一直隐居不出等待时机。直到陈胜起义，张良才出来活动。

原本他是想去投奔景驹的，结果在路上遇到刘邦。二人一见如故，相谈甚欢，大有相见恨晚之感。张良的话，刘邦听得懂也愿意听。张良此前也见识过形形色色的各路首领，但大都粗鄙愚鲁、见识浅陋，只有刘邦不同常人。只有刘邦懂他的谋略。于是，张良也不去投靠景驹了。贤臣择主而事，张良从此认定刘邦。

此时，六国只有韩国尚未复国，张良找到项梁说："君已立楚后，而韩诸公子中横阳君成最贤，可立为王，为楚之外援。"项梁这时正在谋求扩大政治影响，张良看得很准，选的时机恰到好处。项梁当即同意就派张良访求韩成。人很快就被找到，韩成被立为韩王。张良为韩申徒与韩王将兵千余西略韩地。

但韩兵脆弱，韩军弱小，收复的城池很快又被秦军夺去。韩王在韩地难以立足，只能率领为数不多的军队作为游兵往来于颍川等地与秦军周旋。

章邯并不与之纠缠，只留下偏师对付各地诸侯军，他则亲率主力攻击魏国。章邯的意图是趁魏国刚刚复国尚不稳固，集中兵力将之一举荡平，将新造之魏扼杀于萌芽。

战国七雄，与秦对峙的表面是山东六国，其实与秦硬刚的只有楚、赵、魏。而魏距秦的关中最近，威胁自然也最大。趁魏初立，将其击溃，再将赵、齐等国次第扫平，整个局势就将彻底扭转过来。

章邯想得不错，但他遇上项梁叔侄这两个猛人，就注定他的梦想终将化为泡影。

魏国的实力显然不足以单独对抗强秦。魏王魏咎在第一时间派人向齐、楚两国求救。为确保两国能迅速出兵。魏王派相邦魏市亲赴两国请援。

齐国对魏国的求援高度重视。齐王田儋亲自带兵去救。相比之下，楚国方面的表现就差多了。

楚国派出的是将军项他。显然，以项他的身份跟地位，楚军出动的肯定不是主力。项梁未对临济之战给予足够的重视，这暴露出他身为楚军主帅见识的短浅，而这对一个三军主帅来说是致命的。

秦军对临济的攻击相当猛烈，不然魏咎也不会派魏市去求援。魏市在魏国的地位就相当于张耳在赵国，他们才是各自国家的实际掌控者。魏市亲自出马说明情况已经相当紧急，不到万不得已，一国重臣不会轻易出动。齐国的反应就很正常，齐王亲自去救。但楚国的反应有点不正常。

临济之战事关魏国生死，这点项梁不会看不出来，但他依然选择只派部将率偏师去，显然是未尽全力。很可能，项梁从开始就不打算去救魏国，但不派兵又说不过去，只好派一支偏师去应付一下。

项梁之所以不肯尽全力救魏，有可能是因为临济与秦军重兵云集的荥阳距离过近，而荥阳不仅有重兵，附近还有敖仓这个大粮库。只有击败秦军攻占荥阳占领敖仓，才能从根本上解除秦军对魏国的威胁。但至少目前看，诸侯军还不具备这个实力。

如果项梁倾尽主力援魏，必将与章邯率领的主力秦军全面开战。秦楚决战将提前展开，临济之战可能也会取代巨鹿之战在历史上的地位。

但显然，项梁不打算与秦军过早决战，而且即使进行主力会战，站在楚军的角度，地点也最好选在远离荥阳靠近齐楚的地方更合适。

如果项梁想利用魏国尽量消耗秦军，等秦军师老兵疲再行攻击，时间上也来得及，因为临济之战从二月一直打到六月才分出胜负，项梁完全有时间调动各路楚军赶到战场。

临济之战，秦军对抗魏、齐、楚三国联军。双方对峙四个多月，秦军在主将章邯率领下衔枚夜袭联军，一战定胜负，将联军击溃。齐王田儋、魏相魏市战死，只有楚将项他逃脱，这个结果似乎也可从侧面印证，齐、魏两军真的是拼尽全力，但楚军很有点死道友不死贫道的意味。

魏齐两军遭遇重创主力溃散，楚军败逃。临济城里的魏王失去了最后的希望。临济城破只在旦夕之间，这时为挽救全城军民的性命，魏王魏咎做出了一个既悲壮又伟大的决定，以自己的死换全城军民的生。

魏咎派人出城与章邯谈判，临济降秦，但条件是秦军保证不屠城。之前抵抗秦军的所有罪责由他一人承担。秦军答应了他的要求。

约定已毕，魏王魏咎举火自焚，以自己的牺牲保住了全城军民的生命。仅从这一点上说，魏王魏咎就超越了古往今来九成以上的君主。有责任，有担当，为百姓万民甘愿赴死，这才是真正的君王。这才是真正的贵族精神。

魏咎的弟弟魏豹逃到楚国。楚怀王熊心给魏豹数千人马，让他回去收复魏地。这点兵力也只能与秦军周旋。

章邯在击败魏国后，并未停止脚步，而是选择乘胜追杀齐军。齐王田儋的弟弟田荣收拢溃兵败走东阿。章邯率军随后杀到，围攻东阿。齐人听闻齐王田儋的死讯，又立前齐王建的弟弟田假为王。田角为相，田角的弟弟田间为将。齐国宗室众多的优势这时也显现出来，旧的班子散了，新的班子很快就立起来。

听说章邯在追杀田荣，项梁知道这次自己必须行动了。如果再让章邯得逞，齐国也被击溃，那他率领的楚军真的就只能孤军奋战了。而且此时秦军已然远离荥阳深入齐地，此时出击正当其时，机不可失，时不再来。

七月，项梁率楚军主力北上攻击亢父救援齐国。章邯正率军攻击东阿。项梁率楚军杀到，从后面包抄章邯，于东阿城下大败秦军。这也是章邯自出关以来遭遇的首场败仗。事实证明，此时，有实力与秦军对阵一较高下的也只有楚军。

楚军大胜。东阿之围遂解，田荣却连谢谢都不说便急急引兵东归。田荣这么做不是不讲礼貌，而是他有急事需要回国处理。

家里出大事了。田荣急着回去争权。因为齐国的新班子跟他不是一个派系。在齐国，反秦首义复国的是田儋、田荣、田横三兄弟。他们虽然也是宗室，但属于很疏远的那类。从血缘论，显然田假是最近的。但乱世里，血缘近比不过拳头硬。

八月，田荣驱逐田假。被赶出齐国的田假逃往楚国，田角逃亡赵国。田间之前带兵救赵，这时也不敢回去，被迫滞留赵国。夺回政权的田荣立田儋之子田市为齐王，田荣自任国相，田横为将。

项梁战胜章邯，不仅使齐国转危为安，也令连遭大败的诸侯军士气为之一振。

战后，田荣向东，章邯向西！

项梁："追！"

项羽、刘邦："追谁？"

项梁："你俩这智商是怎么活到现在的？当然是追章邯匹夫！"

章邯一路向西逃进濮阳，之后便固守不出。项梁亲率大军随后赶到，将章邯军包围在濮阳。项羽、刘邦则负责扫荡濮阳外围各个据点的秦军。

项羽、刘邦顺利攻下濮阳东南的城阳，将驻守此地的秦军尽数全歼。

之后，二人领兵按照原定计划向西推进，却与从濮阳突围而出，准备向东逃往定陶的章邯部撞个正着，两军遭遇，又是一顿厮杀。正在胶着之际，项梁率军从后面追上来，大家一起揍章邯。

三打一，章邯明显吃亏。见实在打不过，章邯只好率部又退回濮阳，坚守待援。项梁则继续带兵围困濮阳。项羽、刘邦还是在外面继续扫清濮阳外围的秦军据点，一切似乎又回到原点。

不得不说，章邯是一个很有水平的将领，进攻、防守都打得很有章法。

遇弱敌，攻势凌厉，凶狠急速，逮住就是一顿揍，而且穷追猛打，连续攻击，不给敌人以喘息之机。只要敌人扛不住最初的凶猛攻势，接下来基本就能被压着打，连还手的机会都找不到，直至全军崩溃。

对实力较弱的敌人，章邯的基本战法就是三点：快、准、狠。出击速度要快；要攻击敌人的主力；尽可能一战就干翻对方定胜负，不与之过多纠缠。而最根本的胜利的关键其实是第四点，保持攻击的持续性。不给敌人调整的时间，不给敌人反击的机会。始终把握住战场的主动权，使对手从头到尾都陷入被动。

自出关以来，章邯基本是按照他的节奏打，诸侯军只能被动应战。章邯的战绩可以说明他的战术是相当有效的，在遇上项梁之前，他从未有过败绩。

但遇上强敌，他的猛冲猛打的战术就不怎么奏效了。

遇强敌，章邯也有他的办法，那就是示弱、固守，待对手麻痹大意，再集中主力进行突袭，通常都是夜袭，往往能达到出其不意、攻其不备的效果。之前的临济之战，之后的定陶之战；章邯用的都是这一战术。

两种战术，章邯都运用自如，归根到底还是实力。因为进攻，他攻得下；防守，他守得住。

项羽、刘邦在堵住章邯的突围后便南下进攻定陶。这里是秦军在濮阳外围一个相当重要的据点，证据就是项羽跟刘邦进攻多次却打不下来，只能被迫放弃，向西进兵，去攻临济。项羽跟刘邦两人联手都打不下的城，防守有多强就可想而知了。

临济被项羽、刘邦轻松占领，而后，他们从临济南下进攻秦军据守的雍丘。又是大胜，楚军不仅顺利攻占雍丘，还斩杀守将李由。

接连的胜利，让项梁有点飘了。在他看来，名将章邯跟他麾下的秦军不过如此，从重视到轻视，只用了两场胜仗。

对峙期间，双方都开始摇人。章邯向关中的朝廷求援，很快秦军的援兵一批又一批陆续抵达战场。项梁也向齐、赵两国派出多批使者，要他们发兵增援。

田荣还在为楚、赵两国收留他的政敌而恼火，说："楚杀田假，赵杀田角、田间，我就出兵。"楚、赵两国当然不同意，楚国是诸侯联之首，田荣这条命还是项梁救的。项梁怎么可能受田荣的政治要挟？

这不是杀不杀田假的问题，而是谁是老大、谁领导谁的问题。如果项梁杀田假向田荣妥协，即使田荣出兵，项梁也必将颜面扫地，诸侯各国就再不会拿项梁当大哥。

田荣明显是意气用事，你都是实际上的齐国之主了。人家还救过你的命，那两个逃亡在外的宗室对他并不构成威胁。他们要真有本事当初也不会被轻易赶走了。田荣完全可以不在意那两个流亡宗室。项梁跟楚国是得罪不起的。

楚国当然不肯交出田假。田荣便以此为借口，拒不出兵。这就得罪了楚国，得罪了项氏。

项氏很生气，后果当时看不严重，但不久之后就变得很严重。

起初，项梁对田荣拒不出兵也并不在意。田荣的齐军对此时正处于巅峰时期的楚军就相当于过年的凉菜，有他没他都过年。

秦军的实力在悄然增强，但楚军不但未增强，还犯了轻敌的大错。

项梁认为濮阳的章邯已经不足为虑，便转身去打定陶。之前，项羽、刘邦打不下来的地方，项梁也打不下来。

就在项梁顿兵于坚城之下打不开局面时，章邯又得到一大批援兵，实力暴增。而与此同时，由项羽、刘邦率领的楚军却在外黄攻击受挫转而进攻陈留，距项梁军越来越远。距离拉开了，危险也就增加了。因为一旦一方告急，另一方来不及救援。

章邯在得到补充后，经过精心准备，又发挥他的特长，暗夜突袭。章邯率秦军夜衔枚疾进，突击定陶城下的项梁军。

被突袭的楚军遭到重创，项梁也死于乱军之中，楚军大败。中原战局，形势瞬间逆转。

楚国大臣、曾担任过令尹的宋义就劝过项梁："我军接连获胜，但千万不可骄傲轻敌。我军虽胜但损失也很大，而且听说秦军一直增兵，您要做好防备，万万不可大意啊。"项梁听不进宋义的逆耳之言，干脆把宋义打发出去，让他出使齐国，省得整日在耳边聒噪烦他。

楚使宋义在去齐国的路上遇见了同为使臣的齐使高陵君。宋义对高陵君说："您这是要去见武信君吗？"对方说："是的。"宋义就说："以在下之见，武信君不久必败。您若缓步徐行可免一死，倘若疾行必及大祸。"高陵君听了宋义的话，故意放缓速度，慢慢走，果然逃过一劫。因为很快定陶前线就传来项梁兵败身亡的消息。

与其说宋义是预测精准，还不如说他从一开始就看衰项梁。宋义跟项梁虽然都是楚国贵族，但他们从来都不是一个派系。

项梁的死是楚国的大事。新楚国是项梁建立的。虽然楚国有楚王、有上柱国，但大家都知道，项梁才是真正的一国之主。

项梁执政的楚国，不像普通的封建政权，更像一个军头联合体组成的军政府。

项梁是其中实力最强、声望最高的军头，其他如上柱国陈婴、当阳君英布都是带资入组的实力派军头。他们都是带着队伍来的。他们都有自己的部队。

楚王熊心不甘心做橡皮图章。陈婴也不愿做徒有虚名的上柱国。但项梁在，他们只能做项梁的政治傀儡。

但现在项梁死了。他们的机会就来了。

熊心当政——援魏扶韩联齐救赵兴楚伐秦

虽然项梁的死给楚国军民带来的是巨大的悲痛以及巨大的恐慌。但在楚怀王熊心以及上柱国陈婴等人看来，此时却是抢班夺权的大好时机。

对项梁的死，他们当然也悲痛，但对他们而言，更重要的是趁机夺权。

当前线楚军还处在失去主帅的悲痛中时，楚怀王跟他的大臣们正在从盱眙赶往彭城的路上。

当项羽还沉浸在失去叔父失去亲人的痛苦中，尚未走出悲痛时，楚怀王熊心就出大招了。

九月，楚怀王熊心赶到彭城。很快前线的楚军三大主力，项羽军、吕臣军、刘邦军也几乎同时从前线返回彭城。得知项梁的死讯时，项羽、刘邦正在围攻陈留，收到消息立即往回赶，但还是晚怀王一步。吕臣的情况也差不多。因为项梁的部队已经溃散，他们三人统领的部队几乎就是楚军的全部家底了。

他们三人撤退的出发点都在陈留附近。他们撤退的方向也相同，都是彭城。抵达彭城之后，他们屯兵的地方更有意思。吕臣驻军彭城东面。项羽驻军彭城西面。刘邦驻军在项羽更西面的砀郡，这里是他的根据地。

三人不约而同地选择将部队驻扎在彭城郊外。三支楚军主力围成一圈，"紧紧地护卫着彭城"。因为楚怀王在这里，彭城现在是他们的新都。他们当然要好好地保卫都城的安全。

楚怀王也很欢迎他们的到来，因为方便剥夺他们的兵权。

楚怀王也很懂枪杆子里面出政权的道理，要想位置坐得稳，兵权必须抓得紧。

吕臣、项羽、刘邦很快受到楚怀王的召见。接下来是封赏，拜吕臣为司徒，其父吕青为令尹；封项羽为长安侯，食邑鲁地，又号鲁公；封刘邦为武安侯，拜砀郡长。

楚怀王的这一系列封赏大有深意。

吕臣作为陈胜起义军的余部，在三支部队中实力最弱，与楚怀王的关系最远，被彻底夺去兵权，作为补偿，升其为司徒，是典型的明升暗降。

项羽封侯，是一种奖赏晋升，用以抚慰项氏人心，但同时也有限剥夺项羽的兵权。之前，项羽是独立领兵作战的主将，现在只能从属于人，做别人的副将。项氏实力强大，做事要留有余地，战争远未结束，用人之际，战场上还需要项羽。

与此同时，楚怀王又任命项羽的叔父项伯为左令尹，提升项氏的政治地位，表明合作的诚意，又打又拉，避免对方撕破脸面彻底翻脸。

刘邦是这次封赏的最大赢家。封侯是其阶层地位的越级提升，政治地位今非昔比，已然跻身于楚国上层。砀郡是刘邦自己辛苦打下的地盘。拜砀郡长是楚怀王对刘邦实力的事实肯定。

刘邦不是项梁的嫡系，在项梁的部队中始终保持相对的独立性，有忠于他自己的团队，以丰沛人为骨干的班底。楚怀王夺不走刘邦的兵权。楚怀王也没有那个实力，更主要的是此时的他还想要拉拢刘邦来制衡项氏家族。

定陶军败，楚军溃散。当此国难之际，楚怀王熊心不退反进，从盱眙迁都彭城，这波逆向而行为楚怀王带来巨大的政治声望，赢得了楚地人心，也在危急关头稳住了楚国局势。

一系列操作稳定内部后，至少暂时是稳定的，楚怀王熊心开始对外展开大规模国际援助。

虽然此时楚国也很困难，但相比之下，兄弟们更困难，魏、韩、赵，一个比一个惨。楚国要是不出手，等待他们的就只剩亡国一途。因为单靠他们自己是扛不住凶猛如虎狼的秦军的。

首先就是魏国，临济惨败几乎亡国。魏咎的弟弟魏豹逃到楚国寻求援助，希望楚国出兵助其复国。楚怀王熊心明白，必须帮助魏国，这是楚国作为大国的责任。而更现实的原因是，救魏就是救楚。秦军东出函谷关迎面遇到的首先就是魏国。只要有魏国挡在前面，就能为楚国提供战略缓冲。

楚国出兵数千交给魏豹。就靠这几千人，魏豹很快就光复魏国二十余城。之所以如此迅速光复，不是魏豹有多厉害，而是他哥哥魏咎的政治影响。

因为魏国人忘不了他们的魏王魏咎，为了拯救他们的生命选择自我牺牲，熊熊烈火烧在魏咎的身上，更烧在魏国人的心上。那一幕悲壮的场景令他们永生难忘，复仇的种子也在这时在魏国人的心里生根。魏豹的归来唤醒了魏国的复仇之心，所过之处一呼百应。

魏国的复国使秦国多了一个敌人，也使楚多了一个盟友。

韩国在项梁的支持下艰难复国。之所以说艰难，是因为从复国之日起，从君王到士兵都在打游击，经常要不停地转移，稍有迟缓就有可能被秦军追上。

项梁败亡。韩王韩成也逃到楚国投奔楚怀王。楚国对韩国也是倾力支持，张良被拜为韩国司徒辅佐韩王韩成反攻韩地。

项梁败亡，其中一个重要的原因就是齐国的缺席，才使楚军孤军深入，陷入秦军的内外夹攻导致全军崩溃。赵、韩、魏还要靠楚国援助，但单靠楚国压力也很大。齐国富庶，国力尚强，必须把齐国拉进来，齐楚联合，胜算更大。

楚怀王提拔宋义做上将军接替项梁的位置，给宋义在外交上的工作就是拉拢齐国。宋义的外交做得还是相当不错的。齐楚双方已经达成一致，以宋义的儿子宋襄为齐相。这是两国联合的标志。

战国时代，大家就是这么玩的。两国为体现政治互信实现联合，通常一国都会派重要大臣去另一国担任国相。眼看事情就要办成，宋襄即将出发前往齐国。宋义亲自设宴为儿子送行。

然而，接下来发生的事情，大家就都知道了。

项羽发动兵变斩杀宋义，同时派人追杀宋襄，将二人先后砍杀。项梁的死是齐国的田荣间接造成的。项羽可不会忘记。结果就是，楚怀王熊心的联齐计划功败垂成。

楚国的对外援助，最重要的就是救赵。魏豹能迅速收复魏地二十余城，其中一个重要原因是，章邯的转移攻势。临济之战后，章邯就将攻击目标对准了赵国。如果赵国也被打垮，楚国在北方就找不到可靠的盟友了。

因此，这次楚国派出去的都是精兵强将。此时楚国的兵力也才十余万，去救赵国的军队就占一半。项羽也在出征的将帅之列，不过他不是主将，而是作为宋义的副将随同出征。令楚怀王熊心想不到的是，此次行动援赵的目的是达成了，但同时，他也失去了对军队的控制。不用问，还是项羽干的。

楚国最危险的时候，就是定陶战败，主帅项梁的战亡，这次战役带来的是全国的恐慌。就在大家慌乱不知所措、不知未来的路怎么走时，楚怀王熊心站了出来，他对内整肃，对外联合，内外并举，迅速稳定了战败带来的影响，表现出相当强悍的危机处置能力。楚国能从危机中迅速走出来，甚至快速转入反攻，都离不开楚怀王熊心的筹谋指挥。

先入关中者为王。既是楚怀王熊心发出的伐秦宣言，也是动员楚军对强秦发起全线进攻的战斗口号。

楚怀王熊心策划的三路伐秦，其中一路是偏师，目的是收复郢都，这路忽略不计。另外两路都是主力，他们分别是楚怀王熊心亲自选定的上将军宋义以及砀郡长刘邦，后来的主角项羽是作为宋义的副将出场的。

楚怀王要用项羽，但同时又要压制项羽。因为项羽的恐怖实力，他是清楚的。但是，宋义是真压不住项羽。更何况，楚军中的精锐骨干都是跟随项梁、项羽渡江的八千江东子弟。

当楚军杀入关中推翻暴秦凯旋之际，也是楚怀王熊心的政治生命走向终结之时。秦楚决战，楚国赢得了胜利。这场胜利是楚国的胜利，也是楚军的胜利，却不是他的胜利。

项羽通过连续的胜利，实现全面夺权，成为名副其实的西楚霸王。大权旁落的楚怀王在结束政治生命的同时，他的人生也已走到尽头。

破釜沉舟——巨鹿之战

章邯已破项梁，以为楚地兵不足虑，于是不再理会楚军，而是渡河，北上击赵，大破赵军。

只要不是遇上项梁、项羽这般狠人，章邯对阵其他诸侯军基本就是碾压，怎么打怎么赢。

章邯乘胜进兵邯郸，顺利占领。之后，章邯将邯郸百姓全部迁到河内，然后一声令下拆毁，可叹赵国古都邯郸，就此被秦军夷为平地。

张耳与赵王歇率赵军退守巨鹿城。秦军长城兵团二十万人。这时，也在大将王离率领下南下增援，围攻巨鹿。此时，陈余不在巨鹿，他北上常山募兵，招到数万新兵，之后率领新军南下救援巨鹿。但秦军势大，陈余不敢轻易与之交战，只能屯兵于巨鹿以北，等待诸侯援兵到达，再行反攻。攻击巨鹿的是王离率领的秦军长城兵团。章邯驻军巨鹿以南的棘原。

巨鹿城被数十万秦军围攻，危在旦夕。赵数遣使求救于楚。

赵是必须要救的，问题是派谁领兵去敌章邯。

齐使高陵君显在楚，向楚怀王竭力推荐宋义。高陵君说："宋义曾预言武信君军之败，数日，果败。兵未战而先见败征，可谓知兵。"楚怀王于是召见宋义与之谈论军事，非常满意，当即拜宋义为上将军，项羽为次将，范增为末将，率军救赵。楚军众将皆隶属于听其节制，号"卿子冠军"。

只因为预测了项梁的兵败，就被说成知兵，这个理由相当勉强，照这个逻辑，天下知兵之人，当有数百千万。理由确实不充分，但那要看说的人是谁。从高陵君嘴里说出来就别有不同。

推荐宋义，与其说是高陵君的意思，还不如说是出于齐国的授意。楚怀王熊心任用宋义，与其说是采信高陵君的推举，还不如说是给齐国面子。

齐国用宋义的儿子为相，条件是楚国用宋义为将。楚怀王提拔宋义为将主要是出于外交目的，这是联齐的需要。

至于说宋义的实际军事能力，楚怀王还真就有点缺乏信心，所以才用项羽为次将、范增为末将。

楚怀王的这个援赵班底各自都有不同的作用。主将宋义的作用是联齐，用亲齐的人为主将，目的是把齐国拉进来，齐楚联合出兵救赵。

次将项羽骁勇善战，他的工作就是冲锋陷阵，当全军之先锋，与章邯对阵，主要就靠他。

但项羽毕竟年轻，血气方刚，不够沉稳。那就派一个老成持重、富有谋略的人去当军师压阵，楚国智囊范增显然是最合适的人。

有人去救赵，还要有人去伐秦。楚怀王与诸将约定："先入定关中者为王。"

当时，秦兵强，常乘胜逐北，诸将畏秦不肯西进。只有项羽怨恨秦军杀害他的叔父项梁，自告奋勇愿意领兵西上入关亡秦。

这时，楚怀王身边的众多老将都说："项羽为人，剽悍勇猛，但过于刚狠，他曾带兵围攻襄城，因襄城久战不降，破城之日将阖城军民尽皆坑杀，所过之处，鸡犬不留。不如更遣长者，秉持信义，告谕秦国百姓。秦民苦其主久矣，今得长者，不侵暴，守信义，关中指日可定。项羽不可遣。刘邦素有长者之风，可派其入关定秦。"于是，楚怀王不准项羽所请，而是派刘邦率军西征。

楚怀王不用项羽而用刘邦。表面上的原因是听从诸多老将的意见，项羽凶暴，刘邦仁厚。

这确实是个冠冕堂皇的理由，也是说得过去的理由，但正因为冠冕堂皇，也正因为说得过去，才不是真正的理由。因为真正的理由说不出口，因为真正的理由上不得台面。

从来都是如此。

很多时候，一旦认真，你就输了。

他们支持还是反对，不要听他们说的，而要看这事儿是符合他们的利益还是损害他们的利益。

所有的斗争归根到底都是权力的斗争，都是利益的争夺。

诸多老将说的就是楚怀王心里想的。只是有些话，楚怀王不方便说，那些与他利益一致的人帮他说出来而已。楚怀王与老将们心照不宣，相互配合。

因为项羽骁勇善战，他有这个能力去亡秦，所以才不让他去。

为何项羽有能力，却不派他去呢？因为担心项羽功高震主、抢班夺权。现在的项羽仅仅是个次将，就已经很难控制了。如果项羽入关破秦，立下盖世之功，他的威望、他的战功将达到巅峰。到那时，任何人包括楚怀王都压制不住他了。到那时，楚国就不是楚怀王跟诸多老将的楚国，而将是项羽的楚国。

　　而派刘邦去就很稳妥也很安全。刘邦不管是失败还是成功，对楚怀王都不构成威胁。即使刘邦西征失败，也能维持战国时代的均势，有韩、赵、魏，还有齐国，楚国的安全就有保证。

　　而刘邦西征能顺利亡秦，那按照约定刘邦将在关中称王，建立新的国家，从当时的情势来看，这个新建之国大概率是会亲楚的。

　　至于刘邦以后会不会东征，吞并各诸侯国，当时的诸侯还看不到那么远。因为他们的首要目标是亡秦，这个目标并不容易实现。有章邯这个强敌存在，还有他手下那二十余万秦军。诸侯军能生存下去就已经很难，更不要说击败章邯入关亡秦。在当时的人看来，这个目标还很遥远。

　　他们想象不到会有巨鹿之战那般以少胜多的经典战役，他们更想象不到，项羽以及他麾下的楚军会那般骁勇，能够以一当十，逆风翻盘，以弱胜强，打败秦军。

　　楚军一路北上，走到安阳，宋义下令全军停止前进，就地安营，这一停就是四十六天。

　　宋义按兵不动。项羽心急如火。他实在等不下去了，找到宋义说："赵国危急，应尽快率军渡河；楚击其外，赵应其内，里应外合，必破秦军。"

　　宋义说："不然。今秦攻赵，胜则兵疲，我军可承其敝；不胜，则我引兵鼓行而西，必破秦。不如先令秦赵互斗，我军则坐收渔翁之利。被坚执锐，义不如公；坐运筹策，公不如义。"宋义顺势下令军中："有猛如虎，狠如羊，贪如狼，强横不听军令者，斩之！"

　　虽然宋义这话没有点名，但大家都知道他说的是谁。当然是项羽。宋义就差把"你不服从，我就砍了你"写在脑门上了。宋义在用官级压人。强势如项羽也只能暂时忍下来，官大一级压死人，更何况还不到翻脸的时候。项羽在等动手的时机。

　　楚军在安阳四十六天看似按兵不动。其实，宋义也未闲着，他其实也很忙。不过，他主要忙碌在外交战线，只有少数上层官员知晓。

四十多天过去，宋义在外交上终于取得重大进展，那就是齐国同意他的儿子宋襄去齐国为相。为庆贺这一重大外交胜利，宋义设宴为儿子送行，众多官员饮酒高会。

当时，天寒大雨，士卒挨冻受饿。宋义的那些外交行动，普通士兵当然不得而知。他们只知道，他们在挨饿、在受冻，在凄风冷雨中痛苦煎熬，高级官员们却在温暖如春的帐篷里宴饮欢会、享乐逍遥。

愤怒在一点一点累积。

只有一个人知道全部的真相，但他啥也不说，一切都在他的计划之中，这个人当然就是项羽。

项羽当着众多将领对宋义说：“将勠力而攻秦，久留不行。今岁饥民贫，军无见粮，却停留不前饮酒高会；不及时引兵渡河，与赵并力攻秦，却要承秦赵相攻之敝。以秦之强，攻新造之赵，其势必举。赵举秦强，何敝之承！且国兵新破，王坐不安席，扫境内而专属将军，国家安危，在此一举。今不恤士卒而徇私利，非社稷之臣也！”这是项羽动手之前的行动宣言。他这些话表面是对宋义说的，实际却是对军中将领们说的，意思就是告诉大家，宋义只顾私利不顾国家安危。我要做社稷之臣，你们可想好站在哪边。项羽的话名为规劝实为威胁，饱含杀意。

十一月的一天清晨，项羽来见宋义，见面之后，二话不说，拔剑砍向宋义，就在宋义的营帐砍下他的头。随后，浑身是血的项羽拎着宋义的人头走出帐外，号令全军：“宋义与齐国合谋反楚，楚王密令我诛杀之！”

当时，众将被项羽的威势所震慑，全都拜服于地，不敢抬头，更不敢多说一句话，明知项羽是矫诏兵变，却只能装糊涂说：“首立楚者，将军家也，今将军诛乱，愿听将军号令。”将领们不管是真心还是假意，至少表面上都归附项羽。至于普通士兵，他们早就对宋义心怀不满，当然一致拥护项羽。他们中的很多人本来就是项羽带出来的兵。

于是，大家共同推举项羽为假上将军。假是临时之意，因为还未得到楚王的授权任命。项羽派人追上宋襄，将其斩杀，同时派桓楚向楚怀王报告此事。事已至此，楚怀王只能承认既成事实，拜项羽为上将军领兵救赵。

项羽虽然如愿夺回兵权，但同时也将他自己置于危险的境地。因为这种情况下，他已经没有了退路。此番救赵，只许胜，不许败。胜，则此前杀主将兵变夺权都可不问；败，则新账、旧账一块儿算。

此时的巨鹿城，兵少食尽，已经到了崩溃的边缘，快要坚持不下去了。

巨鹿，急需救援。

项羽的楚军还在赶来的路上。但巨鹿其实不缺援兵，此时的巨鹿城北先前赶到的诸侯援兵早已连营一片。援兵虽多，却都不敢近前，只能远远遥望，远道而来，只是援助了一个寂寞。

诸侯兵不敢靠近，也是有原因的。因为王离的长城兵团就待在巨鹿外围等着他们呢！长城兵团是相当恐怖的存在。却匈奴数百里，胡人不敢南下而牧马，士不敢弯弓而报怨。说的就是秦军的王牌部队——长城兵团。

诸侯兵不敢战，王离就率军围攻巨鹿。诸侯兵敢来，那秦军求之不得，围点打援，野战歼敌。那更是秦军的强项。

怎么算，秦军都是稳赢。

秦军日夜围攻，诸侯日夜围观。

盼来盼去，盼来一堆看客。巨鹿城里的张耳很失望，特别是对陈余，他曾经的好兄弟。别人袖手旁观也就罢了，连刎颈之交的陈余也在旁边看，这就说不过去了。

张耳数次派人突围来见陈余，要他赶紧带兵来解围。快点来吧，老弟，哥真的快挺不住了。陈余说，我何尝不想去救你？怎奈我的兵少，去了，也是死。我不是怕死，而是要给咱们赵国留点种子。

转眼数月过去，每次张耳的使者来，陈余都是这套说辞。时间长了，使者都会背了。

张耳终于怒了。他派部将张黡、陈泽斥责陈余：“当初为刎颈交，今赵王与为兄命在旦夕，而你拥兵数万，却不肯相救！不如我们一起奔赴战场与秦军决一死战，履行当初不求同年同月同日生，但求同年同月同日死的诺言吧。”陈余说：“以我军兵力，实难相救，贸然前往，只是白白牺牲士兵性命。我不是怕死，但只有保存实力，将来才能为赵王、兄长报仇。现在出战，必死无疑，就如同用肉去投给饥饿的老虎，又有何益！”

张黡、陈泽表示只要陈余拨给他们兵马。他们愿意与秦军死战。陈余见二人态度坚决，只得交给二人五千兵马去做试探性进攻，结果如陈余所言，这五千人全部战死。当时，齐国、燕国都派了援兵来救赵。张耳的儿子张敖也在代地募得一万精兵，此时也都在巨鹿以北，不敢近前与秦军交战。

张耳在这里就很双标了。催促陈余来救，对同在一地的儿子却选择性忽略。兄弟是可以牺牲的，但儿子必须安全。张耳自私虚伪的本性彻底暴露于世人面前。

在很多影视剧中，常常能听到这么一句话，不惜一切代价，也要如何如何。多年以后，你才明白，你就是那个代价。

换在巨鹿，话风就是，张耳告诉陈余，你部必须不惜一切代价救援巨鹿，不得拖延。但对在同一战场的亲生儿子，他是舍不得说这么狠的话的。他们习惯于宽以待己，严以律人。

站在张耳的角度，巨鹿城被秦军重兵围攻，危在旦夕。他要求增援，并没有错。但谁去增援、何时增援，要看时机，不能搞双标，更不能只顾自己活命，不顾他人死活。

站在陈余的角度，秦军数量占优，实力占优。不占任何优势的援军，硬碰硬，必然凶多吉少。他所率数万赵军是赵国的未来与希望。他有责任为赵国的复兴保留种子。他做得也是对的。

站在全局的角度，显然，陈余的选择才是理智的、正确的。

救援也要看具体情况，不应一味地凭血气之勇，猛冲猛打。为国家计，必须考虑整体的利害得失。此时不救，虽然冷酷，却是不得不做出的牺牲。城内城外，两部赵军，不救牺牲一部，尚能保留一部。国家还有希望。救，两部全都拼光，国家彻底失去希望。陈余宁肯得罪张耳，也要为国家保住军队，保住复兴的种子。

就在张耳与陈余吵得不可开交之时，真正的救兵到了。

项羽率楚军及时赶到战场，但他并未直接攻击秦军。

项羽选择的首要攻击目标是秦军的补给线。这就对了。从项羽选择的目标就能看出，他是个合格的军事统帅。

补给线的畅通与否很多时候甚至能决定战争的胜负。

补给线的便利与否很多时候也能改变战争的方向。

章邯攻下邯郸后，拆毁了邯郸的城墙，并将居民全部迁到河内郡，这一举动曾令很多人大惑不解。其实，章邯这么做的合理动机只有一个，那就是为了彻底夺取邯郸城的粮食。

章邯军进入黄河以北后，由于此地与关中、敖仓、河内郡等大后方没有水系直接连通，运粮一下子成了大问题。原来在黄河以南作战时，秦军可以通过黄河和济水等水道输送补给。

章邯攻克临济后，沿济水向东进攻东阿，进而准备深入齐地，原因就是要依靠济水运粮。所以在黄河以南时，军粮补给从未出过问题，而到了赵地，却因没有直达的河流运粮，从而变得处处被动。

章邯在东阿被楚军击败便退守黄河南岸的濮阳。这时，秦廷为支持章邯，持续从关中调兵给章邯补血。得到补充的章邯偷袭项梁得手，反败为胜，此时秦军的主力集中于濮阳定陶一线。从关中到前线的补给线被拉长。而关中经过多次调兵也很空虚。如果这时燕、赵等国出兵渡河南下，轻易就能切断关中与前线章邯军的联系，这是章邯承受不住的后果。

为保证后方补给线的安全，章邯只能放弃原来东出深入齐地的计划，转而北上攻赵。

为确保攻赵期间的粮食供应，章邯在棘原建立大本营，屯驻重兵，同时这里也是秦军的粮草转运基地。从各地搜刮的粮食要先运到这里，再从这里运往前线。

王离的长城兵团南下围攻巨鹿，也要靠章邯供应粮草。章邯分兵两处，一处在棘原，一处在巨鹿城南。

在王离围攻巨鹿的同时，章邯军二十万人则负责粮草的征集运输。章邯先将各处粮草集中到棘原大营，再装船，经洹水，入清河，最后通过甬道运至巨鹿城南大营。这条甬道从清河直通巨鹿南的章邯军营，再由章邯军转运至王离军。运粮甬道成为王离长城兵团的生命线。

甬道战术，在秦汉时代颇为流行，刘邦、项羽，以致后来曹操都用过，大概是沿路两边挖沟取土，然后用土在两边筑成长墙，起到隐蔽人员、辎重，防备敌人袭击的效果。

四十里长的甬道工程量并不算大。四十里也不算很长，但对楚军来说，已经足够用了。

项羽的楚军面对的几乎是不可破解的难题。要解巨鹿之围，巨鹿城下，王离军二十万。距王离军不远处的章邯巨鹿南大营也有十万秦军。巨鹿以北的诸侯援军也在二十万左右，但联军最大的弱点就是心不齐。他们都希望友军能冲锋在前，他们在后面跟随。可是，这些诸侯谁也不傻，都是千年的狐狸，玩啥聊斋。至少在开局时，楚军指望不上各怀鬼胎的诸侯联军。

此时，项羽能指挥的只有楚军，可是他带来的楚军只有五万多人。用五万人去打三十万人，即使勇猛如项羽，悍战如楚军，几乎也是必输之局。因为对面的三十万秦军也是大秦的精锐。

章邯兵团与王离兵团是大秦帝国最后的两个战略机动部队。

友军不靠谱，敌军又强大，但还必须去救援。

这时候就很考验战场指挥官的指挥水平了。而项羽交出的几乎是满分的答卷。他几乎将现有条件下楚军的战争潜力发挥到极致。

项羽采取的是避实击虚、攻其必救的战术。项羽派黥布、蒲将军率两万人先行渡河，攻击秦军最薄弱的运粮甬道。防守北岸甬道的是秦军章邯巨鹿大营。

甬道被攻击，章邯自然要领兵来救。但黥布率领的楚军用的是破袭战术，专找秦军的漏洞打，避免与之正面交锋。楚军在秦军的运输线上指东打西，忽左忽右，打得秦军晕头转向。章邯不得不连续从巨鹿大营抽调兵力南下，保护粮道。如此一来，章邯跟他麾下的巨鹿南营主力在不知不觉间就被楚军调动出来，调去南边。章邯军与王离军就此分开，距离越来越远。

黥布与蒲将军表面的任务是破袭秦军的运粮甬道，真正的目的其实是将章邯巨鹿大营的兵力南调吸引到甬道，为项羽跟诸侯军围歼王离创造机会。

对两支彼此呼应的秦军来说，距离不会产生美，只会产生危险。这也正是项羽要达到的目的。两支秦军粘在一起当然不好打，但只要他们分开，那就容易对付了。项羽就是要将其各个击破，分而歼之。

黥布、蒲将军的袭扰卓有成效，不仅破坏秦军的粮道，切断了王离军的补给线，也为之后围歼王离军创造了条件。王离军后来崩溃的主要原因之一就是缺粮。对一支孤军深入的秦军而言，切断补给线是最狠的杀招。袭扰粮道的直接效果是将章邯巨鹿南营的十万秦军调动出来跟着他们南下。

项羽等的就是这个时间差，趁章邯军离开巨鹿大营，迅速指挥部队渡河北上，战机稍纵即逝，必须紧紧抓住，这是战胜秦军的最好机会。胜，则追亡逐北，称霸中原；败，则一败涂地，性命堪忧。

为表明背水一战的决心，项羽下令砸碎所有做饭用的釜甑，全军只带三日粮，渡河之后，更是命令将所有船只凿沉，以示不留退路，要与秦军决一死战，不胜不归。

项羽在过河之前就与作为诸侯军负责人的陈余取得了联系，在整个战役期间，他们都一直保持着紧密的联络。

证据就是，之前在巨鹿城北按兵不动的诸侯军开始转移阵地向巨鹿城东、城南移动，以呼应配合渡河北上的楚军。

即将发起的战斗在城南。如果诸侯军不向南移动，他们在城北是无法作壁上观的。

因为以楚军的兵力即使仅包围王离兵团也是远远不够的。

北上的楚军与南下的诸侯军南北对进，成功实现对王离长城兵团的合围。

包围了王离军，本应立即发起攻击，可是，关键时刻，联军相互观望只求自保的心理又占据上风。他们不敢出击。

更凶险的情况出现了。章邯军听说王离被围，立即调转方向赶来救援，与外围没有被困住的王离军会合。

诸侯军包围的只是部分王离军，不是全部。如果让章邯得逞，诸侯军就会被反包围，秦军里应外合，诸侯军必败。项羽鄙视怯战的猪队友，但这个时候，他只能自己上了。

项羽率五万楚军与章邯的十余万秦军就在巨鹿城南，在二十万诸侯军的注视下，展开主力决战。

项羽率楚军向数倍于己的秦军发起一轮又一轮敢死冲锋。楚军的喊杀声震天动地，响彻云霄，声闻数十里。楚战士无不以一当十，与秦军殊死血战。战场上，秦、楚两军杀在一起，兵器的碰撞声，甚至长戟刺入人胸膛的声音都清晰可闻，双方士兵成片成片地倒下，鲜血染红大地，尸山血海，血流成河。诸侯军都被这番惨烈的场景深深震撼。

楚军与秦军连战九场，九战九捷。

破袭甬道，项羽的智谋超过了章邯的智谋。巨鹿血战，楚军的勇武超过了秦军的勇武。战斗的结果，项羽率领的楚军战胜了章邯率领的秦军，以少胜多，取得了最后的胜利。

章邯败退了。这不仅是他个人的失败，也是大秦帝国的失败。

巨鹿之战是一场国运之战。

章邯输掉了这场战役，也输掉了秦国的国运。

章邯最后望了一眼巨鹿王离被包围的方向，他已经尽力了。他很清楚等待王离长城兵团的是即将被围歼的命运。但他只能选择撤退。

巨鹿之战，真正具有决定意义的战斗就是项羽与章邯的决战，随着这场关键战斗的结束。剩下的战斗已经没有任何悬念，胜负已分，接下来是收尾，捞取资本。

正是因为这时参战，稳操胜券，诸侯军终于有胆量下场了。

他们在项羽的率领下全员参与到对王离兵团的围攻中，又是一番血战，饱受缺粮折磨、战斗力大为削弱的王离长城兵团，在各路诸侯军的围攻下，最终，全军覆灭。主帅王离被俘，副将苏角战死，副将涉间宁死不降，举火自焚。至此，精锐的大秦长城兵团不复存在。

十几年前，秦将王翦对阵楚将项燕于蕲南，大战的结果是秦胜楚败。楚将项燕战死，楚亡。

十几年后，秦将王离对阵楚将项羽于巨鹿，大战的结果是秦败楚胜。秦将王离被俘，秦亡。

秦将王离是秦将王翦的孙子。

楚将项羽是楚将项燕的孙子。

战斗结束，项羽召见各路诸侯将领。将军们进入楚军大营辕门的方式很特别，膝行而前，用膝盖当脚跪着前行，整个过程中他们都不敢抬头。

巨鹿之战，项羽打服的不仅是秦军，还有诸侯军。从此，项羽成为诸侯各国共同服从的上将军。战前，互不统属；战后，彻底服气。诸侯各军从此心甘情愿归其调遣，听其指挥。

再说一遍，这是实力为王的时代。

诸侯将领们看到项羽时的心情很复杂，既心生敬畏又充满愧疚。敬畏的是巨鹿大战项羽跟他麾下楚军展示出的令人恐怖的战斗力。愧疚的是，当他们踌躇不前不敢应战之际，是项羽率楚军挡在他们前面拼死阻击章邯兵团。如果不是项羽率楚军挡住章邯兵团的反扑，被合围、被围歼的就是他们。

诸侯军方面作为总负责人的陈余在战役进程中全程跟项羽保持紧密的联络，并参与制定作战计划，在指挥围攻王离兵团中也立下战功。项羽不久之后的戏下分封却有意"遗漏"这位功臣。众所周知，项羽的戏下分封，主要的依据就是战功，这里面巨鹿大战在其中的占比是很高的。

陈余因未能封王而愤愤不平，说张耳与他功等，今张耳王，他独侯，此项羽不平。如果陈余只躲在巨鹿北坐享其成，他是说不出这话的。张耳的功劳自然是坚守巨鹿。陈余的功肯定是策划参与巨鹿城下之战的全过程，才会认为自己的功劳与守住巨鹿的张耳不相上下。

项羽看清陈余，否定陈余，也是因为陈余在巨鹿之战中的表现。陈余只提到他露脸的时刻，丢脸的事情却只字不提。

当诸侯军围住王离兵团，章邯兵团也从南面杀上来时，楚军以及诸侯军处于最危险的时刻，这时，按照之前的计划，应该是诸侯军攻击王离，楚军攻击章邯。

但关键时刻，陈余指挥的诸侯军虽然围住了王离却不敢进攻。幸亏项羽率领的楚军经过苦战击溃章邯，楚军及诸侯军才避免被秦军南北合围的命运。

项羽自然将这笔账记在陈余身上。陈余在关键时刻的不给力给项羽留下了深刻的印象，当然是不好的印象。所以，戏下分封，昔日巨鹿大战的战友们几乎都被封王，只有陈余被区别对待。

巨鹿围解，被困数月之久的张耳终于走出了巨鹿城，见到了他昔日的好兄弟陈余。

久别重逢，两人却没有闲情逸致喝酒叙旧，而是立刻开启嘴炮互喷模式。两人都是名士，又都很有口才，对喷的场景想必十分精彩。

至于，两人争吵的内容，不用猜都知道。张耳责备陈余，当初，我处境那么危急，你为何见死不救。陈余就把他的难处、他的想法反复陈述。

吵来吵去，两人彻底闹翻。陈余当场解开印绶交到张耳手上。张耳错愕惊讶之余，愣在那里不知所措。任凭他老谋深算，也未想到，陈余会来这么一手。张耳的反应很正常。

中国自古以来，重视印信。私凭文书，官凭印。交印即是辞官，这是相当严重的事件。

陈余也是一时恼怒，他可未打算挂印辞官。但事情走到这步，他只能等着张耳推让，再将印绶还给他。为缓解尴尬气氛，陈余假装起身去厕所。

这时张耳的门客趁机劝说："天与不取，反受其咎。今陈将军将印绶交给您。如果您不接受，反不吉利。"经过提醒，张耳这才反应过来，这正是夺取兵权的良机，此时不取，更待何时？当即佩戴印绶，出去接收陈余的部队。

待陈余返回才知道木已成舟，大错已然铸成。陈余只是想做做姿态，让张耳挽留他，找回面子。想不到人家还真收下了，陈余只好率亲信部下数百人出走。陈余与张耳也就此彻底决裂。

陈余跟张耳几乎就是两个相反的行事风格。项羽风光的时候，陈余利用其跟项羽闹别扭。刘邦得势的时候，陈余又跟刘邦对着干，最终被韩信干掉。张耳就比陈余圆滑多了。项羽强势，他追随项羽入关进咸阳。刘邦兴起，他又跟着刘邦进彭城。

陈余总是逆势而行。张耳总是顺势而为。陈余用生命的代价教育人们，千万不要跟风头正盛的老大对着干。张耳则生动地为大家进行了教科书般的演示，何为见风使舵。陈余的下场很凄惨。张耳的结局很圆满。

逼降章邯——棘原之战

巨鹿之战，王离兵败被俘，章邯败走棘原，项羽险中取胜。但战事远未结束，甚至可以说，真正的较量才刚刚开始。

楚军在巨鹿与秦军正面硬刚，将秦军击溃，但同时楚军的伤亡必定不小。五万楚军至少要伤亡近万。秦军王离兵团虽大部被歼，但肯定也会有突围而出的部队。诸侯军以二十万围秦军二十万，包围圈不会很严密。这些逃出的秦军必然会与章邯军会合。而章邯军在巨鹿虽有伤亡，但主力尚存，加上突围回来的秦军，仍有二十余万。此时，双方兵力相当，胜负尚未见出分晓。

秦二世三年（前207）二月，项羽率诸侯联军向南渡过漳水，进驻漳南。

章邯并不与之交锋，而是主动收缩防线，以棘原为中心固守不出。

章邯只要遇到强敌打了败仗，第一反应就是收缩兵力，固守待援。当初，他对阵项梁用的就是这招。还是熟悉的配方，还是熟悉的味道。但项羽不会再上当。项梁的教训过于惨痛。项羽怎会忘记，当然是铭刻于心。

在未找到章邯的明显漏洞之前，项羽也很有耐心，按兵不动。虽然不攻，但也不走。

双方对峙一月有余，形势突变，赵军大将司马卬南下攻占河内郡。章邯的后路被赵军封住。他与关中的联系被切断，这下他也被诸侯军合围了。

这一次出击相当重要，后来，司马卬就是凭此战功封王。

之前，每当遇到这种情况，章邯都会派人回去请援。只要救兵一到就反击。定陶战役，项梁就是这么被打败的。但这次不同，援兵没有来。章邯也不想想，这一年多来，他虽然打了不少胜仗，但伤亡也不小，秦廷已经给他多次补兵，关中兵源早已枯竭，派不出兵了，仅剩的为数不多的部队还要留下来守卫本土。

即使秦廷不派援兵，以章邯现有的兵力守上一年半载也不成问题，就算被包围，也不要紧。因为棘原本身就是一座大粮仓，这里原本就是秦军的屯粮之所，不缺粮。而且，章邯在防守上很有章法，棘原大营充分利用了山水之险，将地利发挥到了极致。棘原西连太行腹地，东接黄河故道，坐拥山水之便，攻守兼备。

在棘原与巨鹿之间，有两条东西走向的河流漳水、洹水，漳水又分出一条向南的小河汙水。

章邯并未全军退守洹水南岸的棘原，而是将全军一分为三，以左翼军据守漳水之南汙水之西，以王离兵团余部驻守漳水南岸与诸侯军对峙，章邯军主力驻守洹水南岸的棘原大本营。

章邯很清楚仅凭洹水防线是守不住棘原的。项羽的攻击力之强，世所罕见。在洹水以北的汙水西岸部署的部队，与棘原大营互为犄角，相互策应，形成多点支撑，可以有效地牵制进攻棘原的敌军，使南下之敌军首尾不能相顾。这种分兵据守、互为依托的布阵，与巨鹿城下秦军的部署极其相似，具有鲜明的章邯风格。

当项羽率军渡过漳水进入漳南时，漳水南岸的王离兵团余部并未阻击而是连续后撤。但项羽并不追击而是与之对峙。

看过章邯的布阵，就清楚项羽为何不南下而是选择与当面秦军对峙了。

如果项羽挥师南下，去进攻棘原的章邯大营，那么据守汙水西岸的章邯左翼军就会趁机渡过汙水从背后攻击，包抄项羽军侧背，从而与南面的棘原秦军对项羽形成南北夹击之势，甚至对项羽军形成合围。

漳水南岸的王离兵团余部担当的就是诱敌部队，目的就是引诱项羽军南下进入包围圈。

项羽看出了章邯的诡计，他明白在清除汙水西岸的秦军之前，不能贸然南下，因此过河之后便停止前进，两军就此形成对峙。

"秦军数却"说的就是与项羽当面对峙的秦军王离兵团余部向棘原方向的撤退。但项羽在漳南按兵未动，并未追击。秦军的诱敌部队与项羽率领的诸侯联军就此彻底脱离接触。

项羽并未往章邯设计的口袋里钻，而章邯在汙水西岸的左翼军反而陷入孤立。

章邯精心布置的防守反击阵型，在项羽不动如山的对策下被轻松化解。

此时，章邯的兵力分散，他再想主动进攻，兵力上不占优势。他也不敢轻举妄动。项羽不动，章邯也不敢动。大家就这么陷入沉寂的对抗，从二月一直相持到六月。

三月，又发生突发事件。刘邦率军进攻开封击败秦军杨熊部。秦将杨熊败走荥阳。秦二世派使者在军前以败军之罪将杨熊处斩。

秦军主力深陷河北。刘邦趁机西进，直逼荥阳，关中门户洛阳岌岌可危。所以，秦二世急了。他让章邯尽快结束黄河以北的战事，好将主力回防，保卫关中。但此时章邯与项羽两位顶级战术大师，却互相猜透了对方的意图，从而将仗打成相持局面，谁也不敢动，生怕被对方趁机抓住破绽，陷于被动。

秦二世让章邯赶紧南撤补防。章邯不是不想回去，而是这个时候已经被拖住回不去了。

两军对峙，秦军却屡屡后撤，令其回援，也不见章邯有所动作。秦二世对章邯越发不满，下诏责问章邯为何战事久拖不决，责令其尽快与项羽接战，并尽快结束战斗，回援关中。

此时的章邯也是有苦说不出，因为章邯退却的目的就是进攻，只有将项羽吸引过来，才能实现对项羽的前后夹攻。

但章邯的以退为进，当面秦军的连连后撤与项羽军脱离接触的做法，确实很容易让人产生误解，也难怪会遭到秦二世的严厉责备。

章邯知道有必要派一个可靠的心腹回咸阳向皇帝当面解释，澄清误会，否则之前的所有部署、所有努力都将付之东流。

项羽与章邯相持数月，将三十万秦军主力牢牢拖在黄河以北，为刘邦西进关中创造了条件。如果不是项羽，刘邦入关不会那么顺利。

巨鹿之战后，章邯如果放弃棘原，及时收缩，将三十万大军撤到黄河以南，虽然会丢失河北，但至少能守住荥阳一线，确保关中。

章邯的迟疑给了项羽机会，更成全了西进的刘邦。

秦二世要求章邯撤兵。章邯却请求秦二世增兵。这两人的需求是南辕北辙，完全不在一个频道上。结果就是秦二世不增兵，章邯也不撤兵。不增兵是因为无兵可派，不撤兵是因为撤不回来。

对章邯而言，最糟糕的还不是不派援兵，而是不受信任。

以兵力来说，章邯麾下还有二十余万军队，而且都是秦军精锐。

虽然诸侯联军在战略上对章邯形成合围，但联军过的未必就比秦军强。

项羽以二十万围章邯二十万，这个包围网的强度可想而知，必定是四处漏风。

至于说到粮食，其实，真正缺粮的不是包围圈里面的秦军，而是包围圈外面的诸侯联军，特别是楚军。他们缺粮，一直都缺，楚军士兵最担心的就是吃不饱饭。

巨鹿之战前，项羽为表示决一死战的决心，下令将所有做饭的釜甑砸碎，全军只带三日粮。为何只带三日粮？因为楚军一直都缺粮。宋义在安阳停留的四十六天，楚军饥寒交迫，根本吃不饱。你以为他不想多带！他也要有才行。

直到与项羽约和，洹水会盟，全军投降，章邯在军事实力上都不落下风。

危急关头，章邯派自己的亲信长史司马欣去咸阳汇报工作，澄清误会，说明自己的作战意图。之前的多次退却，并非兵败，而是诱敌深入之计。

但是敌人很狡猾并不上当，自己又被包围，形势危急，不过，自己还有办法。只要朝廷从关中派出援兵，到时里应外合，可以再复制一次定陶之战击败项梁的大胜。这应该就是章邯想表达的意思。但是，司马欣历尽艰险突围而出，好不容易赶回咸阳，却得不到召见，吃了闭门羹。

司马欣在咸阳皇宫的司马门外足足等了三天，却始终未等到皇帝的召见，正是这三天决定了大秦帝国最后的命运。

明明前线军情如火，十万火急，回来汇报的人却得不到召见。司马欣的心情也从紧张焦急变为惶恐。因为这传递出一个十分危险的政治信号：

章邯已经不被信任。谁都知道，他代表的是章邯。而章邯是二十万大军的主帅，他麾下的秦军也是大秦最后的一支战略机动部队，秦国仅剩的家底。

可是，皇帝开始不信任手握重兵的将军，对一个正处于风雨飘摇中的国家来说，这是相当危险的举动。

其实，不是皇帝不召见他，而是皇帝压根就不知道他回来。因为有人对皇帝进行了信息屏蔽。谁这么大的胆，竟敢欺瞒皇帝？在当时的秦廷还确实有这么一号人，他就是赵高。当时的秦国，掌握实权的人就是赵高，连秦二世也被他操弄于股掌之间。平时，赵高的主要工作就是欺上瞒下、贪赃枉法，虽然他就是学法律出身。连秦二世都是他的学生。秦二世不是个好皇帝，却是个相当听话的学生。

自从继承帝位，秦二世就开始放飞自我，纵情享乐。他老爹一生勤于政事无暇他顾，他把他爹未享受到的都享受了。他的老师赵高更是投其所好，总是将他的娱乐项目安排得丰富多彩。与此同时，为了避免繁多的政务打扰皇帝的雅兴，赵高经常代替皇帝处理政事。久而久之，秦二世对这种安排很是满意，干脆就将权力下放给赵高。他则腾出更多精力在后宫，与佳人们做些不可描述之事。

秦二世不明白，权柄必须要抓在自己的手上，皇位才坐得安稳，也才能长久地享受佳人们的雨露滋润。政治家交出权力就等于交出自己的人头。

秦二世的怠政，赵高的专权，很快引起以李斯、冯去疾为首的朝臣们的普遍不满。

李斯自私卑鄙，但他也是个有理想、有抱负的真小人。眼看山东日乱，国势日危，李斯坐不住了。

左丞相李斯联合右丞相冯去疾、将军冯劫联合上书劝谏秦二世停止修建阿房宫，减少徭役的征发，舒缓民力，以平息民怨。

李斯的劝谏成功地点燃了秦二世的怒火，这些都是秦二世最反感的。再加上，赵高总是在秦二世兴致正高的时候拿李斯的报告来恶心秦二世。时间一长，秦二世的不满累积到一定程度后，终于对李斯等人起了杀心，当然，这个过程中，少不了赵高在一旁煽风点火、添油加醋、火上浇油。

秦二世下令将李斯、冯去疾、冯劫等人统统下狱。冯去疾、冯劫在狱中自杀。李斯的求生欲最强，死得也最惨。被严刑拷打的李斯，挺刑不过，最后不得不承认谋反大罪。他本人被腰斩不算，还被诛杀三族。

诛杀政敌，铲除异己。接下来就是安插心腹，大权独揽。赵高安排弟弟赵成担任郎中令，女婿阎乐为咸阳令。

很快，秦二世的身边就都是赵高的人了。秦二世也成为真正的寡人，孤家寡人。

政治的本质在于平衡，对权高责重的大臣，一定要有制衡。秦二世却相反，先后砍去自己的左膀右臂。皇室宗亲，本应是他依靠的力量，他却在即位之初，亲自下令处死所有的兄弟姐妹。这等于自断一臂，虽说嫡系血亲，有的时候会对他形成威胁，但更多的时候其实也是他的支柱，力量支撑。

李斯、冯去疾，左、右两位丞相都是秦始皇留下的股肱之臣，对秦是忠诚的，虽然这种忠诚也会被私心左右，但大体是靠谱的；能力就更不用说，他们都是辅佐秦始皇统一六国的功臣，就因为劝谏被他全部诛杀，外朝势力遭到重创，秦二世等于又断一臂。

秦二世自己不抓权，又放纵赵高专权，还将能制衡赵高的各大政治势力一一清除。很快，他就将尝到众叛亲离、势单力孤的滋味。

在秦廷，赵高已经是大权在握、说一不二的权臣。李斯死后，他就成了丞相。为了验证他对朝廷的掌控程度，赵高又搞出了一个流传后世的小把戏，这就是有名的指鹿为马。

话说，有一次，赵高牵了一头鹿走上大殿，说这是臣赵高为陛下献的一匹宝马。秦二世大笑，说您弄错了。这不是鹿吗，怎么是马。但赵高并未理会秦二世，而是转头问群臣，这是鹿，还是马。聪明的人都选择默不作声，那些惯于溜须拍马的人赶紧跟上顺着赵高的意思，纷纷赞叹，果然是一匹宝马。当然，也有不买账的直言说，这哪里是马，分明就是一头鹿。赵高并未再多说什么，表面上看，这不过是一个小插曲，很快就过去了。

但真正的报复在不久之后全面展开。那些说是马的，基本没事，有的还被提拔官职；那些说是鹿的，都被收拾，丢官降职，个别的还因此送了命。

这件事，细思极恐。可以看到，此时的赵高已然嚣张至极。秦二世说是鹿。可是，赵高不理这茬，大殿之上，当着满朝文武，他连皇帝都可以无视，可以想见，他有多跋扈、多嚣张。那些说是马的大臣不是分不清鹿与马，不过是以此向赵高屈服，表示顺从。那些说是鹿的大臣也明白这是赵高故意为之，但他们依然选择对抗，知道你要搞事情，但我们就是不服你。

这个事件与马跟鹿其实没关系，大家都知道，真正的意思是站队。赵高想表达的也很清楚，事实并不重要，是马还是鹿，也不重要。他只是想告诉所有人，他的规矩就是规矩。服从的，就提拔；不服的，就干掉。同时，通过这件事，大家也知道了。皇帝已经大权旁落。

再说章邯的求援。之前的多次增兵，肯定也是赵高同意的。因为章邯平乱，也算是他的业绩。之前派兵都很积极，这次怎么就消极了呢？原因已经说过，因为秦国本土的战争潜力几乎被榨干，已经无兵可派。可是，仗还要打。

之前说过，赵高的主要工作就是欺上瞒下，秦二世并不知道战争的形势有多严峻。因为赵高对送达咸阳的战报进行了分类处理，他总是哄骗皇帝，报喜不报忧，导致皇帝以为形势不错，还夸他办事得力。这时候，如果让皇帝知道，之前的战报都是经过他处理的，秦军早不是之前的连战连捷，现在更是连战连败，岌岌可危，那他的地位也将不保。即使他是权臣，即使他大权在握，但军事失利，战败的责任，也会让他颜面扫地，不再让人畏惧。

因此，面对司马欣的求见。赵高选择避而不见。这件事，他不能让皇帝知道。只能他来处理，可是，他也没办法。见吧，派不出兵；不见，事情还能再拖。

可是，司马欣不知内情，面对如此情势，他只会往最坏的地方想。接连败北，请求增援当面汇报，又不被召见，那接下来肯定就要被收拾了。不久前，一个名叫杨熊的秦军将领被刘邦击败，秦二世也可以说是赵高的处置就很干脆，派出使者在军中直接将杨熊斩杀。

司马欣越想越怕，是非之地，不可久留，于是他决定立即返回前线。走的时候，司马欣还留了个心眼。他故意未走来时的大道，而是选了一条偏僻小路，就是怕咸阳方面派人来追。事情的发展果然被他料中，赵高得知司马欣不告而别立即派人沿大路追赶，因为走错路才未追上。司马欣回到军中将咸阳之行的见闻以及他的遭遇向章邯做了如实汇报。

司马欣告诉章邯，朝廷如今是赵高当权，现在，我们就是打赢了，也会被赵高嫉妒陷害，难逃一死；被诸侯军围攻，也是死路一条。将军，您可要想清楚。言下之意，咱们还是投降吧。

素来沉稳、用兵行阵皆有章法的章邯，此时也慌乱了。他也开始动摇，萌生降意。

恰在此时，陈余的劝降书也送到了。不早不晚，刚刚好。陈余在信对章邯说："白起为将，南征楚国，鄢郢之战，大败楚军，楚国东迁；长平之战，大胜赵军，坑杀降卒，攻城略地，不可胜计。而他最后的结局是被赐死。蒙恬为将，北逐匈奴，拓地数千里，竟也被斩于阳周。这是为何？功多，秦不能尽封，以法诛之。今将军为秦将三年，失亡以十万数而诸侯并起，豪杰日多。功不比白起、蒙恬，而罪过之。赵高用权，欲以法诛将军开脱罪责，使人更代将军。将军久居外，多内仇，有功亦诛，无功亦诛。秦之将亡，贤愚共知。今将军内不能谏杀奸臣，外为亡国之将，情势危矣。将军何不与诸侯联兵，共诛暴秦，王秦旧地，南面称孤？"

这封出自陈余之手的劝降书，可以说是处处戳中章邯的痛点。当然，这封书信也可能仅仅是以陈余的名义发出，因为我们都知道，陈余与张耳闹翻后便率部出走，此时还不知在何处飘摇。但能以陈余之名劝降，足以说明陈余在诸侯中的地位与分量。

章邯的两位前辈的悲惨下场，人所共知，前车之鉴，不能不引发章邯的深思。兔死狐悲，物伤其类。相比之下，章邯的处境更为险恶，白起、蒙恬有大功于秦，尚且不免兔死狗烹的结局。章邯出兵三年来，虽也屡屡获胜，但如今的形势是连遭败绩，被重重围困。更加之奸佞当朝，不管是胜还是败，他都难逃被算计的命运。

原本想利用持久战拖垮项羽的章邯，此时在长史司马欣、都尉董翳的力劝之下，最终还是动摇了。

章邯秘密派人联络项羽，想要与对方谈判。他想以手下的二十万大军为条件，为自己争取未来的地位，谋求更多的利益。项羽一方面同意和谈，一方面利用谈判之际章邯放松戒备的机会，准备偷袭秦军。

根据双方达成的约定，蒲将军率部从三户津渡口渡河进入漳南。三户津，顾名思义，就是一个只有三户人家的小渡口。在秦军的防守下，楚军的大部队是很难从这里过河的。双方肯定是为此达成协议，在秦军的同意下，楚军得以过河，否则，必遭秦军的半渡而击。

项羽与章邯后来会盟于洹水南殷墟上。此前还在交战的双方，在互不信任的情况下，会盟地点应该就是前线，这里距章邯的大本营棘原不会很远。

有学者推测，章邯的大本营棘原就在今天的河南省安阳市西北的范家庄。这里地处洹水转弯处，一条小河从漳洹分水岭南坡在此汇入，所以这里不但水量很大，而且流速较慢，是一个理想的水运码头，从这里上船，顺洹水向东可直入黄河，而且南北交通的大动脉河内广阳道也从这里穿过，从这里向西还有一条大道穿过险峻的太行山脉，直通隆虑，由此向南，即可进入章邯的大后方河内郡。所以这里其实是一个水陆交通枢纽。

秦时，此地属河内郡，北与邯郸郡交界，章邯据守于此，不但便于接受河内郡的补给，又可经洹水入清河，将军粮运至巨鹿前线，又能防止叛军由河内广阳道南下，如遇不利，还可经太行险道退往河内郡，撤回关中。

棘原北面是漳水和洹水的分水岭，为太行余脉，漳水和洹水在山的南、北两边，沿山脚从西向东夹山而出，形成一道天然屏障，北岭与南面和西面的太行余脉之间，形成一个口袋。

而棘原则正好在袋口位置。这是章邯精心挑选的一个攻守兼备的地形。项羽被迫接受章邯的会盟条件，与章邯所处的有利位置有很大关系。

章邯率领秦军以棘原为中心，充分利用山河之险的地利，精心构筑起一道坚固的防线。章邯正是凭此防线与项羽的诸侯联军相持半年之久。章邯敏锐地看出了棘原的战略价值，才在此地建立大本营。

棘原虽非城邑，但陆路南北沟通华北、豫北两大平原，西连太行腹地，水路东接黄河故道，由此坐拥山河之利，攻守兼备，实为上古天下之中，也正是由于以上原因，殷商才选择在附近定都，建立商朝。

项羽一方面施放和谈的烟幕弹，另一方面却趁机进攻章邯。蒲将军率领的楚军前锋部队率先行动发起攻击，一举击溃防守三户津的秦军，使秦军的汙水防线发生动摇。项羽抓住时机集中楚军主力发动总攻，一举突破秦军重兵防守的汙水防线，彻底掌握了战场的主动权。

洹水北面的秦军再无险可守，只能全部退过洹水固守棘原。楚军随后渡过洹水，将秦军逼至棘原。楚军深入洹水南岸，终于可以与躲在棘原的章邯率领的秦军主力进行正面决战。

就在即将大功告成之际，形势却又发生逆转。

章邯派人来到楚营，表示希望能够按照事前达成的约定会盟。

项羽召集军中众将商议此事。项羽说："粮少，欲听其约。"将领们的反应出奇一致，同意。

眼看胜利在望，项羽却选择接受章邯的条件，同意其会盟请求。而将领们也相当支持。这既不是项羽的风格也不是楚军的作风。

此时同意会盟，就等于说，项羽接受了章邯的有条件投降。

项羽为何会做出这个决定呢？原来项羽渡过洹水后，才发现，对面的章邯依然实力强劲。汙水获胜但疲惫不堪的楚军即将对阵的是二十余万兵精粮足的秦军。章邯在棘原深沟壁垒，这里的防守固若金汤。项羽费尽九牛二虎之力，终于突破外围防线，但此时他才发现中心阵地的棘原更为坚固。

章邯和项羽对这一幕其实都不陌生，这与章邯在东阿战败后，退守濮阳时的做法如出一辙。

章邯的防守战术，就是多点支撑式的纵深防御，即设置多道外围防线，相互依托，互为支撑，层层消解敌人的进攻势头，减弱其对核心阵地的冲击，用以争取时间巩固中心阵地，环水结阵，固守待援。

对于项羽来说，终于杀到了章邯的主阵地，却发现啃不动，这时背水而战的楚军，想退都难，因为洹水阻隔，撤退也会被秦军半渡而击。

楚军连战连捷，但战线也越拉越长，项羽进入洹南后，补给线要过漳水，还要过洹水，不但路远，还要跨越两条河流。而章邯在棘原屯有大量粮草，拼消耗，输的肯定是项羽。

此时的楚军虽然士气正盛，但粮食匮乏，转运困难，再也打不起消耗战。

楚军虽接连获胜，但也已成强弩之末。楚军取得三户津之战和汙水之战的胜利后，顺利进入洹水之南。

但危机也悄然而至，当楚军从连续击败章邯的狂喜中冷静下来后，猛然发现，不经意间已经进入一个山水环绕的立体防线，钻入章邯精心设计的陷阱。

战线被拉长，楚军的补给会越来越难，前有坚垒，后有大河，如不能速胜，就会陷入进退两难的困局。要不了多久，形势就会逆转。

战事拖延下去，对楚军不利，趁此连胜之势，对方又主动请降，显然，接受章邯的投降是最明智的选择。

原来章邯从始至终一直掌握着和谈的主动权，最后是项羽被迫接受了和谈。因为章邯不是没有取胜的机会，这个机会直到最后一刻都还摆在他的面前，但面对可能的胜利，章邯却选择放弃，非不能也，势不为也！章邯最后不是败于战场，而是败于朝堂。

这是章邯身为秦将的悲哀，"有功亦诛，无功亦诛"。战胜项羽又有何益，只会让自己的处境更危险。此时，长史司马欣、都尉董翳都已明确表示支持和谈，自己若要坚持，搞不好就会引发兵变，最后的结果是，章邯不败而败，项羽不胜而胜。章邯出色的军事才能也使项羽心生忌惮。而这也最终影响了章邯的命运。

尽管投降之后的章邯很想也很愿意与项羽合作，但项羽对章邯始终是防范多于重用，对章邯充满警惕，从未真正信任过这位降将。

项羽后来做出坑杀二十万秦军的决定，不是项羽对部下将领所说，害怕投降的秦军不听调遣不服从命令，真正的原因就是害怕章邯再次得势，有意削弱其实力。还是那句话，摆得上台面的理由都不是真正的理由，因为真正的理由说不出口。项羽的这个决定毁了章邯，也毁了他本人。最后成全的却是刘邦。

准确地说，章邯不是投降而是起义。项羽与章邯的约定是共同反秦。虽然项羽的棘原之战赢得并不是很光彩，收尾甚至有点尴尬，但项羽与章邯的殷墟会盟却是真正的双赢。章邯不用再担心被清算陷害。项羽在连续取得巨鹿之战与棘原之战的胜利后，亡秦也指日可待。

巨鹿之战是诸侯们的生死之战。胜则尚有生机，败则坐等覆亡。秦军原本占据优势，但项羽突然杀出带领诸侯强行改写剧本，以少胜多，以弱胜强，逆势反转，使本来居于劣势的诸侯军反败为胜。巨鹿之战成就了项羽的赫赫威名，也使战争形势直接逆转。

秦军在巨鹿之战中虽损兵折将，但主力尚存，还有机会。此时秦朝真正的国之柱石就是章邯以及他率领的秦军。

真正决定秦朝命运的战役其实是巨鹿之战后发生的棘原之战。

棘原之战是秦朝的生死之战。此战对秦朝的重要性远远超过巨鹿之战。作为帝国柱石的章邯投降项羽，等于直接宣告秦朝的覆亡。至于后来的秦王子婴投降刘邦，不过是履行必要的程序。

棘原之战是秦的落幕挽歌，也是楚汉争霸战争的序曲。

巨鹿之战，王离败亡。棘原之战，章邯投降。秦军最精锐的两大野战军团至此不复存在，秦朝大势已去。

小到一个单位，大到一个国家；真正的骨干顶梁柱其实并不多。而具有真才实学的骨干们往往并不引人注目甚至遭受排挤。

平时，他们不仅得不到重用还可能被排斥被压制。只有在国难之际，平日里那些占尽便宜、吃尽红利的夸夸其谈之人主动退避三舍，不受待见长期遭受冷遇的骨干们才会脱颖而出受到重视。

面对危局，他们挺身而出，不计前嫌，以国事为重，希望可以力挽狂澜。可惜的是，他们被起用之日，往往也是大厦将倾之时，为时已晚。

先入关中者为王——入关亡秦

项羽在河北大战章邯的时候，刘邦也未闲着，他正在西征的路上。

秦二世三年（前207）十月，刘邦在砀郡收拢项梁溃兵。与砀郡相邻的东郡秦军趁楚军主力远在巨鹿，想偷袭刘邦的砀县。刘邦实力虽远不如项羽，可也不是好欺负的，当即派大将曹参率周勃、灌婴、樊哙迎战。双方在成武遭遇，曹参大破秦军。

成武战后，刘邦率部与曹参会合，继续北上追击秦军，并于成阳遭遇王离长城兵团一部。这股秦军可能是从巨鹿方向赶来驰援东郡军或奔袭砀郡的。面对秦军劲旅，刘邦先是将其击败于成阳南部，又追击其至成阳附近的杠里，连续两次大败秦军。此战，解除了秦军对刘邦大本营砀郡的威胁，也免除巨鹿楚军的后顾之忧。

当时，楚军的主将还是宋义。章邯还很强势。楚怀王派出的两路大军，一个负责北进，一个负责西征。但慑于秦军的强大，两路楚军，北进的不敢真北进，西进的不敢真西进，一个比一个"沉稳"。

刘邦从砀县出发后并未立即西进而是选择北上，躲在宋义军背后，在其侧翼作战。在成武、城阳两败秦军，刘邦也没有西进的意思，仍旧在原地打转。

十一月，项羽杀宋义率军北上救赵。刘邦紧随其后也率部北进。项羽的目标是巨鹿。刘邦的目标是昌邑。这个昌邑距城阳、成武都很近，刘邦还是未走出他的圈圈。

刘邦北上昌邑遇到了他未来的三大合作伙伴之一的彭越，另外两位英布跟韩信还在项羽手下，此时正在救赵的路上。

刘邦军围攻昌邑。彭越率部赶来助战。两军合兵一处，一起攻打，但也未打下来，损失还不小。刘邦见强攻不成，也不打算硬拼，便撤兵去别处找机会，事业才起步，就这么点家底，赔不起。彭越是昌邑本地人，他没有跟着刘邦一起走，而是选择留在本地发展。

刘邦在昌邑受挫准备南下返回他的根据地砀县休整，路过栗县时遇到刚武侯部。刘邦认为之前打不下昌邑还是兵力过少的缘故，于是，也顾不上长者形象，打起友军的主意，出其不意，吞并了刚武侯的队伍将其所部四千人尽数收编。之后，刘邦又与魏将皇欣、魏申徒武蒲联兵再度北上二打昌邑。尽管兵力增加，但面对坚城，刘邦依然攻不下来。

这时，项羽已经在巨鹿大败秦军。消息传来，刘邦也敢西进了。他舍弃久攻不下的昌邑，终于向西进兵。

刘邦引军途经高阳，本以为这只是一次普通的行军路过，想不到在此处却有大收获。高阳人郦食其，满腹才华，为人放荡不羁，年逾六十，因家贫落魄为里监门。这个职业，张耳与陈余之前也干过。名士屈尊做看门人，一为避祸，二为生计。也可能二者兼而有之。

战国时代，百花齐放，百家争鸣，名士们身居其中为纵横之术，往来于诸侯之间，为座上客，所到之处，奉为上宾，那是何等风光，何等荣耀。

他们的作用也不可小觑，正所谓一怒而诸侯惧，安居而天下息。翻手为云，覆手为雨。正因如此，名士在当时才地位显赫，备受尊崇。战国是属于名士的美好时代，特别是对山东六国名士而言，更是如此。

然而，秦并天下，六国覆亡。曾经高高在上的名士也跌入尘埃，为隐藏身份做起守门小吏如张耳、陈余，还有的为谋生不得不做卑微的看门人如郦食其。

满腹的才华却得不到施展的机会，造成他们悲剧的根源自然是那个不好儒术只重耕战的大秦帝国。他们对过去的美好时光有多爱，对剥夺他们幸福生活的秦帝国就有多恨。

郦食其本质上与张耳、陈余是同一类人，他们都是名士。三人所处的年代也相近，都在战国后期。也因此，他们见证了战国时代最后的辉煌，比如他们的偶像信陵君，也见证了战国的凄怆落幕，他们自己的遭遇就是明证。郦食其是魏国人，张耳、陈余也是魏国人。张耳因为年长还做过信陵君的门客。信陵君不仅在魏国，在整个山东六国都有着巨大的政治声望。

秦军的到来，使他们的人生跌入低谷，不要说施展抱负，就连生命都受到威胁，只能隐名埋姓，整日东躲西藏。有对比才有伤害，想想昔日的荣耀，再想想今天的落魄，他们对秦朝简直恨之入骨。

他们不会放过任何可以推翻秦朝出人头地的机会。陈胜的大泽乡起义给他们带来希望，机会真的来了。张耳、陈余利用他们之前的名望很快便顺势而起，成为实际上的一方诸侯。

身为同道中人的郦食其又怎会甘于寂寞，他也在寻找属于他的机会。刘邦的到来让郦食其敏锐地意识到，他的春天也来了。刘邦就是他苦苦等待的贵人。

刘邦手下有个骑士与郦食其是同里中人。郦食其就找到这名骑士对他说："诸侯将领路过高阳的不下数十，以我观之，俱是平庸之辈，难成大业。我听说沛公为人多大略有雄才，这才是我要追随的人。你如果见到沛公，就跟他说：'臣里中人郦生，年六十余，身长八尺，人皆谓之狂生。'"这位同乡说："沛公这人平时最讨厌读书人，有儒生前来拜访，他甚至当众解下人家的帽子，还往里边尿尿。与人说话，也经常爆粗口，一言不合就开骂，用儒家的那套说辞恐怕很难打动他。"

郦食其说："那些你不用管，照我说的做就行。"这位同乡找到机会，按郦食其的吩咐跟刘邦说了一遍，果然得到刘邦的召见。

其实，就算郦食其不找他，刘邦也很可能找郦食其。因为刘邦正在创业时期，急需人才，每到一地都要访寻当地的英雄豪杰，以期能收为己用。

郦食其虽是落魄书生、不得志的名士，此时还未显示出他的卓越才华。但他的弟弟郦商早已是一方诸侯了。

陈胜起兵不久，郦商就跟着起兵了。刘邦在沛县聚众三千时，郦商在当地也有数千人马。刘邦在不知郦食其是何许人也时，想必就早已知道郦商的大名了。

刘邦需要人才更需要部队，此时他正在攒队伍的时期，连友军都不放过毫不犹豫地下黑手，对地方实力派就更没有放过的理由。

虽然郦食其自己是个书生名士，但他的弟弟是地方豪强，也因此，他见刘邦时也是以地方豪强的身份去的。刘邦肯见郦食其，很大程度上还是冲着他的弟弟郦商的面子。

刘邦在高阳传舍召见郦食其。等郦食其入门拜谒，呈现在他眼前的是这么一幅画面，刘邦放松地分开双腿以放荡不羁的造型坐在大床上，床下两位妙龄少女一人一边正在给刘邦洗脚。

　　刘邦可真是会享受，很懂生活，这个场面也确实很符合他的习性。郦食其看到这个场景，当时就傻了，虽然他自己说他是狂生，但显然刘邦比他要狂多了。郦食其心里生气表面又不便发作，毕竟，他是来应聘找工作的。郦食其只是长揖不拜，拱拱手却不行拜见之礼，这就已经是含蓄地表达了自己的不满。

　　见刘邦未解其意，郦食其只好明说："足下是想助秦攻诸侯呢，还是想率诸侯破秦呢？"刘邦闻言当即开骂："竖儒！天下苦秦久矣，所以诸侯才相约共伐暴秦，何谓助秦攻诸侯！"郦食其这才说："既然是聚义兵诛暴秦，那就不该如此失礼！"刘邦这才意识到来人是对他的待客之道不满了。刘邦将两名洗足的少女打发出去，重整衣冠，将郦食其请到上座。

　　刘邦对之前的失礼表示歉意。郦食其也不在这些小事上纠缠，而是开门见山，直接向刘邦展示其学术水准、专业能力，与刘邦大谈六国纵横之事。刘邦也是个伪装成流氓的侠士，特别崇尚战国风尚。两人相谈甚欢，一见如故。

　　刘邦感觉找到了知音，当即问道："计将安出？"我现在该怎么办？郦食其说："足下之兵皆乌合之众，散乱之卒，且不满万人；以此入秦，是驱群羊入虎口。陈留，天下之要冲，四通八达之地，城中多积粟粮米。我与陈留令有旧，不如您派我去说服其开门迎降，如其不听劝告，到时您再引兵攻城，我为内应陈留亦可得。"

　　刘邦想想怎么算自己都不亏，当即同意，派郦食其先行，刘邦率兵跟进，顺利拿下陈留。郦食其游说陈留令跟蒯通游说范阳令是一个套路。范阳人蒯通说服了范阳令。陈留人郦食其说服了陈留令。两大名嘴固然是口若悬河的辩才，但也不得不承认，外派县令是多么孤弱，地方豪强是多么豪横。

　　刘邦第一次尝到"嘴炮开疆"的甜头，大喜过望，高兴之余，加封郦食其为广野君。郦食其的弟弟郦商也被刘邦收为大将。郦商的四千兵被刘邦收编。刘邦自然不会放过这么好的扩军机会，毕竟，当初就是奔着郦商的四千人来的。

于是，陈留豪杰郦食其兄弟就此跟了刘邦。郦商为将率陈留兵为刘邦冲锋陷阵，郦食其做说客为刘邦出使诸侯，发挥其纵横之术的特长。兄弟二人一文一武辅佐刘邦。当然，刘邦也未亏待二人，给他们的待遇也远超常人。

得到补充，增强兵力的刘邦打算复制先辈的成功之路，走崤函通道，攻函谷关进关中，正如他的偶像信陵君当年那般，潇洒且从容。由东向西，取函谷关破秦，这也是之前数百年诸侯联军的常规操作。

然而得到陈留兵的刘邦，攻坚能力依然拉胯。

三月，刘邦率军攻开封不下，旋即撤走，但他并没有向西走，而是向北去。因为在开封的北面白马还有一支由杨熊率领的秦军。杨熊部与刘邦军稍作接触并不恋战，随即南走，想与守开封的秦军赵贲部会合。但刘邦并未让其如愿。刘邦率军跟踪追击，在开封附近的曲遇追上秦军，一通砍杀，将秦军击溃。杨熊被迫西逃荥阳并在那里被秦廷派出的使者斩杀。

四月，刘邦南下颍川，与在这里坚持游击作战的韩国君臣相遇。顺利攻占颍川后，刘邦收到情报。赵将司马卬准备从洛阳北面的平阴渡过黄河南下入关。

刘邦当即率军北上占领平阴，将准备渡河的赵军赶走。敢抢功的，即使是友军也照打。但很快，刘邦就在洛阳附近被秦军围攻，损失惨重。洛阳之战惨败，意味着西进之路走不通。刘邦在战略上最大的特点就是灵活，此路不通，那就换条路走。

刘邦改变计划不再西进函谷关，而是率军南下准备从武关进入关中。在颍川郡稍作休整，留下韩王成守韩地，刘邦便引军南进，攻击南阳郡，这次他带上了张良。

事实证明，带不带张良，区别很大。此时刘邦的身边缺乏具备战略眼光的谋士，而张良就是这类人才。

六月，刘邦军攻入南阳郡，与南阳秦军发生激战并将其击溃。刘邦乘胜攻略南阳。秦军退守宛城。

因为之前接连攻坚受挫给刘邦留下心理阴影，刘邦现在一看见大一点的城池就头大。刘邦准备故技重施，舍弃宛城，过而不攻，因为攻大概率也打不下来。

但是，张良反对。张良对刘邦说："沛公虽急于入关，但秦兵尚众，据守险要。今不取宛城，强敌在前，宛城秦军再袭我后路，则我军危矣。"

刘邦听了，认为有理，之前攻不下开封也是绕道走去洛阳，结果被开封、洛阳的秦军夹攻，教训深刻，吃过的亏，不会再吃第二次。刘邦采纳张良的建议连夜率军又绕回来。全军偃旗息鼓，悄悄布阵，等到天明，守军才惊讶地发现，去而复返的刘邦大军已将宛城重重包围。南阳郡守见此情形一言不发，当场拔剑，就要自杀。

这时门客陈恢赶紧拦住说："不如让我出城去与刘邦谈判，如不成功，再死不晚。"郡守也没有别的出路，只好同意。

当天晚上，陈恢翻墙来见刘邦："我听说闻您与楚王及诸侯约定，先入咸阳者为王。今大军围城，宛城确难固守，但南阳郡县数十城，其吏民自知投降必死，故守城之志甚坚。在此情形之下，您即使能攻下宛城，死伤必多。如引兵而去，又恐宛城之军尾随大军之后。前失咸阳之约，后有宛城之患。为您着想，不如与其会盟准其投降，加封郡守；令其留守，您则率宛城之兵西上。诸城未下者尚多，听闻您厚待降人，必争开门以待大军。"

宛城守军愿降，刘邦自然求之不得，这也符合他西征以来的一贯风格，打不进去就招降。相比攻城，刘邦更乐意招降，因为省时又省力，省事儿还省心。而且，攻城，以他现在的水平是真的不容易。

七月，南阳郡守以城降。刘邦也信守承诺封其为殷侯，封陈恢食邑千户。消息传出，远近郡县果然望风归降。

刘邦还特别约束部下，所过之处，秋毫不犯，百姓如常，秦民大喜。

八月，刘邦攻入武关，成为诸侯军中第一个入关者。按照楚怀王熊心与诸侯先入关中者为王的约定，刘邦就是未来的关中之工。

虽然大家说的关，更多指向的是函谷关，但武关显然也具备同等的法律地位。

秦国的本土也称关中，顾名思义，就是关塞环抱的地方。关中，南有秦岭，西有陇山，北面是千沟万壑的黄土高原，东边则有崤山之险与黄河环绕。山河之间，函谷关、大散关、武关、萧关雄踞东西南北，四面皆有险阻，四面遍置关塞，因此关中也被称作"四塞之地"。

刘邦入关，西土震动。随之引发了秦国内部两起连续的宫廷政变。

秦二世再迟钝，此时的形势他也明白了。独揽大权的赵高知道再也隐瞒不住，武关失守，军事失利，这些足以导致赵高下台，他再也不用指鹿为马，因为照此下去他很快就会落马。到时，不用秦二世处死他，就是他为非作歹多年招致的众多政敌也会置他于死地。赵高不等秦二世问责治罪，决定先下手为强，发动政变，杀秦二世，再换一个更听话更容易控制的新君。

秦二世虽然怠政，但也不是一点不管事。赵高虽然专权，但秦二世想收拾他也并不难。赵高将女婿咸阳令阎乐、弟弟郎中令赵成找来密谋政变。赵高让作为郎中令的弟弟赵成做内应，谎称宫中有贼，令阎乐发兵追捕趁机入宫。阎乐率兵一千直奔秦二世所在的望夷宫杀来。

阎乐来到宫门口将守门卫士尽数捆绑，还斥责他们有贼进入为何不阻止。卫士说，宫门守卫森严，贼寇怎敢入宫？被揭穿的阎乐不再强词夺理，当然他也没有理，直接硬闯，将守门卫士杀害，带兵直接杀进来，逢人便杀，遇人便射，宫中的郎官、宦官大惊，有的四散奔逃隐藏躲避，有的奋起反抗与之格斗。反抗的很快都战死了。因为事发突然，寡不敌众，护驾的卫士郎官战死数十人。

郎中令赵成与咸阳令阎乐登堂入室，直接闯入秦二世寝帐。秦二世面对乱兵怒目而视，召左右擒拿反贼，左右皆散走，只有一个宦官侍立在侧。秦二世说："你为何不早告我，乃至于此！"宦官说："臣不敢言，才活到现在。向使臣早言，早已被诛！"

阎乐上前数落秦二世，一点也不给皇帝留情面。秦二世说："我情愿让出帝位，只得一郡为王。只求保住性命。"被拒后。又说："愿为万户侯足矣。"又被拒。秦二世再次乞求："愿与妻子做黔首百姓。"阎乐说："我奉令来杀你。不必多言。"秦二世只得自杀。

阎乐回来禀报赵高。得知秦二世已死，赵高召集大臣、宗室说："秦故王国，始皇君天下，故称帝。今六国复立，秦地益小，乃以空名为帝，不可。宜为王如故。"于是立子婴为秦王。秦国以平民之礼，葬秦二世于宜春苑。

九月，关中形势已岌岌可危。赵高令秦王子婴斋戒五日，在宗庙接受玉玺即位。子婴与两个儿子商议道："赵高杀害二世皇帝，怕群臣诛杀，才假装册立我。听说赵高已经与楚军约定，尽杀秦宗室，以此为条件立他为王。此番必定是想在庙中杀我，不可中其奸计。我假装称病不去，他肯定要来探病，可借此机会将其诛杀。"到了日期，赵高派人来请，子婴依计而行称病在家，使者往返数次，子婴就是不去。赵高果然来看子婴。秦王子婴当即将赵高刺杀，又下令诛赵高三族，遣将据守峣关。虽然函谷关以东的地盘几乎丢光，但子婴还是想守关中，保住立国七百年的大秦。

刘邦想带兵直接攻关。毕竟，胜利就在眼前，过了峣关，就是关中，咸阳已遥遥在望。但张良又一次劝阻了刘邦，对跃跃欲试的刘邦说："秦兵尚强，不可轻敌。不如先派兵在附近山上多张旗帜以为疑兵，虚张声势迷惑秦兵，再使郦食其、陆贾两位说客游说秦将，许以重赏以利诱之。"

说了这么多，就是不想让刘邦攻关，说到底，张良还是对刘邦的攻坚能力缺乏信心。刘邦当然也明白张良的良苦用心。这些意思，只可意会不可言传，因为说出来就尴尬了。

郦食其的口才自不用说，他继续"嘴炮开疆"模式，凭三寸不烂之舌成功拿下峣关守将。秦将果然愿意联合，这时局势明朗，谁都看得出来，秦朝大势已去，眼下最要紧的是趁手上还有资本，可以跟对方讨价还价，为不久的将来谋求利益。

刘邦听说对方同意献关，这就准备答应了。因为相关的程序模式，刘邦已经相当熟练，他这一路基本就是靠这套手续过来的，早已驾轻就熟。

但是张良又站出来说："现在只是守将欲降，其麾下士卒未必肯听命，到时不从，必有纷争；不如趁守将麻痹懈怠，出兵袭击。"刘邦对张良几乎言听计从，当即引兵绕过峣关，翻越黄山，纵兵击秦，在蓝田之南大破秦军，乘胜进军，又于蓝田之北，再败秦军。

汉元年（前206）十月，刘邦军至霸上。秦王子婴素车白马，系颈以组，封皇帝玺、符、节，降轵道旁，投降刘邦，至此秦亡。

唐朝诗人杜牧在他的《阿房宫赋》中对秦之灭亡有独到的见解，在后世流传甚广："呜呼！灭六国者六国也，非秦也；族秦者秦也，非天下也。嗟乎！使六国各爱其人，则足以拒秦；使秦复爱六国之人，则递三世可至万世而为君，谁得而族灭也？秦人不暇自哀，而后人哀之；后人哀之而不鉴之，亦使后人而复哀后人也。"

诸将有人建言不如将秦王诛杀。刘邦却不同意，他说："当初怀王派我来，就是因为我能宽大容众。况且人家已经投降，杀之不祥。"

刘邦不杀子婴固然是因为宽大为怀，杀降不祥。

但刘邦也是想以此收买关中秦国故地的人心。刘邦最强的是他讲政治，亡秦不是最终目的，王秦才是。从这时起，他就已经将关中当做他的根据地来经营了。他要在关中称王，当然要厚待子婴，这是做给秦国父老看的，为的是换取秦民的支持。

江湖不是打打杀杀，江湖是人情世故。

刘邦起兵以来的经历，为上面的话做了最好的注解。

西征以来，刘邦一直都在竭力避免与秦军正面冲突，这当然与他势力偏弱、攻坚拉胯有关。但更主要的是，刘邦明白亡秦是军事也是政治。秦国再怎么说也还有关中四塞之地，敢战之士数十万。凭他那点人，硬拼，路上就得被人干挺了。

逢强智取，即使不强的，能谈判就不强攻。

刘邦亡秦，三分军事，七分政治。他这一路之上打过几场硬仗？几乎都靠说客铺路，"嘴炮开疆"。就这么连忽悠带骗，之前打个县城都费劲的刘邦就带着数万散兵，奇迹般地越过重重关塞，抢在项羽前面率先进入关中。这个结果出乎很多人的意料，剧本都不敢这么编，却偏偏是真的。

刘邦与项羽就是两种风格。看看项羽，从来都是正面硬刚，浴血搏杀，一仗一仗打过来的。项羽打仗当然也用计，不过都在军事层面居多。政治上，他是很少用心、动脑筋。与刘邦相反，项羽自起兵以来是七分军事、三分政治。

两种作风，效果反差明显，刘邦的部队在正面战场败多胜少却越打越多。项羽的部队在正面战场胜多败少却越打越少。刘邦的友军越来越多。项羽的敌人越来越多。楚败汉兴，其实，从开始就注定了。项羽到死都未想明白的事情，刘邦进入咸阳时就想明白了。

于是，才有刘邦对秦民的约法三章。

刘邦率军进入咸阳。对于这里他并不陌生，多年前他就来过。那时他还只是个名不见经传的小小亭长，大秦帝国最基层的小吏，看见高大雄壮、装饰华丽的宫殿也只能发出一声惊叹，而现在他已经是这些宫殿的主人了。

抚今追昔，刘邦不由得又是一番感慨。

刘邦还在那里感叹，他很想将他的感想将给众人听，一转身才发现，众将早已不知所终。一问才知，原来他们都去秦国的府库抢夺金银财帛去了。刘邦只能报之以苦笑。这时候只能任由他们去了。

一路征战，将士们很是辛苦，如今胜利，自然得允许他们分享胜利果实。要人卖命就得给人好处。刘邦最懂这个道理，正是因为懂得分享，知道要及时兑现承诺，满足部下的需求，刘邦才能广揽四方之才为其所用。

就在众将在府库中为抢夺珠宝金银你争我抢，闹得不亦乐乎之时，萧何却直奔秦丞相府，因为那里有他需要的"宝贝"——全国郡县的户册图籍。这些宝贵的户籍图册是维持国家运转的必备资料，也是那个时代的国家操作系统。

治理一个国家谈何容易，需要数十年、数百年的经验积累与制度建设。秦人想不到，他们多少代人的心血，如今都归了刘邦。

正是因为萧何在第一时间掌握了这些府库图籍，刘邦才得以知道天下户口多少、山川形势强弱。

萧何为何会懂得这些呢？因为他原来就是干这个的。所以说，专业的事儿要交给专业的人去做。

张良为刘邦出谋划策，萧何为刘邦治国理政。汉初三杰，已聚其二，第三位也很快就要来了。

在这个人到来之前，刘邦打仗依然拉胯。特别是在项羽面前，刘邦只能乖乖听话，不敢反抗，因为真的打不过。

刘邦进入富丽堂皇的宫殿，看见那些堆积如山的珍宝，还有那些肤白貌美的美人，腿再也不听使唤，说啥都走不动了，说啥都不想走了。

刘邦打算在皇宫长住，日日笙歌燕舞，夜夜美人在侧，好好享受生活，好好享受人生。

就在刘邦沉浸在突如其来的幸福中不能自拔时，讨厌的樊哙过来劝他说："沛公是想据有天下呢，还是想做富家翁呢？秦朝正是因为这些奢丽之物，才亡国的。您要这些有何用！还请您即刻还军霸上！"刘邦白了樊哙一眼，这么多年，他第一次发现樊哙的丑，简直是面目可憎。刘邦理都不想理樊哙。

这时张良也来劝说："秦朝昏暴，沛公才得以至此。沛公入关伐无道诛暴秦，为的是天下百姓，今初入秦地，即耽于安乐，非初心也。且忠言逆耳利于行，毒药苦口利于病，愿沛公听樊哙之言！"张良的面子必须要给。尽管万分之不情愿，刘邦还是一步三回头依依不舍地离开秦宫回到霸上。

十一月，刘邦召集关中各县父老豪杰，对他们说："父老苦秦苛法久矣！当初我与诸侯有约，先入关中者王之，依约，我当王关中。今与父老约法三章：杀人者死，伤人及盗抵罪。其他秦朝苛法，一概去除。吏民百姓皆如平日各安其业。我所以来是为百姓除害，并非有所侵暴。之所以还军霸上，是因为要待诸侯军至共定约束。"

刘邦令部下与秦吏到各县乡邑，告谕百姓。秦民大喜，争持牛、羊、酒食劳军。刘邦推辞不受，说："军中粮食尚多仓粟多，不想劳动百姓。"大家听了又是惊喜，唯恐刘邦不做秦王。刘邦的这波规范操作足可以写进教科书，作为后世范本。

欲定天下，当先收民心。

楚汉争霸

君视民为赤子，民乃视君为父母。

君有爱民之心，民方有拥君之志。

项庄舞剑　意在沛公——鸿门宴

有人劝刘邦："关中沃野千里，天府之国，又是四塞之地，易守难攻。听说项羽封章邯为雍王，王关中。若放其进关，秦地恐非沛公所有。当急遣兵守函谷关，不准诸侯军入关；再征关中兵以自卫。"这话是说到刘邦的心里去了。他就是这么想的。

刘邦立即下令关闭函谷关，不准诸侯军进关。此时的刘邦一心想做关中王。

可是，他不知道，正是他的这个举动给他惹来大祸。站在他的角度，这么做，再正常不过。但他忘记了重要的一点，当今乱世，实力为王。

凭他一己之力是难以同以项羽为首的诸侯军抗衡的，实力对比过于悬殊。汉初三杰，尚未配齐。刘邦还不具备与项羽对抗全面开战的资本。

项羽接受章邯投降后就将这位昔日的对手带在身边不离左右。章邯的二十万秦军，项羽交给了他的长史司马欣、都尉董翳统领。

项羽原本可以有两个得力帮手，但都被他毁掉了。一个是原秦军大将章邯，一个是齐国实力派田荣。

项羽毁掉章邯的方式很卑鄙，杀降。

项羽在巨鹿击溃王离又在棘原逼降章邯，黄河以北的战事就此结束。项羽率诸侯联军还有章邯的二十万秦军转而西进，因为入关破秦才是他们的最终目标。

此时的项羽兵强马壮，诸侯军近四十万，秦军也有二十万。不过，双方的关系似乎不大融洽，不久之前他们还在战场上互砍，打得你死我活，如今却归属同一阵营，身份变化之快，令双方都有点不太适应。最难受的还是秦军。

之前，山东六国的人去秦国本土服徭役没少受秦朝吏卒的羞辱欺负，但六国的人被欺辱，受尽委屈却不敢反抗。亡国奴的滋味是不好受的。但如今，风水轮流转，他们身份颠倒，六国之人开始以胜利者之姿奴役羞辱秦人，进行报复。

骄横惯了的秦人如何受得了这般屈辱？更重要的是，这二十万秦兵其实不是在战场上战败，而是被他们的主将裹挟投降。秦人一向看不起六国之人，楚人也就罢了，巨鹿之战让秦人知道了楚军的骁勇善战，输给楚军，也算心服口服。但韩、赵、魏、燕、齐，你们也配作威作福！当初被我大秦打得抱头鼠窜的狼狈之状还历历在目，向这些手下败将屈服，秦人心有不甘，他们不服。

时间一长，秦军开始军心浮动。这还是棘原之战留下的尾巴。从军事上而言，诸侯军从未真正征服秦军。而这些秦人也慢慢回过味儿来，感觉他们被主将章邯欺弄了。秦军开始躁动，军心逐渐不稳。项羽觉察到了秦军的这些细微变化。

对秦军，项羽也心存忌惮。巨鹿之战，给秦军，给楚军，给交战双方都留下了深刻的难以忘却的印象，对方实在太能打了。虽是敌人，但彼此都对对方存有军人的敬畏。秦军战败的同时也不得不承认骁勇善战的楚军配得上做他们的对手。楚军战胜的同时也必须承认秦军的勇悍，这是不可小觑的敌人。

如果这些秦军愿为项羽所驱使，那项羽将如虎添翼。二十万秦军加上二十万楚军，对项羽的敌人来说，那将是何等恐怖的存在。但如果二十万秦军站到项羽的对立面，那也是十分可怕的。难道再来一次破釜沉舟，再打一次巨鹿之战？以两军的实力，敞开打，项羽未必就能稳赢。

更令项羽忌惮的还有章邯，这个对手太可怕了。章邯用兵狠辣，行军布阵都相当沉稳且富有章法。一旦被章邯抓住弱点，就很难有翻盘的机会。即使占据上风，对方的防守也是滴水不漏，令你不知从何下手。

二十万秦军跟骁将章邯，有一个控制不住，对项羽来说都是难以承受的。而二十万秦军加上章邯，依然可以横扫诸侯。即使是项羽跟他麾下的楚军与之对阵，也只能是平分秋色。

章邯自投降以来就被项羽留置军中，封为雍王，这也是项羽封的第一个诸侯王。名为雍王，实同人质。此时的章邯相对容易控制，但要控制住二十万躁动的秦军，项羽也没有信心，这些人要是不听他的指挥，他也管不住。更主要的是，他们听章邯的指挥，而章邯是被逼降的。项羽对控制章邯也缺乏信心，但他已经答应章邯做关中王，不可失信于人。

经过反复权衡，项羽做出了他此生中最错误的一个决定，将二十万秦军降卒全部坑杀。这个决定毁了他，也毁了章邯。

十一月的一个漆黑的冬夜，楚军夜袭已被解除武装的秦军，一夜就将二十万秦军坑杀，大错就此铸成。

项羽知道，章邯再也构不成对他的威胁了。但他不知道的是，他也将因此失去所有。

后来的事情证明，章邯始终是忠诚于他的。即使被围困、被围攻、大水灌城，章邯也没有投降刘邦。项羽其实是在自断臂膀。如果章邯跟二十万秦军追随他。刘邦就很难夺取关中，遑论与他争夺天下。

项羽杀降，失去的是关中的民心。与项羽相反，刘邦在积极收揽秦民之心。从入关以来的秋毫无犯到约法三章，从不受酒食到封府库还军霸上。刘邦一直在不遗余力、竭尽所能地争取秦民的支持，他从来都是个讲政治的人。

当项羽率诸侯联军来到函谷关前，惊讶地发现驻守在这里的竟不是秦军。项羽这才知道刘邦已经先于他入关。

项羽很气愤也很郁闷，气愤的是，紧赶慢赶还是晚了一步，居然被刘邦抢先；郁闷的是，苦战硬仗都是他打的，胜利果实却被刘邦抢走。

既然秦国已经不复存在，那你刘邦派兵守关是什么意思？你在防谁？项羽大怒，当即命令黥布等人带兵攻关。函谷关可以挡住攻坚拉胯的刘邦，却挡不住凶猛强悍的项羽。

很快，函谷关便被楚军攻下，破门而入的项羽率数十万诸侯联军杀气腾腾直奔咸阳而来。

项羽率军一路向西，一直进至戏这个地方才停下来，这里距刘邦驻军的霸上很近，也可以说，刘邦已经进入项羽的攻击范围。

十二月，项羽屯兵于新丰鸿门，连营数十里。他刚把大营扎下，就有人找上门。来人是刘邦的左司马曹无伤的手下，这次来是给项羽传递一份机密情报。曹无伤的亲信告诉项羽，刘邦要称王于关中，以子婴为相，珍宝尽有之。

项羽当即大怒，在项羽看来，刘邦这是公然挑战他的权威，是可忍，孰不可忍。项羽决定今晚犒赏三军饱餐战饭，明日一早，全军出击，目标霸上刘邦大营。项羽要跟刘邦决战。

项羽怒的不是刘邦封闭函谷关不让他进，也不是怒刘邦要独吞秦国的金银财宝，而是怒刘邦居然敢自己做主要在关中称王。

从刘邦入关以来的种种表现来看，曹无伤的情报很可能是真的。以刘邦又是约法三章，又是约束士兵不掳掠、不侵暴的各种收买人心的行为看，让子婴做相国，来争取秦人的支持，这种事儿刘邦是干得出来的。

只要刘邦在关中称王，秦朝的那些奇珍异宝当然就都归刘邦了。但这不是重点。刘邦、项羽都不会在乎那点珍宝。

刘邦跟项羽在意的是关中的归属以及谁的话才算，谁才是发号施令的人。刘邦的法理依据当然是楚怀王熊心说过的约定，先入关中者为王。

但问题是，项羽不承认这个约定的法律效应，而且他在事实上已经做出了否定。因为他早已封章邯为雍王。

刘邦在关中称王踩到了项羽的红线，这种行为本身就意味着宣战。

项羽一路走来靠的完全是实力，一点投机取巧的成分都没有，那真是一场又一场的大仗硬仗打过来的，因而他的部队历经战火考验，麾下都是百战之余的沙场老兵，战斗力极强。

反观刘邦，那就看不得了。尽管刘邦也打过不少仗，但不论是规模还是惨烈程度，与项羽都没法比。刘邦能抢先入关，靠的是绕道走、大忽悠以及"嘴炮开疆"加持。

以军队实力而言，他俩现在也不在一个层次上。此时刘邦军只有十万人，对外号称二十万。项羽军有四十万人，对外号称百万大军。

尽管双方的宣传都有水分，但孰强孰弱还是一目了然的。当然，项羽的四十万人也不全是楚军，这里面大部分是韩、赵、魏等诸侯军，但现在这些军队听他指挥，服从他的号令，换句话说，他们也不敢不听。巨鹿之战，项羽有多彪悍，他们都是亲眼见识过的。打不过就归顺。

因此说项羽有四十万人也不为过，虽然这些诸侯军不归他管，但他指挥得动这些军队，能控制听话就行。

项羽的谋士范增很有识人的眼力，他早看出刘邦非等闲之辈，对项羽要跟刘邦开战的决定极其支持。范增对项羽说："刘邦在老家的时候，贪财好色，喝酒还经常不给钱。现在进入咸阳听说财宝也不拿，妇女也不碰，这么违背他本性的事儿，他都能干得出来。说明他的志向不小。我令人望气，发现他待的地方，天上的云彩都呈现龙虎之状，五彩斑斓，这是天子之气。应立即出击，不可错过良机。"

有赞同的，就有反对的。项羽的叔父左尹项伯就是一个反对派。他听到项羽与范增的商议，连夜赶到刘邦大营，找到与他素有交情的张良，将事情告知，请张良即刻与他一起逃走，不要留在这里等死。当年项伯曾杀过人，亡命江湖，是张良仗义出手相救。所以，项伯此番前来，一为报恩，二为救命。

张良谢过项伯的好意，但他表示大难临头，只顾自己逃命，那太不仗义了。兄弟我是不会丢下沛公自己逃命的。说罢，张良转身走入大帐，将事情原原本本告诉刘邦。此时的刘邦尚不知情，听到张良的报告顿时惊出一身冷汗。

张良问刘邦："您看咱们的军队打得过项羽吗？"刘邦默然良久说："打不过。这可如何是好？"

张良这是明知故问，以刘邦现在的实力肯定打不过项羽，这谁都看得出来。但这话张良还必须要问，因为有这句问话才能引出下面的话，将项伯请进来。

张良说："请您对项伯说，就说您不敢叛逆。"刘邦就问："先生与项伯有旧？"刘邦这么问是想知道项伯的立场以及跟张良的关系，弄明白他们的关系，下面的话才好讲。张良也不隐瞒，这时候必须实话实说。张良说："当年项伯曾杀人亡命，是我救的他。今日事急，特来相告。"

刘邦问道："项伯与先生谁年长一些？"张良说："项伯比我年长。"

刘邦赶紧说："请先生为我引见，我要以对待兄长的礼节侍奉他。"张良出去请项伯进帐。项伯起初还不肯，几番推让，才被张良连拉带拽请进营帐。

项伯上前拜见刘邦。此时的刘邦简直是戏精附体，连忙奉上卮酒为寿，当场与项伯约为儿女亲家。

刘邦还一再解释说："入关以来，我约束部下，籍吏民，封府库，秋毫不敢触犯，所做的这些都是为了等待项将军处分。之所以遣将守关，为的是防备盗贼出入与非常事件的发生。我在关中日夜盼望将军的到来，岂敢反叛？还希望您在将军面前替我解释以澄清误会才是。"刘邦的这番话他自己都不信。项伯也不会信。项羽当然更不会信。但刘邦只能这么说。

项伯满口答应，对刘邦说："虽然如此，明早您还是应该早早去楚营请罪，澄清误会做出说明。"

项伯的意思，我是可以为你美言，但也只能是拖延时间，关键时刻你还得自己去才行。

刘邦自然懂他的意思，许诺明日必定前往楚军大营，拜会项羽，对之前的种种行为做出解释。项伯得到许诺，又连夜赶回去向项羽汇报。

真正的鸿门宴大戏，从这时起，就已经开场了。

先是刘邦那边出了叛徒曹无伤，给项羽泄露消息。紧接着，项羽这边也出了叛徒项伯，给刘邦泄露消息。两个叛徒的级别还都不低，曹无伤是左司马，项伯是左尹。就因为级别高才能弄到机密情报。

虽然都是叛徒，但叛徒跟叛徒还是有很大不同的。项伯的水平就比曹无伤高出不止一个等级。

看看人家项伯是怎么做的，首先，人家有充分的理由，是去救朋友，即使被发现也有说辞。而且人家这是讲义气，危难之际不忘朋友，在任何时候这都是占据道德制高点的。名为救朋友，实为卖情报。项伯是一个高智商、高情商的人，能跟他做朋友的自然也是这种人。

张良何等聪明，项伯的话还未说完，他就明白对方的意思了。项伯表面上是来救张良，实际上是想通过张良将情报传递给刘邦。

项伯虽然认识刘邦但不好贸然前往直接找刘邦，那会显得过于突兀冒失，也会坐实叛徒的罪名。而通过中间人介绍，这个过程就显得十分自然。

在这个过程中，张良的作用很大，他起到了对接双方、拉近距离的效果，既成全了项伯救友报恩的美名，也帮助其传递情报给刘邦，还能避免叛徒的罪名。

项伯的计划制定得相当完美，但这个计划的顺利执行也需要张良的默契配合，甚至刘邦的全力支持。而结果也显而易见，相当成功，张良、刘邦都很有表演才能，在未经彩排的前提下，一点就通，一秒入戏，简直就是戏精本精。

项伯回到军中，将刘邦的话转述给项羽，并趁机进言："要不是沛公先行入关摧破强秦，您又怎么能如此顺利地进入关中呢！如今人家立有大功，此时去攻击有功之人，大不义也。不如善遇之。"项羽许诺。

清晨，刘邦率部下百余人来见项羽。

当时，刘邦屯兵霸上。项羽驻军新丰鸿门。

刘邦到来。项羽自然要设宴款待，因为这场宴席设在鸿门，于是历史上便将这次宴会称为"鸿门宴"。

这个专有历史名词也成为一类特定宴会的专用名词。

中国人是喜欢热闹的，也喜欢赴宴，但只要听到"鸿门宴"三个字无不闻之色变。因为这实在不是个好词。

刘邦今天的戏份很大，昨夜只能算热身，今天才是大戏。也不知昨晚刘邦是否安眠，反正他的心里，压力肯定很大。名为赴宴，实为谢罪。

　　刘邦一行人来到楚军大营，通报之后便被请进项羽大帐。刘邦见到久别重逢的昔日战友项羽，不敢叙旧，上来直接就表明来意："臣与将军戮力攻秦，将军战河北，臣战河南。不意臣竟先入关，复见将军于此。今者有小人进谗言，才使将军与臣有隙。"

　　刘邦还是很懂项羽的，上来就把自己的姿态摆得很低，自称臣，而称项羽为将军。刘邦此举意在表明二者有着鲜明的等级之分。他在下而项羽居上。

　　本来双方是平级的。当初，楚怀王熊心两路伐秦，是宋义跟刘邦各领一路，项羽那时还是宋义的部下。后来，项羽兵变夺权，与刘邦两人之间也不存在隶属关系。

　　但刘邦懂得审时度势，关键时刻，甘愿自降身份，做项羽的臣下。尽管只是名义上的客套，也令项羽十分受用。

　　项羽对刘邦的这番态度很满意，说："这些话，指刘邦要称王关中的事，都是你的手下左司马曹无伤报告的，不然，我又如何得知！"项羽说这话，意思就是表面上已经原谅了刘邦之前的种种"过分"举动。

　　项羽在第一时间将曹无伤给出卖了。这又是项羽犯下的一个大错，这事做得忒不地道了。你这么干，以后谁还敢给你送情报。

　　话说透了。刘邦表示认罪，听从项羽吩咐。项羽表示满意，当即设宴招待刘邦。

　　宴席上，范增多次向项羽使眼色，示意他赶紧动手。但项羽明明看见，就是装看不见。急得范增举起佩戴的玉玦展示给项羽看。玉玦的含义自然是让项羽下定决心。范增反复三次拿起玉玦示意项羽。项羽却默然不应。

　　范增知道指望不上项羽，他决定亲自指挥，起身走出营帐找到部将项庄，对他说："君王不忍动手。你进去假装行礼，礼毕，以舞剑为名，就在座上刺杀刘邦。机不可失，时不再来。若不趁此时动手除掉刘邦，将来我们这些人都要做他的俘虏。"项庄很听范增的话，依计而行。

项庄进入大帐行礼，礼毕。项庄说："军中无以为乐，请以剑舞助兴。"项羽说："诺。"得到允许，项庄遂拔剑起舞。项庄舞剑，目的却不是舞剑，他的目标是刘邦。招式快速变换，令人眼花缭乱，脚步却异常沉稳，步步逼向刘邦。剑锋泛起寒光，渐渐指向刘邦。

项庄饱含杀意的剑舞，很快引起在场众人的警觉，这些在乱世里拼杀出来的人，都是大浪淘沙之后的精英，个个都是人精，想骗他们，谈何容易。大家都看出项庄不怀好意，可是，限于身份又不敢轻举妄动。

这时，项伯及时出手，也起身拔剑与项庄对舞，用身体挡住项庄保护刘邦。有项伯从中阻挡，项庄一时找不到合适的机会下手。

虽然有项伯的保护，刘邦暂时不会有危险。但是，刘邦的部下也很清楚，这么下去不是办法，早晚要出事的。

情势危急，张良再也坐不住了。他走出大帐去找樊哙。因为刘邦带来的一百多人也不能全部进帐，能进去的只有少数高级幕僚跟将领，樊哙的级别还不够。但此时能挽救危局解救刘邦的只有樊哙，只有他能做到。

为何只有樊哙可以？因为樊哙是个难得的智勇双全的猛人。不仅勇武，还很机智。樊哙不只是武力担当，智商也在线。

樊哙问张良："里面情况如何？"张良说："很不好，项庄拔剑起舞，其意常在沛公。"成语"项庄舞剑，意在沛公"即由此而来。樊哙说："事急矣，臣请入！"说罢，樊哙带剑拥盾直闯而入。守门卫士上前阻止，被樊哙用盾牌侧击撞倒，卫士倒地，樊哙趁机闯入。

樊哙闯进大帐，瞋视项羽，头发上指，目眦尽裂。成语"怒发冲冠"说的就是这种情况，表示愤怒至极。因为古人二十即行冠礼，平时是束发而冠。头发直立，自然就要顶起冠冕。

　　樊哙的突然闯入也令项羽吃了一惊。项羽踞坐席前手按宝剑，警惕地问："来者何人？"这时张良赶紧上前介绍说："这是沛公的参乘樊哙。"项羽说："果然是位壮士！来人，给壮士赐酒！"手下人过来给樊哙奉上卮酒。樊哙拜谢，起身接过，一饮而尽。

　　项羽又说："赐之彘肩！"彘就是猪，彘肩即猪腿。不知是出于项羽的暗示还是手下糊涂，他们给樊哙的是一条生猪腿。樊哙丝毫不在意当即放下盾牌，将生猪腿放在盾牌上，拔剑切着吃起来。

　　项羽问："壮士还能喝吗？"樊哙说："臣死都不怕，还怕喝酒吗？秦有虎狼之心，杀人如不能举，刑人如恐不胜；天下皆叛。怀王与诸将约：'先破秦入咸阳者，王之。'今沛公先破秦入咸阳，毫毛不敢有所取，还军霸上以待将军。劳苦功高如此，未有封爵之赏，而听小人之言，欲诛有功之人，此亡秦之作为，窃为将军不取！"

　　樊哙当众一阵猛烈输出，一番慷慨陈词，项羽并未回应，只说了一个字："坐！"樊哙就在张良的身边坐下。这也是樊哙此生的高光时刻。

　　张良为何要去找樊哙解围，答案也就此揭晓。只身敢闯大营，当面敢反驳项羽，也只有樊哙有这个胆量。更难得的是，樊哙当着众人还能侃侃而谈，振振有词，说得项羽都不知如何回话。樊哙一个武将有胆识也就算了，竟然还如此有见识，着实不简单，叙事清晰，逻辑缜密。

　　等等，好像哪里不对。这些词怎么好像事前背好的。如果你有这种感觉，那就对了。这原本应该是刘邦的词。刘邦想向项羽表达自己的不满，但以自己的身份又不方便说出口。樊哙，大家都知道，一介武夫，言语粗陋，不知礼仪，这个场合由他去说，正合适。樊哙在鸿门宴上说的那些话，很可能都是张良教他的。

　　经过樊哙这么一闹，在场众人都很尴尬，坐了一会儿，刘邦借口如厕起身走出大帐，将樊哙也叫了出来。刘邦打算就此脱身，但是不告而别又实在失礼。刘邦就问樊哙的意见。

樊哙又献出一个知名成语："现在人为刀俎，我为鱼肉，哪还顾得上那些，速走为上！"

刘邦就是这么想的，但这话他不方便说。樊哙又是情商在线及时替刘邦讲出来。鸿门距刘邦驻军的霸上只有四十里，并不算远。刘邦为避免引人耳目，丢下来时的车骑，骑上一匹马就冲出楚营。樊哙、夏侯婴、靳强、纪信四名亲信手持剑盾随后步行，保护刘邦从骊山下芷阳，从小道回到霸上。

刘邦一行人不辞而别，只留下张良拜谢项羽的款待，还将来时带来的礼品白璧一双、玉斗一对留给张良，令其到时交给项羽跟范增。

刘邦对张良说："从这里到我军中，不过二十里。你估计我回到军中再进去辞别。"说罢，刘邦便飞也似的纵马而去。张良估算时间，估计刘邦差不多已经回到霸上，才再次进入大帐。

张良对项羽说："沛公不胜酒量，不便当面告辞，特命臣奉上白璧一双，拜献将军足下；玉斗一双，拜奉亚父足下。"项羽问："沛公现在哪里？"张良说："听闻将军有意责罚，沛公已经回去，此时应该已到军中。"项羽接受了玉璧，放在旁边。亚父范增拿过玉斗，放在地上，拔剑将之击碎，不由得一声长叹："唉！竖子不足与谋！夺将军天下者，必沛公也。吾属必为之虏矣！"

范增的意思很明白，你小子真是不足与谋大事。将来与你争夺天下的人一定是刘邦。你现在不杀他，将来一定会后悔。我们这些人恐怕都要做他的俘虏了。

这就是大家所熟知的鸿门宴的故事。

但是，关于这个故事，其实还有另外一个版本。一个鲜为人知，但可能更接近历史真相的版本。

故事的起因还是曹无伤的告密，但接下来的事情就完全不同了。

当项羽得知刘邦有意在关中称王时，他其实有两个选择：一是用武力直接扫平刘邦军；二是以武力为威胁，逼迫刘邦自己主动放弃称王，拱手让出关中，听从他的处分。

第一种选择武力解决，项羽有这个能力，也有这个实力将刘邦及其所部击溃乃至全歼。

但项羽并没有这么做，至于原因，樊哙在鸿门宴上说出了部分原因。

首先，刘邦无罪而且有功。刘邦亡秦在先，举世皆知，他有大功。至于封闭函谷关之类属于小过，构不成攻伐的罪名。

其次，樊哙未说，但项羽清楚，刘邦也并不是那么容易被击败的。项羽率领的四十万军队，不全是他的部队，这里面他的楚军只有十余万，剩下的二十余万都是归其指挥听其调令的诸侯军。刘邦此时也拥兵十万。兵力上，双方实力大体相当。项羽的优势并不明显。

那些诸侯军在两人开战时会不会不听指挥再来一次作壁上观。项羽也不敢十分确定。即使他们听从调遣，以四十万击败十万，也要付出不小的代价。

最后，也是最重要的其实是军队的心态。此时，项羽率领入关的四十万诸侯军，跟之前进关的刘邦军，本质是相同的。这时大家的心思都不在打仗上面。刘邦的军队进了咸阳就直奔府库抢夺金银财宝。诸侯军也是这个心情，都想着早点进城分战利品。

这个时候，谁还愿意去拼命打仗？辛苦这么多年，反秦起义以来，大仗小仗数以百计，能活下来可不容易，不趁此时抢点东西享受生活更待何时。即使是项羽也不好违背众意。他也只能顺势而为。

总而言之，仗可以打，也能打赢，但违逆众意代价太大。不到万不得已，项羽也不想在此时与刘邦翻脸。

那就只剩下第二种选择，以武力威胁迫使刘邦屈服，交出关中的控制权，以达到不战而屈人之兵的目的。从鸿门宴后刘邦的反应看，项羽的这个目标顺利实现了。

《孙子兵法》云："百战百胜，非善之善者也；不战而屈人之兵，善之善者也。"

不战而屈人之兵，被奉为兵法中的上策。

百战百胜，项羽在入关前就已经基本做到了。也因此，他也有了更高层次的追求，不战而屈人之兵。具体来说，就是以强大的军事实力压制对手，使其不敢越雷池一步，在不使用武力的前提下，迫使对方屈服。单从这点上说，鸿门宴后，项羽也确实做到了。

当大家都在指责嘲笑项羽白白错失杀刘邦的大好机会时，项羽很可能还在自鸣得意，自认为已经将用兵之道上升到更高的境界。

这就是立场不同，思路不同，带来的认知差异。你以为人家输了，但是人家认为赢了。

从这个角度再去看鸿门宴，项伯的角色就很可疑了。项伯去刘邦军中报信，很可能是出于项羽的授意。因为项伯回来后第一时间来找项羽汇报。然后，得到刘邦肯认错的消息后，项羽的反应是停止第二天的军事行动，请刘邦来吃饭。

从剑拔弩张要全军动员去打仗到请客吃饭设宴开席，一百八十度大反转，只因为项伯去了一趟刘邦那里传递了一个消息，然后又带回一个消息，项羽就决定不打了。

很明显，从一开始，项羽就未想开战，否则军事行动如此儿戏，不合常理。项羽也是常年带兵的人，明天要打仗，今天才动员，肯定来不及，四十万大军，发布命令加上战前准备，至少也得两三天。

项羽先是故意对外放出风声，声言要举兵征讨刘邦，同时暗中派项伯去给刘邦传递"消息"，令后者必须明日来楚军大营，当面向项羽谢罪称臣，拱手交出关中，听其发落调遣。

项羽的目的是用军事威胁压迫刘邦，迫使其乖乖就范。站在项羽不战而屈人之兵的角度，这场鸿门宴，是项羽自编自导自演的一幕大戏。

真正的赢家不是逃出鸿门宴的刘邦，而是摆下鸿门宴的项羽。

从头到尾都是项羽精心设计的一场戏，所有的一切都在项羽的掌控之中，项羽的目的不是杀刘邦而是要使刘邦屈从听命于他。如果项羽真想杀刘邦，那刘邦肯定是逃不出去的。

范增以为项羽在为是不是杀刘邦而犹豫迟疑，才数次拿起玉玦暗示，最后甚至绕过项羽，令项庄舞剑去刺杀刘邦。

而出手阻挡的项伯其实也不是被刘邦收买才去保护，因为项伯从一开始就只接受项羽一个人的命令。阻止项庄舞剑刺杀刘邦，其实是项羽的意思。项伯是奉项羽之命阻拦项庄。

但对范增指使项庄刺杀刘邦的举动，项羽也不阻拦。在项羽看来，用这种方式威慑一下刘邦，叫他老实点，到时乖乖听命，也是个不错的做法。

项羽有很多缺点但他的优点也不少，而他最大的优点就是做事干脆果决不犹豫。只要是他考虑好的事情，他就会坚定地去做。拖泥带水游移不定，那不是项羽的风格。

如果这个推测成立，那项羽的心机简直是深不可测。千百年来，数以亿计的人都被项羽给骗了。

也难怪会有那么多人上当受骗，因为史料的记载相当具有欺骗性。

范增拿过玉斗，放在地上，拔剑击破的同时，嘴里还发出一声带着愤怒与怨恨的叹息："唉！竖子不足与谋！"旁边的项羽则是一言不发。这个画面感实在过于强烈，给人留下深刻的印象，久久挥之不去。

智谋之士的范增处心积虑要杀刘邦，却因为项羽的迟疑不决而痛失良机。范增恨铁不成钢地叹气，还有那一句"竖子不足以谋"，加之项羽不做回应报之以沉默，给人的感觉，这就是一次因项羽的犹豫而失败的刺杀。

人们由此认为刘邦是鸿门宴的最大赢家，项羽是最大的输家，而真相可能恰恰相反。

之所以很多人将刘邦看作鸿门宴的赢家，是因为他们知道最后的结果。楚汉相争，最终获胜的是刘邦。然后由此向前反推，才得出的结论。

但如果仅就当时的形势而论，刘邦先于项羽入关，据有关中，占尽先机。但项羽来到之后，并未与之兵戎相见，只是虚张声势，摆下一场鸿门宴，就令刘邦不得不将得到的关中拱手相让。

刘邦招募秦人扩充的十万军队也在项羽的监督之下，被裁撤得只剩下三万。刘邦入关之后的所有胜利果实都被项羽毫不留情地一招夺走。

刘邦之前的所有努力都付之流水，折腾一通，全白忙了。这场宴会，谁是赢家，谁是输家，到这里已经一目了然了。刘邦的实力迅速缩水，又回到入关前的窘迫日子，辛辛苦苦却给项羽做了嫁衣。

后发制人的项羽在鸿门宴上赢得相当痛快。而刘邦在这个过程中输得相当憋屈。但归根结底，项羽能赢靠的只是军事实力上的优势。这点刘邦现在确实还不是项羽的对手。刘邦会输也只是军事实力暂时不如项羽。刘邦只是暂时弱于项羽，才不得不暂时认输。但强弱是可以相互转化的。强的不会一直强，弱的也不会一直弱。

强弱转化的关键是民心向背，特别是关中的秦民之心。

在赢得人心这点上，赢的始终是刘邦，从入关与秦民的约法三章到最后打败项羽，统一天下。刘邦从头到尾都赢得很彻底。

项羽打仗勇猛，也很会算计，但他只顾小利不懂大势。他到死都不明白，得民心者得天下。

与刘邦的秋毫不犯、厚待降人、爱护百姓不同，项羽几乎是与刘邦背道而驰。

刘邦回到军中立即诛杀曹无伤。数日之后，项羽即引兵西进，在咸阳屠城，又杀秦降王子婴，纵火烧秦宫室，大火三月不熄，尽取秦国货宝、妇女东归。秦民大失所望。

项羽的所作所为，与刘邦几乎完全相反。有对比才有伤害，有项羽的反向衬托，秦民就更拥护宽厚待人的刘邦了。

有个姓韩的书生劝说项羽："关中阻山带河，四塞之地，土地肥沃，可以此为都，建立霸业。"项羽见秦宫室已被大火烧成一片灰烬，又思乡急于东归，就说："富贵不归故乡，就如锦衣夜行，又有谁知道！"韩生告退，逢人就说："人言楚人沐猴而冠，以今日之事观之，果然！"项羽听说后大怒，下令将韩生用大锅烹杀。

项羽在关中杀降人，烧宫室，屠城抢掠，倒行逆施，不得人心。从他的所作所为来看，他只想报仇，只图一时泄愤之快，从未动过久居关中的心思。

他不想，可是有人想。刘邦一心想做关中王。可是，项羽不会答应。早在入关之前，项羽就已封章邯做雍王。关中到底归谁所有？这是一个难题。因为先入关中者为王是楚怀王与众将的约定。而封章邯为雍王是项羽对章邯的许诺。那到底该听谁的，听怀王的，还是听项羽的？这又是一个难题。项羽知道是该处理怀王这个大难题的时候了。当初叔父项梁挖的坑，现在要由他项羽来填。

西楚霸王项羽——戏下分封

大秦已亡，韩、赵、魏、燕、齐、楚复国，天下似乎又重新回到战国。秦的统一虽然只是短短一瞬，但书同文、车同轨的时代已经到来，很多事情注定是回不去了。

六国早已不是当年的六国，君不是当初的君，将不是当年的将，幻想重温旧梦，注定也只能是一场梦。

六国之君以楚为长，因为诸侯复国多多少少都是借助楚国之力，而楚国复国怀王复位却是项氏的功劳。

楚怀王熊心是项梁册立的，但楚怀王熊心趁项梁之死抢班夺权排斥项氏。这笔账，项羽可从来没忘。

对当初楚怀王熊心利用项梁的死，以迅雷不及掩耳之势迁都夺权的过往，项羽始终耿耿于怀，心怀怨念。

而楚怀王熊心对项羽杀宋义夺兵权的犯上行为也早有不满，只不过鉴于当时形势，不得已才做出妥协，这对君臣的矛盾由来已久。

如今，反秦大业已然成功，大军也即将凯旋。该是算总账的时候了。

项羽派人回彭城请示怀王，当由谁称关中王，以项羽之意，这个人当然是章邯。不过，按照当初的约定，称王关中的应该是刘邦。

楚怀王的回复言简意赅，通篇只有两个字："如约。"就是这简简单单的两个字，彻底激怒了项羽。

怒不可遏的项羽对众将说："怀王，吾家所立，非有攻伐之功，有何资格做诸侯盟主？立诸侯之后只为伐秦大业。然而，身被坚执锐，暴露于野三年，亡秦，定天下者，都是在座诸位与我项羽的功劳。那些诸侯王既无尺寸之功，亦未有汗马之劳，有何脸面坐享其成？怀王无功，但以其为诸侯之首，当分其地而王之。"诸侯军众将皆曰："善！"项羽的提议得到诸侯众将的一致支持，因为项羽说出了他们想说又不敢说的话。

诸侯王与诸侯将领的矛盾，从起兵那时就产生了。只不过，那时忙于打仗，顾不上君臣互撕。但如今不同，秦已亡，功已定，接下来该讨论的，就是权利跟利益的分配问题。诸侯王与将领们的矛盾此时也已经公开化，大家都不装了。

需要说明的是，项羽与楚怀王的矛盾冲突并非个例，而是在将军们与诸侯王之间普遍存在的。

至少在此刻，诸侯将领们与项羽的利益是一致的。他们都需要面对相同的敌人，他们的旧君，也是他们名义上的领导。

当正面的敌人消失，后方的敌人就出现了。当外部矛盾不存在了，内部矛盾就产生了。

正月，项羽表面尊楚怀王为义帝，从王到帝，看似地位升高了，实际却被架空了。这还不算，项羽又说："古之帝者，地方千里，必居上游。"于是，项羽就请义帝熊心到江南去，以今天的湖南郴县为新都。

项羽说熊心是义帝，熊心就得去当义帝。项羽说让义帝搬家，义帝还就得搬家。到底谁是君、谁是臣？之所以会出现如此反常的状况，只是因为实力的强弱不同。你有实力，你强，那你就是君；你没实力，你弱，那你就是臣。

天子宁有种邪？兵强马壮者为之尔！

曾经的六国历经数百年，宗室贵戚遍布朝野，势力盘根错节，根深蒂固。君有君威，臣有臣责。相比于君，臣的势力相对弱小，在对方碾压式的实力面前，他们只能俯首称臣。

但秦军横扫六国，将六国宗室连根拔起，新的六国君主，要么如陈胜，以平民之资一跃而王；要么虽为国之宗室，但关系疏远，势单力薄。以武力打下的地盘，只有靠武力才守得住。缺乏实力的君王，要么被杀，要么被驱逐赶下台。而新上位的几乎是清一色的实力派。

缺乏实力的楚怀王熊心被实力强悍的项羽放逐，就是这个规律的具体体现。楚怀王熊心注定是不会寂寞的，他是秦亡之后，第一位被臣下放逐的君主，但不是最后一个，后面还有。

二月，项羽主持对战后天下郡县的分封。分封，为何要由项羽来主导？当然是因为，他的实力最强。

在强大的实力面前，不想被收拾，就只能乖乖听话。不信问问刘邦，只见刘邦疯狂点头，表示强烈认同这个观点。

既然是项羽主持的分封，那当然是先封自己。项羽也不客气，封自己为西楚霸王，王梁楚之地九郡，都彭城。

大家都是王，但只有项羽是霸王。这个霸王不是贬义也不是民间传言，而是项羽对自己的官方认证。你们是王，但我是霸王，就是这么与众不同。因为现在不好意思称帝，但又不甘心跟大家平起平坐，为显示自己的高人一等，项羽特意给自己的王前面加上一个"霸"字，显得是那么霸气外露。

最有意思的就是对刘邦的分封，知道刘邦喜欢关中，就是不封他。但又因为有先入关中者为王的约定，霸王项羽跟谋士范增经过商议决定将刘邦封到巴蜀去。

因为他们说巴蜀也是秦国故地，这里与关中有秦岭横亘其间，山高路远，地势险峻，道路崎岖难行，以往都是秦国发配犯人的标准流放地。因为发配到这里就不用担心犯人会逃跑，因为跑不出去。李白的那句诗怎么说的来着："蜀道之难，难于上青天！"

项羽跟范增还强词夺理说巴蜀也属于关中，将刘邦封在这里也属于履约，符合约定，不存在违约的问题。刘邦还能说啥呢？你强你有理。

如果只有巴蜀，那刘邦想再出来还真的不容易，幸好还有张良。在张良的争取下，他们又把汉中也封给了刘邦。正是这个决定，救了刘邦。汉中对巴蜀有多重要，对争夺中原有多关键，两百年后，刘备为争夺汉中，跟曹操在这里整整打了三年。后来丞相诸葛亮北伐中原也是将汉中作为北伐的大本营。

刘邦被封为汉王，王巴、蜀、汉中，都南郑。

项羽将秦国故地的关中一分为三，分别封给秦军的三位降将。章邯封雍王，王咸阳以西，都废丘；司马欣劝降章邯有功，封塞王，王咸阳以东至河，都栎阳；董翳劝章邯降楚，封翟王，王上郡，都高奴。秦地被分给三位秦将，后来的关中也因此被称为"三秦大地"。

项羽封三秦在关中目的就是封堵刘邦，可是，到底还是未能堵住。

好的地方项羽都想占，他将魏国的精华膏腴之地淮泗以北据为己有，然后将原来的主人魏王豹封为西魏王，顾名思义就是西部魏地的王，魏豹尽管不情愿但还是得服从分配，王河东郡，都平阳。

申阳仅仅因为是张耳的宠臣并率先攻下河南郡立有军功，又迎楚军于河上，就被立为河南王，都洛阳。

韩王成本就是韩国宗室复国因此仍因故都，都阳翟。

赵将司马卬因攻占河内郡，封堵住章邯退路，封殷王，王河内郡，都朝歌。

赵王歇也被从原来的地盘赶走去代北做代王。

赵相张耳因为人脉广、朋友多，虽然是个饭桶，但会阿谀奉承，最关键的是他也追随项羽入关，虽未立军功，但人家会叫大哥，项羽对他印象不错，就立张耳为常山王，王赵地，治襄国。

当阳君黥布为楚将，行军打仗常为军锋，勇冠三军，又是亲信，遂立黥布为九江王，都六县。番君吴芮率百越北上参与反秦又追随项羽入关，于是立吴芮为衡山王，都邾。楚国柱国共敖攻取南郡，功多，封临江王，都江陵。

原燕王韩广改封辽东王。燕将臧荼从楚救赵，又随项羽入关，于是立臧荼为新燕王，都蓟。

原齐王田市改封胶东王，都即墨。齐将田都从楚救赵，又随项羽入关，立田都为新齐王，都临淄。项羽渡河救赵之际，田安下济北数城，引兵先归项羽，立田安为济北王，都博阳。

田荣之前不愿出兵致使项梁败亡，又不肯将兵从楚击秦，作为惩罚，不给任何分封。

成安君陈余弃将印负气出走，不从项羽入关，也不封王。这时有人劝项羽："张耳、陈余都有大功于赵，今独封张耳，不封陈余，恐怕不妥，必生是非。"项羽知陈余在北方素有名望，能力又强，还是要安抚一下，听说陈余在南皮，便就近将南皮周边的三个县封给陈余聊做补偿。

项羽的戏下分封历来争议很大。仁者见仁，智者见智，立场不同，观点自然各异。

项羽的分封背后的原因错综复杂，但本质上，项羽的分封是打压六国旧贵族，否定战国的旧秩序，与此同时，扶持军功勋贵，保证新兴军功勋贵的利益。项羽自己就是新兴军功勋贵的代表。

怀王之约，究其本质是保护六国旧贵族的利益，幻想重回战国时代，打压军功新贵。

先入关中者为王，其实，换一个角度看，就是只有秦国可以被取代，山东六国依然要维持旧秩序。

也就是说，诸侯的将军们在战场上浴血拼杀，能改变命运的机会，就只有秦国的关中，至于山东六国，依然各归其主。

在实力大不如前的情况下，却依然贪婪吝啬，这个吃相很难看。这也激起诸侯将军们的集体愤怒，这也是大家团结一致支持项羽的原因。

项羽与楚怀王熊心的矛盾，不是简单的君臣利益分配的矛盾，而是新兴军功勋贵与守旧贪鄙的六国贵族的全面冲突，两者的矛盾属于结构性矛盾，不可调和。这就注定他们之中，一方必须被淘汰，只有一方能获得胜利并重新分配利益。

先入关中者为王，看似鼓励军功，先入关的将军就可以做秦王，实际却是对诸侯将领的集体封杀。因为关中的王只有一个，剩下的人都要各归本国，回去自然最多也只能做将军。因为六国已经复国，王的位置依然属于六国的旧贵族。

项羽在巨鹿之战中以少胜多击败强秦，以实力赢得了诸侯军的尊敬，都是常年带兵打仗的人，秦军有多强，大家心里都清楚。

而项羽在兵力远少于对手的情况下与之正面硬刚，还打赢了。项羽有多强，诸侯军就更有数了。不服这位猛人，还能服谁？从此诸侯军唯项羽马首是瞻。从这时起，项羽便成为诸侯联军事实上的统帅。

项羽带领诸侯军的将军们不仅要推翻秦朝，也要推倒楚怀王处心积虑去维护的保证六国旧贵族利益的旧秩序。

项羽在棘原逼降章邯当即履行约定，封章邯为雍王，在事实上就已经否定了楚怀王的先入关中者为王的约定，不必入关也可为王。

入关之后，项羽与诸侯军的将军们更是集体称王，将楚怀王熊心的脸按在地上摩擦，全然不理会楚怀王所谓的先入关中者为王的约定。我们想当王就当王，不仅要当关中的王，还要当六国的王！

项羽先封章邯为王，就是传递一个明确的政治信号给诸侯军的将领们。

不必理会楚怀王的那个约定。我们打下的江山，我们自己做主。立功者皆可封王。我说的。

项羽分封十八路诸侯，自封为西楚霸王。

十九路诸侯中，六国旧贵族只有六人，他们分别是赵王赵歇、魏王魏豹、韩王韩成、齐王田市以及齐将田都、齐将田安。

其中四个王都是在项羽分封之前就已经复国称王的六国君主。准确地说，对他们四人，项羽并未封王而只是对既定事实的承认。

项羽对待这四位六国旧君的态度已经可以说明一切，极尽所能地打压。

赵王赵歇改封代王，相当于一种发配，原来的赵国被改为常山国由张耳接替。

魏王魏豹改封西魏王，魏国的精华地区被项羽直接接管。魏豹被赶去河东也是一种发配。

韩王韩成因为实力最弱，连发配的待遇都享受不到。项羽都不允许他回国。又因为张良辅佐刘邦，项羽直接把韩成当作囚犯押回楚都彭城。最后，韩王韩成连囚徒都做不成，不久又被项羽处死。

齐王田市改封胶东王也是标准的发配。

齐将田都、齐将田安封王，是因为他们在巨鹿之战之前，项羽尚未一战成名时就选择投靠，赢得了项羽的好感跟信任。

剩下的十二个人都是军功勋贵，与项羽身份相同。他们之中大部分都是从巨鹿之战起就跟着项羽一路征战的诸侯军的将领。

项羽在分封时，确实是分着封的。秦国被一分为四；齐国被一分为三；赵国被一分为二；楚国不搞特殊也被一分为四。这么分至少表面上看起来公平一些。分得越细，力量越小，也就越容易控制。

项羽将关中一分为三，分而治之，主要是防章邯。因为章邯的能力项羽是领教过的，他不希望章邯过分强大。三秦之间可以相互牵制，彼此制约，防止章邯坐大。

项羽将刘邦发配到巴蜀就是为了压制刘邦。刘邦在关中收买民心扩充军队又派兵守住函谷关，其以关中为基业称王的野心昭然若揭，令项羽不得不防。

项羽将秦国一分为四，三秦据关中，刘邦去巴蜀。对内，三秦可以相互制约；对外，三秦可以联合封锁蜀地的刘邦。如此布局，不可谓不精妙。项羽为了对付刘邦，真可以说用心良苦。

项羽戏下分封的十八路诸侯中，有三个是楚系。他们分别是九江王英布、衡山王吴芮、临江王共敖。他们三人其实都可以算作项羽的部将。加上项羽自己，楚系占据十九路诸侯中的四席。

项羽的西楚，东控齐地，北迫燕赵，西临三辅，可谓占尽地利；而衡山、九江、临江三地是西楚的大后方，也是战国时的楚国旧地，这些地盘只有交给自己人才放心。尤其是九江一地，是西楚的腹部，交给英布，一来是对英布的信任，二来也是对英布实力的肯定。

也许有人会说，既然是项羽主持分封，为何不趁机给自己多封点地呢？有这种想法的人属实多虑了。项羽已经这么做了。

十八路诸侯算上项羽，小的诸侯只分到一个郡：

塞王司马欣，王东内史，一郡之地；

翟王董翳，王上郡，一郡之地；

河南王申阳，王三川郡，一郡之地；

殷王司马卬，王河内郡，一郡之地；

衡山王吴芮，王衡山郡，一郡之地；

临江王共敖，王南郡，一郡之地；

胶东王田市，王即墨郡，一郡之地；

济北王田安，王济北郡，一郡之地；

韩王韩成，王颍川郡，一郡之地；就连这一郡，韩成也未得到，不久他即被项羽所杀。项羽随即任命楚系的郑昌为韩王。

稍有实力的诸侯，王二到四郡：

九江王英布，王九江郡、庐江郡，二郡之地；

齐王田都，王临淄郡、琅琊郡，二郡之地；

西魏王魏豹，王河东郡、上党郡，二郡之地；

汉王刘邦，王巴郡、蜀郡、汉中郡，三郡之地；

雍王章邯，王陇西郡、北地郡、西内史，三郡之地；

辽东王韩广，王辽东郡、辽西郡、右北平郡，三郡之地；

燕王臧荼，王广阳郡、渔阳郡、上谷郡，三郡之地；

代王赵歇，王云中郡、雁门郡、代郡、太原郡，四郡之地；

常山王张耳，王恒山郡、邯郸郡、河间郡、清河郡，四郡之地；

西楚霸王项羽自然要与众不同，占的地盘最多：王薛郡、泗水郡（也称四川郡）、东海郡、淮阳郡、南阳郡、会稽郡、郭郡、东郡、砀郡，九郡之地。

项羽已经尽可能多占了。再多，他自己都不好意思了。毕竟，西楚霸王也是要脸的人。

可能有人会发出疑问？霸王就霸王吧，但项羽的楚国明明在华夏的东部，为何要叫西楚，以方位来说，不是应该叫东楚霸王更合适吗？会这么认为的人，是站在当今的视角去看古人。

首先西楚还是东楚，它的指向范围就不是整个华夏，而仅仅是指楚国。

秦汉之际，去战国不远，在当时人的意识中，楚地包括三个部分，分别是西楚、东楚跟南楚。

《史记·货殖列传》对此有清晰的表述：

自淮北、沛、陈、汝南、南郡，此西楚也。

彭城以东，东海、吴、广陵，此东楚也。

衡山、九江、江南、豫章、长沙，是南楚也。

西楚是楚国故地，也是楚国最重要的中心区域，不仅是政治中心，也是经济重心。楚国自立国以来的历代旧都，从鄂郢到纪郢（南郡江陵）再到陈郢（陈县），乃至寿郢（寿春）都包含其中，鄂郢、纪郢是楚国东迁之前的旧都。陈郢、寿郢是楚国被迫东迁后在淮泗地区所建的新都。

东楚是吴越旧地，楚国在战国后期才将其征服。项羽起兵的江东就是东楚，这是项羽自带的地盘，因此不在分封之列，自然归属项羽。

至于西楚，也基本是项梁、项羽打下的。分封在很大程度上是对诸侯实际所占地盘的事实承认。

南楚基本在长江以南、江东以西，大致相当于今天的湖北南部，湖南、江西大部。这里大多尚未开发，是楚国的蛮荒之地。项羽封给三位楚将的地盘几乎都在南楚。至于更好的西楚跟东楚，当然是项羽留给自己的，不容他人染指。

秦、楚两强都被细分，齐、赵这两个二等强国自然也逃不掉被拆解的命运。

项羽在这两个国家分别埋下一颗大雷。项羽在齐国埋的雷叫田荣，在赵国埋的雷叫陈余。他俩也没有辜负项羽的期望，很快就闹起来。

项羽明知田荣是齐国最强的实力派，却故意不封他，这既是对田荣当年不救项梁的惩罚，也是有意挑拨齐国的矛盾。因为项羽封在齐地的三个王能力水平都不如田荣。齐国动乱是迟早的事情。

陈余是赵国最强的实力派。项羽在明知陈余与张耳水火不容的情况下，封给张耳四个郡，却只封给陈余三个县，这摆明就是故意恶心陈余。张耳不过是个平庸的草包，不是陈余的对手。陈余也不会服气让一个饭桶来治理赵国，项羽的安排其实就是有意使赵国乱起来。

通过分封完成布局之后，接下来要做的就是等待，等这些诸侯自己乱起来，然后再浑水摸鱼趁机取利。这大概就是项羽的打算，他也没指望这个分封体系会稳定。为何要稳？乱，才有机会。

项羽的做法与刘邦日后的行动极为相似，都是先确立自己的霸主地位，然后在群雄割据的乱世中，先与友好的诸侯结盟干掉异己势力，然后再把与自己结盟的诸侯变成自己的附庸，最后再找机会收拾附庸，以自己的家人取而代之，最终，成就帝业。

萧何月下追韩信——登坛拜将

对项羽的戏下分封最不满意的就当数刘邦了。项羽把最好也是最富庶的梁楚之地分给自己，却将最差、最偏远的巴蜀分给刘邦。

在涉及具体的利益分配上，古往今来，总会有很多人"自然而然"地体现出宽以待己、严以律人的"品质"。这些人的所作所为，跨越时空，超越阶层，总能做到惊人的一致，这类人通常也被称作"精致的利己主义者"。科技日新月异，人性亿万年不变。

读历史，对大多数人来说，是为增长见识，人这辈子时间有限、精力有限，吸取古人的经验教训，尤为重要，前人踩过的坑，就不要再去踩了。

刘邦被项羽算计，从关中被发配到巴蜀，他心有不甘，但只能暂时隐忍，等待时机。

看看刘邦如何走出困境，实现逆袭，走上人生巅峰的故事，对我们每个人都会很有启发。

汉王刘邦起初的反应也很寻常，也是异常愤怒，要集合队伍去找项羽拼命。

这时，周勃、灌婴、樊哙等人纷纷上来劝说，但显然这些武将上阵杀敌还行，口才确实不敢恭维，越劝刘邦就越来劲。

还是萧何站出来说："虽是称王汉中，不比关中，但总好过死吧。"萧何的话让刘邦一时未反应过来，问道："何出此言？"萧何说："今兵不如人，将不及人，百战百败，不死何为？臣愿大王去汉中，收取巴、蜀，还定三秦，天下可图。"刘邦在萧何的劝导下，也很快认清现实，说："好！"咱先忍下这口气，去汉中！刘邦这人其中一个主要的优点就是听人劝，只要言之有理，他就听。

夏，四月，诸侯罢戏下兵，各就封国。刘邦在关中招募秦国降卒，兵力已近十万。项羽很"贴心"地将刘邦的部队裁撤大部，只给刘邦三万去汉中。诸侯军自愿追随的也有数万。这些人项羽就不好阻拦了。

刘邦以萧何为丞相，率众南行。张良送至褒中，与刘邦分别。临别之际，张良劝说刘邦所过尽烧栈道，防备追杀，也明示项羽，自己愿意安心留在蜀地，再也不打算出来了。

刘邦率军南行入蜀，但他很快就发现项羽将他封在巴蜀的歹毒用心了。他的部队一路走一路散。很多士兵甚至将领都选择逃亡。对此，刘邦并未阻止，因为他明白，心不在这里，留也留不住，那就随他们去吧。

直到此时，刘邦还沉得住气。但当有人向他报告，丞相萧何也跑了。

这下刘邦彻底慌了。

萧何是刘邦的左膀右臂。刘邦一时也离不开他。

听说萧何也弃他而去，刘邦大怒，骂萧何不讲信义。接下来的两天，刘邦失魂落魄。就在刘邦不知未来将何去何从时，有人向他禀报说，丞相回来了，现在外面，求见汉王。

刘邦顿时喜笑颜开。等见到萧何，刘邦又是喜悦又是怒骂。喜的是，他的丞相失而复得；怒的是，这个萧何居然也会跑。

刘邦笑着骂道："你不是逃了吗？怎么又回来了？"萧何赶紧解释说："臣不敢逃，臣是去追逃的人。"刘邦问："你去追谁？"萧何回答："韩信。"刘邦听了，又好气又好笑地说："逃亡的将领有几十人，你都不追。却偏偏去追韩信。你骗我，不说实话！"

萧何说："诸将易得。至如韩信，国士无双。如果大王想要长久待在汉中，那确实用不上韩信。但如果要争夺天下，只有韩信可以帮你实现，别人都做不到。就看您自己的选择了。"刘邦想都未想说："我当然要东归争霸天下，怎能久居此地蹉跎度日？"

萧何说："既然您要东归，那就一定要重用韩信。只有重用他，才能留住他。如果不能重用，即使现在留住，他早晚也会走。"刘邦说："既然你如此看重他，看在你的面上，我用他为将，如何？"萧何说："即使大王用他为将，他也还是会走。"刘邦说："为大将，如何？"萧何说："那当然好了。"

于是，刘邦这就要召见韩信拜为大将。萧何赶忙阻止说："大王您素来随性不拘礼法。今拜大将，如呼小儿，这正是韩信要离去的原因。大王如果诚心拜他为将，当择良辰吉日，斋戒，具礼，筑坛设场，登坛拜将。"

对萧何的各种请求，刘邦一一照准。他是生怕这位丞相再跑了。他可再承受不住这种打击了。只要萧何肯留下来辅佐他。只要他能办到的，任何条件他都会答应。

刘邦要登坛拜将的消息很快在军中传开，众将人人欣喜，大家都以为自己就是那个大将。

直到当天，韩信走上将坛，刘邦亲手将大将的印信交予韩信。大家这才如梦方醒，原来刘邦要拜的大将居然是韩信。

这个结果几乎超出所有人的预料，一军尽惊。只有刘邦跟萧何始终平静如常，因为这次筑坛拜将就是他俩一起策划的。

至此，汉初三杰终于聚齐。

"兵仙"韩信上场了。

韩信的一生跌宕起伏，充满传奇。

身世成谜的韩信身上有很多谜团，他的身份就是其中之一。

《史记·淮阴侯列传》说他是淮阴人。这恐怕只是他的出生地，不是他的祖籍。这就跟刘邦是丰县人，但他的爷爷是魏国大梁人的情况极度相似。其实，还有一个人，跟韩信的身世更相似。他就是韩王信。

楚国本土没有韩氏贵族。出现在楚国的韩姓贵族，他们基本只能来自一个国家——韩国。

由《新唐书》记载可知，韩氏十五世孙襄王韩仓。十六世虮虱，十七世信，汉封韩王。十八世弓高侯颓当。

虮虱，韩襄王之子。与伯婴（即公叔伯婴）争太子之位，失败后，前往楚国做人质。

韩襄王十二年（前300），子婴死，复与公子咎争太子位，再次失败。因两次争储失利在韩国难以立足，不得不再次来到楚国，从此便在楚国隐居，直到韩王信这代一直都生活在楚国。本来就是落魄贵族，又身处异国他乡就更为落魄。

韩王信的身世，对解读韩信的身世有很大的参考价值。不是本地贵族，自然就得不到本地家族势力的庇护。既不是本地人，又得不到地方豪强的支持，推择为吏这种好事，自然也就轮不到韩信的头上。

《史记》记述韩信身为布衣，因为家贫，连做小吏的资格都没有。这点与刘邦又有可对比性。刘邦正是因为家境殷实才能当上亭长。

　　《史记》又说韩信不会做商贾，生活陷入贫困，已经到了吃不上饭的地步。韩信只能厚着脸皮到处找熟人蹭饭，导致大家都很讨厌他。

　　南昌亭长看他可怜，好心邀请他去家里吃饭。他可好，一点不客气，一连数月都在人家白吃白喝，搞得亭长老婆十分火大，就没见过这么厚脸皮的人。

　　人家又不好意思直言赶他走，于是天不亮就做饭，做好就在床上悄悄吃，也不告诉他。等到天亮，到了往常吃饭的时间，韩信又准时前往，人家不给他准备饭食也不理他。韩信情商再低此时也明白人家的用意了。

　　韩信很生气，但后果一点也不严重。韩信气呼呼地离开了亭长的家，就这么结束了几个月的蹭饭生涯。

　　韩信跑到城外的河边钓鱼，但钓鱼不同于捕鱼，加上韩信可能也不怎么会钓，经常是饥一顿饱一顿。同在河边漂洗浣纱的大妈们经常能看见一个身材高大的小伙子，在河边饿得饥肠辘辘，却还在那里坚持不懈地垂钓。其中一位大妈见韩信可怜，就把自己的饭分给韩信吃。之后的几十天，这位大妈天天给韩信带饭。

　　韩信很受感动，对大妈说："我将来发迹必定重重地报答您。"谁知大妈听了韩信的话，不喜反怒，说："大丈夫不能自食其力，也不知羞愧。我是可怜你们这些公子王孙才带饭给你吃，谁要你的报答？"

　　淮阴当地的不良少年知道韩信孤苦无依就故意欺负他。有个在当地做屠户的市井泼皮就在街头闹市公然挑衅韩信，说："别看你小子高大壮硕，平日里还喜好佩刀弄剑，其实就是个怯懦的胆小鬼。"

　　这位屠户还当众放话："韩信，你要是有胆量就拿剑刺我；要是没胆，就从我的胯下钻过去。"韩信凝视着面前这位挑衅的屠户，看了他很久，到底也未拔剑杀人。

　　韩信真的就匍匐在地，从这位恶屠的胯下钻了过去。一市的人都嘲笑韩信胆小怯懦，丢人现眼。

韩信宁愿受胯下之辱也不肯拔剑杀人，说明这个人相当有定力。不易被激怒，即使遇到恶意挑衅，仍能做到不急不躁，沉着从容，这也是韩信后来能成大事的主要原因。这个人的心理素质超级强。

鸡鸣狗盗之徒，扰乱不了他的心志。成大事最基本的就是临事沉得住气。

从韩信的经历、遭遇以及别人对他的态度可以看出，他大概率是出身于韩国流落楚地的落魄贵族。

因为是贵族，他所受的教育是用来从政而不是谋生的，所以才到处碰壁。

他接受的教育是为了做官。因此，他不会种地，不会经商，不会各类谋生技能。因为在当时的贵族看来，这是布衣百姓做的低下工作。

韩信学的是礼乐射御书数，即君子六艺，这些技能基本不适合谋生，在劳苦大众的生活中基本用不上。

但教育家孔子教授的就是韩信学的六艺。因为孔子的教育本质上就是培训官员，他开办的就是官员培训班。

万般皆下品，唯有读书高。正确的读法应该是，万般皆下品，唯有做官高。

孔子的学生毕业后大多也会选择从政，因为那就是他们学习的目的。他们学的就是为官之道。

孔子只教六艺，有学生向他请教如何种地，这令孔子很生气。

你去猪肉店买鱼、去鱼店买猪肉也会享受同等待遇。因为你在不合适的地方问出了不合适的问题，被驱赶是再寻常不过的事儿。

从韩信后来的事迹不难看出，他受过良好的教育。但这些才能在他沦落底层时用不上。

他学了一身本事就是为了做官，但当时的他连小吏都做不成，哪里有官给他做。如果局势平稳，不出意外，他这辈子只能一直落魄下去。

但他遇上了乱世，他的机会就来了。因为他的一身本事终于有了用武之地。

他终于可以学以致用了。他的命运自然也就此发生根本性的改变。

当项梁起兵北上之时，听到消息的韩信没有任何犹豫，史书记载他的反应是"仗剑从之"。

但在项梁那里，韩信还来不及展示自己的才华。项梁就兵败身亡了。

韩信又去投奔项羽。这次韩信终于有了官职——郎中。后来，韩信曾对前来游说他的项羽的使者说，他当年在项羽那的待遇，官不过郎中，位不过执戟。言下之意，项羽给他的官位太低，而刘邦恰恰相反，投刘邦不久即被拜为大将。韩信对这两种反差念念不忘，他始终介意项羽对他的大材小用，也从始至终都想报答刘邦的知遇之恩。

这是典型的士人心理。

众人遇我，众人报之。国士遇我，国士报之。

韩信曾数次向项羽献计，但都不被采用，也因此更不被提拔。眼见再留在这里也没有出路，韩信在刘邦入蜀之际，选择亡楚归汉。

不知为何，韩信刚刚投靠刘邦就因为触犯军法要被斩首。一起被抓的十三人依次被杀，眼看就轮到韩信了。

韩信心有不甘，抬头仰视，正好与刘邦的亲信夏侯婴四目相对，即将人头落地的韩信大声疾呼，希望引起对方的注意。韩信高声喊道："汉王不想夺取天下了吗？为何要斩壮士！"夏侯婴先是被韩信不俗的仪表所吸引，接着又听到韩信与众不同的大言，感觉此人非寻常之辈，就下令将其释放。夏侯婴是韩信遇到的第一位贵人。大难不死的韩信，他的人生也将迎来转机。

夏侯婴找来韩信谈话。一番交谈下来，夏侯婴发现韩信果然不同凡响，自己做得是对的。

夏侯婴当即向刘邦推荐韩信。刘邦看在举荐人夏侯婴的面子上，就让韩信做了治粟都尉，也就是在后勤分管粮食的官员。

从待罪问斩到治粟都尉，只是夏侯婴的一句话跟一个推荐。韩信的身份就发生了戏剧般的转变。

命运终于开始眷顾这位落魄潦倒又满腹才华的年轻人了。

韩信在治粟都尉的岗位上又遇上了他的第二位贵人，也是最重要的贵人，汉丞相萧何。

成也萧何，败也萧何。

这个成语说的就是韩信与萧何的故事。

真正认识到韩信的价值，赏识他、重用他，为他不惜与刘邦讨价还价的人就是萧何。虽然之前有夏侯婴的举荐，之后有刘邦的重用，但萧何才是韩信真正的伯乐。

在萧何向刘邦推荐韩信之前，刘邦并未注意到韩信。在萧何的极力推荐下，刘邦才逐渐认识到韩信的重要。

雁过留声，人过留名。但韩信最有特点，他留成语。

韩信留下的成语有三十多个。他是名副其实的成语制造小能手。

韩信能得到萧何的赏识源于他出色的工作能力。在管理粮库的过程中，韩信采用了一种全新的管理方法，这个方法也可以用一个成语来概括——推陈出新。

简单地说，就是在粮库的前、后各开一个门，新粮从前门运进去，旧粮从后门运出来，保持粮食的高效运转的同时，也防止粮食储存过久发生变质，简单易行又高效便捷，十分适合推广应用。

推陈出新的韩信以他卓有成效的工作成功引起萧何的注意。萧何在与韩信进行多次谈话后，得出结论，这是个不可多得的大才，让他管仓库是屈才了。萧何认为韩信的才能更主要是在军事方面，应该派他去带兵。

有时候，不得不服萧何看人的眼光，但还未等他找到合适的机会向刘邦推荐。韩信就突然不辞而别，也跑了。刘邦入蜀，中途逃亡的人很多。萧何对此不以为意，但当他听说韩信逃走时，极度震惊，急于追回韩信的萧何甚至来不及向刘邦报告，就趁着夜色匆忙上路去追韩信。

黑夜里，萧何只能凭借月光引路，去追他极为看重的韩信。功夫不负有心人，韩信尚未走远，还真让他给追上了。

月光下，一个男人对另一个男人郑重地说，不要走，请你留下！你所渴望的大展雄才的机会，我会帮你实现。最终，萧何用他的真诚留住了韩信。这就是萧何月下追韩信的故事。

好事多磨。

在萧何的不懈努力下，刘邦筑坛拜将，韩信也终于有了一展平生所学的机会。

被拜为大将的韩信第一次受到汉王刘邦的正式召见。

刘邦对韩信说："丞相多次向我提起将军，称赞将军的才能。如今拜将军为大将，不知将军有何良策可教寡人？"韩信自然是一番客气，表示诚惶诚恐，实不敢当。

寒暄过后，该进入正题了。韩信知道他能被拜为大将全靠萧何的鼎力推荐，刘邦直到此时还并不了解他。因此，他不能辜负伯乐萧何的一番苦心，更不能错过这个展示才华的机会。

当着真人不说假话，这个场合必须来干货，要让刘邦觉得他的这次拜将很值。要知道，为了这次拜将，按照萧何的要求，刘邦又是斋戒，又是筑坛，忙活一大通，要是让刘邦认为他是个水货，倒霉的可不只是他，还会连累他的推荐人萧何。以后萧何的日子也不会好过。

萧何为了他的这次拜将，向刘邦各种提要求，兴师动众，为他挣足了面子。此时此刻，他也必须卖力表现，为萧何挣足面子。

韩信问刘邦："今举兵东向争权于天下，您的对手恐怕也只有项王了吧？"刘邦说："是的。"韩信又问："大王自认为骁勇悍战，与项王比，谁更强？"刘邦默然良久，最后还是不情愿地承认："我不如项王。"

韩信说："臣也以为大王不如项王。然而臣曾为项王手下，请言项王之为人。

项王叱咤风云，勇不可当，世间罕有其匹，然不能任贤属将，此匹夫之勇耳。项王见人，恭敬慈爱，言语呕呕，人有疾病，涕泣分食饮与之；至于使人，有功当封爵者，印刓敝，不舍予人，此所谓妇人之仁也。

项王虽霸天下而臣诸侯，不居关中而都彭城；背义帝之约，而以亲爱王诸侯，不平；逐其故主而王其将相，又迁逐义帝置江南；所过无不残灭，百姓不附。名为霸王，实失天下之心，故其虽强易弱。

今大王诚能反其道而行之，任天下武勇，何所不诛！以天下城邑封功臣，何所不服！以义兵从思东归之士，何所不散！

且三秦王为秦将，将秦子弟数岁，所杀亡不可胜计；又欺其众降诸侯，至新安，项王诈坑秦降卒二十余万，唯独章邯、司马欣、董翳三人得脱。秦父兄怨此三人，痛入骨髓。今楚强行以兵威王此三人，秦民不爱。

大王之入武关，秋毫不犯；除秦苛法，与秦民约法三章；秦民皆欲大王王秦。于诸侯之约，大王当王关中，秦民咸知之；大王失职入汉中，秦民无不恨者。今大王举兵而东，秦民必大小踊跃，箪食壶浆，以迎王师，如此则三秦可传檄而定也。"

韩信的一番高论令刘邦如醍醐灌顶，茅塞顿开。刘邦大喜，恨自己怎么早没发现韩信，同时内心也深深佩服萧何看人的眼光。刘邦对韩信言听计从，大有相见恨晚之感。

现在留给刘邦的时间不多了。他必须尽快行动夺回关中，出关东归，与项羽争夺天下。

他的部下大部分是关东人，而且这些人也没有在蜀地终老的打算，他们想要回家。

刘邦再不行动，手下的人就要跑光了。属于他的窗口期真的十分有限。

韩信是幸运的。因为他在对的时间遇上了对的人。现在刘邦就需要能打的人。韩信就出现了。

来得早不如来得巧。

才华、运气、贵人、时机，缺一个都不行，而现在所有成功的必备要素，韩信都集齐了。

韩信能迅速在刘邦军中脱颖而出，最基本的是才华，最难得的是运气，最重要的是遇到贵人，最关键的是出现的时机刚刚好。

从韩信的故事里，能看出圈子的重要性。韩信即使有一身的本事，在夏侯婴、萧何推荐之前，刘邦都不认识韩信，也就更谈不上重用韩信。但夏侯婴推荐韩信。刘邦给了韩信进入圈子的机会。而韩信牢牢抓住了机会，用自己的才华打动了萧何。在获得萧何的高度认可之后，韩信终于等来了自己的机会。萧何以自己未来的政治前途做担保，向刘邦极力推荐韩信。刘邦才召见韩信，发现韩信确实是个人才。

重点是夏侯婴跟萧何的身份，他们都是刘邦起家的基本盘丰沛集团的骨干成员。刘邦最初接纳韩信是因为他是丰沛班底看中的人。刘邦出于对班子成员的信任才选择相信韩信，给他机会。只有接近领导层的圈子，才能打开这个圈子，并最终走进这个圈子，成为其中的一员。

在韩信做出成绩之前，刘邦拜韩信为大将，其实也在赌，但他赌的不是韩信的才能，而是萧何看人的眼光。后来的事情证明，刘邦赌对了。而韩信的成功也证明了萧何看人的眼光确实很准。

还定三秦——暗度陈仓

战争其实从来都是体系的对抗。在刘邦的团队中，萧何是后勤担当，负责统筹调度，足兵足食，保证前线供应。郦食其是外交担当，凭三寸不烂之舌"嘴炮开疆"，在刘邦军事实力还不强的时候，他的作用尤其重要。张良是智谋担当，出谋划策，运筹帷幄之中，决胜千里之外。

但刘邦一直以来最缺的是武力担当。其实，原本刘邦就是团队中的武力担当，但是他遇上了西楚霸王项羽，他就被比下去了。靠他自己肯定是拼不过项羽的。一个好汉三个帮。在楚汉战争中，刘邦正是靠着三个帮手的鼎力相助，在三人的加持下，才击败项羽。这三个帮手就是韩信、彭越和黥布。

刘邦南下时只有三万人，中途还跑了不少，但只过了四个月，刘邦就已经有了十万雄兵。这自然是丞相萧何的功劳。

萧何的组织动员能力简直可以用恐怖来形容。

一个能动员，一个会打仗。萧何加韩信的组合堪称完美，简直就是黄金搭档。韩信又是萧何提拔起来的人，他们之间不存在配合问题。他们如果形成互动，那将是极其高效的存在。但也正是因为这样，他们这对组合注定不会长久。

将相和，受到威胁的是刘邦。战争时期，刘邦还能容忍，功成之后，必须拆分。相比治国良才萧何，治军之才韩信的威胁更大。后来，刘邦跟他的妻子吕后处心积虑要除去韩信这个威胁，但他们发现即使被剥夺兵权，即使在京城闲居，韩信依然不好对付。吕后不得已将萧何控制起来用他做局，设计召来韩信，才将韩信杀掉。韩信最终也间接死于萧何之手。这就是"成也萧何，败也萧何"典故的由来。

终点很远，先从起点说起吧。

刘邦在汉中，他要去关中，需要翻越秦岭。原本有四条路可走，分别是祁山道、陈仓道、褒斜道、子午道。但刘邦听从了张良的建议，来的时候一把大火烧毁了褒斜道上的栈道，如今只剩下三条路能走。

三条路都能到关中，如何走呢？这时大家自然而然就会想起那句耳熟能详的成语"明修栈道，暗度陈仓"。

熟知的未必是真的，因为这个成语源自元代的戏剧。编剧可能知道也可能不知道战争的真实状况，但他不懂历史，更不理会真实，他追求的只是戏剧效果。至于编出的剧本符不符合历史、符不符合常识，他既不关心也不在乎。

明修栈道，暗度陈仓。事实证明，很有戏剧效果。百姓口口相传数百年，假的也传得跟真的似的，然而，假的就是假的，永远真不了。

明修栈道与暗度陈仓本身就是矛盾的。首先要明白，当初为何要烧毁褒斜道上的栈道，一是为防章邯等人的追击，怕他们背后下黑手；二也是更重要的，就是迷惑项羽，表明自己要在蜀地关起门来过日子的决心，以此来麻痹项羽，使其放松警惕，放心东归。

而修复栈道就是向所有人表示，你不想待在蜀地了，你要出来。人家就是怕你出来，才防着你。

既然你要出来，那肯定会在你可能出来的地方派兵进行封堵。不是说你要走褒斜道，人家就只去堵褒斜道，而是会在所有可能通行的道口都派兵防守。以为明修栈道，暗度陈仓，就能蒙骗过去，这么想的人都只是单方面的一厢情愿。

编剧这么编剧本，不仅是在羞辱观众的智商，更是严重低估了章邯的能力。

明修栈道，暗度陈仓。设计的初衷，大意是声东击西，攻其不备。在这边大张旗鼓地修栈道吸引敌军的注意力，然而在那边悄悄地走陈仓道，打敌人一个出其不意，然后一举通关。

但是，必须明白，历史不是戏剧。真实的战争也不会按剧本走。领兵的大将都是从尸山血海里走出来的，那些侮辱别人智商的戏就不要拿出来丢人现眼了。剧看多了，真的有损智商。

战争有其自己的规律，历史也有其自己的规则。

韩信跟刘邦计定的总体战略确实是出敌不意杀回关中，但也正是这个原因，就更不会明修栈道，那等于是给敌人示警传递消息。

刘邦需要走一条新路，才能达到出其不意的效果，这条路就是陈仓道。

当时，往来于汉中与关中的主要通道是褒斜道，但已经被烧了。子午道狭窄崎岖不适合大军行动。祁山道路远而且不直通关中而是通往陇右。陈仓道当时还不为人所熟知，只有少数汉中本地人知道。

刘邦驻军于汉中，他的部队里就有许多汉中人。有个叫赵衍的人告诉刘邦，褒斜道被毁不要紧，还有一条陈仓道可以走。由赵衍带路，刘邦、韩信正是走的陈仓道才从汉中突然出现在关中。赵衍也因带路有功受封须昌侯。

项羽只给刘邦留下三万人，而他给章邯的兵力也差不多。以三万对三万，还有地利优势，应该够用了。但他想不到刘邦那么能扩军，因为萧何卓越的组织动员能力，仅仅数月就将汉军从三万重新恢复到十万的规模。

项羽对刘邦及其手下将军的攻战水平心里有数，他认为有章邯在关中挡着，对付刘邦及其部将足够用。但他想不到刘邦得到了那个时代最优秀的军事统帅韩信。

章邯确实很强，也很能守，但他在关中不得人心，韩信能力强于他，兵力又占优。各种加持之下，章邯根本不是韩信的对手。

正是这两个想不到，才导致项羽对刘邦的所有算计防备统统失败。刘邦也正是因为有萧何跟韩信的辅佐，才迅速走出低谷、扭转局势。

项羽想不到的事情，章邯也想不到。然而，战争的胜负很多时候正是因为想不到。

刘邦还定三秦有两点至关重要，这两点就能决定成败。第一是时间上要快。趁将士思归，军心可用；趁刘邦之前在秦地赢得的人望还在，赶紧打回去。第二是要出其不意。在章邯尚未觉察时进入关中，否则，被章邯发现堵在汉中那就麻烦了。

要知道，章邯是能攻善守、攻守兼备的名将，之前在棘原，章邯在项羽包围之下硬是守了六个月。之后，被韩信围困，章邯依然还能坚守八个月。

当刘邦的汉军突然出现在关中陈仓附近时，章邯才发觉，急忙集合部队前往迎战。然而走出深山峡谷后的汉军已经完全占据主动。这时，章邯再想拦也拦不住了。

当汉军走出陈仓道的那一刻，就注定了章邯必输的结局。

两军交锋的结果，不出预料，章邯大败。

战败之后，章邯的反应确实"很章邯"。他连雍城都放弃了。章邯让弟弟章平退守好畤，他则回到废丘，摆出他擅长的防守阵型，全军收缩，全面固守。

之前被项梁击败，退守定陶，得到增援，防守反击，反败为胜。在巨鹿被项羽击败，退守棘原。因为得不到补充，在坚守半年后，投降。这次，章邯又故技重施，还想要防守反击。但他早已不是巅峰时期的那个章邯。项羽在新安坑杀二十万秦军，其实真正指向的是章邯。是的，章邯没有死，但精神上的他早就死了。

汉军随即追至城下，将其包围。重围中的章邯能指望的只有项羽。但此时的项羽自顾不暇，哪有精力去救他？即使能救，项羽也不会救。如果说项羽最讨厌的人是刘邦，那么第二讨厌的应该就是章邯了。

因为这两个人都很有能力，也都是与项羽旗鼓相当的对手。甚至在彭城之战前，章邯的排名可能还要在刘邦之前。

项羽最想看到的是他们两虎相斗、两败俱伤，最好是同归于尽。但跌入谷底的章邯遇上处于事业上升期的刘邦，早就不是其对手了。特别是韩信的加入，三杰聚齐，刘邦如虎添翼。

胜负不再具有悬念。现在的问题是，困守的章邯这次能守多久？他还能挺多久？他确实很能守，比在棘原还能守。

最后，汉军在韩信的指挥下引水灌城，才攻下城池。章邯没有投降。受辱一次已经够了。他选择自杀来结束他的生命，用死来维护一位名将最后的尊严。

章邯在防守上确有他的独到之处，充分利用山水之势增强防御，尤其善于用江河引水做守势。

击败他的韩信也是一位很会用水的将军。不过，与章邯相反，韩信更擅长在进攻中用水，以水代兵，引江河之水做攻势。

最会用水防守的大将被最会用水进攻的大将击败。章邯的最后一战，也成为韩信的第一战。

汉军还定三秦用时仅一月即大功告成，围攻章邯却用了八个月。章邯的孤城坚守，对整个战场的意义不大。

刘邦不会与他做过多纠缠，只留下韩信率军围困。汉军主力在刘邦的率领下迅速东进。刘邦还有更重要的事情要去做。

千里奔袭——会战彭城

汉王刘邦能迅速平定三秦，暗度陈仓是关键，兵力占优又是出其不意的突然袭击，用章邯的方式打败章邯，赢得漂亮。

但有一点不可忽略，那就是三秦中其实只有章邯一直在打。塞王司马欣、翟王董翳稍作抵抗见势不妙很快就投降了。

刘邦甚至来不及对两个降王所部进行收编，对其地盘进行接收，就迫不及待地率军东进。

而在此之前，九月，将军薛欧、王吸就奉命出武关，先于刘邦大军出关，之所以这么快，是因为不得不快。他们的使命不是攻城略地而是接人，接刘邦的老婆孩子。刘邦西征时可没带家属。而现在他的家人还在楚地，项羽的地盘上。

如今已然开战，他可不想老婆孩子被项羽抓取当人质。也许有人会说，刘邦与项羽尚未直接开战，何至于此。当然至于，刘邦打章邯就等于跟项羽开战。因为章邯乃至三秦都是项羽封的。他们都是由项羽主导的戏下分封体系下的诸侯。

刘邦对三秦开战就等于对项羽宣战。项羽自己可以杀韩王成，那叫维护秩序。刘邦攻击章邯就是破坏规矩，那叫扰乱秩序。

因为规则是项羽定的，所以项羽可以随心所欲、为所欲为，但刘邦不可以。因为规则是项羽定的，所以项羽拥有最终解释权。刘邦是规则的服从者，不是制定者。他只能服从，敢有不满，那就是对现行秩序的挑战。

刘邦在沛县的大哥王陵此时正屯兵于南阳，距刘邦的老家最近。他派兵去迎刘邦的老父太公、妻子吕雉。项羽得到情报，立即发兵将其挡在阳夏。

王陵是沛县的土豪。当年，刘邦尚未发迹之时还要叫王陵一声大哥。正因为他是当地土豪，刘邦的老乡，他才对刘邦有抵触情绪，沛县老乡大都去投刘邦了。就他不肯。这个心理就跟雍齿看不上刘邦是一个意思。大家都是老乡，知根知底，刘邦是怎么回事儿，他们是最清楚不过的。

凡人都是贵远贱近。越是了解，就会越缺少敬畏。你得保持神秘感，才有权威，才有气场，才有威严，才能镇住手下那帮人。

王陵就是太了解刘邦了，才不甘心做刘邦的手下。刘邦西征入关从他的地盘路过，他也没有加入的打算。直到此时，刘邦反攻三秦成功，成为名副其实的汉王，兵多将广实力强大。王陵才不得不服，率部数千于南阳归汉，接受刘邦的领导，听从其号令，服从其指挥。

项羽先未动刘邦的家眷，反而是将王陵的母亲接到军中，当然也可以说是劫持到楚军大营。

王陵的使者奉命到项羽军中营救。项羽为拉王陵入伙，有意安排王陵的母亲与使者见面。

当着项羽的面，他们又不好多说，于是，简单寒暄过后，使者即告辞离去。王陵的母亲在送别使者时才找到机会私下对其哭诉："告诉他要好好辅佐汉王，不要挂念我。汉王是忠厚长者，将来必得天下。不要因为我，怀有二心。我这里只有以死相送了！"说罢，伏剑自刎而死。项羽勃然大怒，人即使死了，也要报复。项羽下令将王陵母亲的尸体用大锅烹煮泄愤。

项羽的做法只会让人觉得他冷血嗜杀，并将王陵彻底推到刘邦那边。

张良似乎认为项羽很好忽悠，双方已经撕破脸皮，他还写信给项羽说："汉王只是想得关中，如约即止，不敢东向。"又将齐、魏两国的往来书信交给项羽，里面的内容不用问，都是反对项羽的。

张良还在信中说："齐国想与赵国联合攻楚，您要早做准备才是。"然后，史料上说，项羽听信了张良的话，因此打消了西上关中的念头，转头北进去打齐国。

作为鸿门宴的策划者与戏下分封体系的设计者，项羽的政治水平即使比不上刘邦，但也不会差到哪里去。刘邦都已经对章邯动手了。关中都是刘邦的了。还在这里用如此低级的套路诓骗项羽，怎么想的呢？真觉得别人都是傻子吗？这是真拿项羽当三岁小孩忽悠了。

项羽为何杀韩王成，还不是因为张良作为韩相却去帮刘邦。

项羽杀掉韩王成换上亲楚的郑昌做韩王，希望挡住刘邦。张良在韩地待不下去，又只身返回关中投奔刘邦。汉王刘邦热烈欢迎张良归队，还加封他为成信侯。张良多病，他的职责不是带兵打仗，而是在刘邦身边为其出谋划策。

楚王项羽立了一个亲楚的韩王。汉王刘邦也不甘示弱针锋相对立了一个亲汉的韩王。这位韩王也叫韩信，他是韩襄王的孙子。为将他与"兵仙"韩信相区别，史书上称他为"韩王信"。

在刘邦的支持下，韩王信带兵攻略韩地，与韩王昌会战阳城。战斗的结果是，韩王昌向韩王信投降。楚系韩王到底还是没干过汉系韩王。

韩王信能取胜是因为他背后的大哥给力。他也从此成为大哥的小跟班，常常带着韩兵追随汉军作战。

韩王信也成为汉王刘邦出关后收下的第一个诸侯王。虽然都是王，但王跟王还是有本质区别的。当时的诸侯王有十余位。但刘邦的汉王对标的是项羽的西楚霸王。下面的战斗，基本上就是，两个霸王级别的王各自带着自己的小弟与对方在中原争霸的战争。

汉军一路东进，很快攻到河南王申阳的地盘。河南王申阳很有自知之明，未做抵抗，直接投降。刘邦在其地设河南郡。

在此期间，项羽确实没有西进与刘邦交战，原因当然不是他听信了张良的忽悠，而是他也很忙，忙于平叛。

项羽在平谁呢？田荣。说起来这还是项羽在戏下分封给齐国埋的雷，但他也想不到，这颗雷居然这么快就炸了。

自己挖的坑，跪着也要填上。

田荣听说项羽将齐王田市迁到胶东，而以田都为齐王，当即大怒。

汉元年（前206）五月，田荣发兵攻击田都。田荣在齐国属于称王称霸的存在。田都当然不是对手。很快，田都就败走楚国。田荣强留齐王田市，让其老实待着，不许听项羽的命令去胶东。可是，这个田市知道惹不起项羽，悄悄地还是去了胶东。

六月，得知消息的田荣追杀田市于即墨。他感觉这些田氏宗室都不争气，这次干脆自立为王。

成为齐王的田荣也不傻，知道项羽不会善罢甘休。于是，刚即位田荣就开始到处拉人，攒队伍。当时，彭越正在巨野，有部众一万余人。因为彭越未参与项羽的入关破秦，分封时自然也没算他。彭越对项羽当然更不会有好看法。敌人的敌人就是朋友。

田荣对彭越说，项羽不封你，我封你。田荣给彭越将军印，让彭越带兵去打济北王田安。

七月，彭越击杀济北王田安。田荣一统三齐。事情至此，见好就收，田荣也可能多蹦跶一会儿。可是，田荣偏偏作死，他惹了一个他绝对惹不起的人——西楚霸王项羽。田荣居然派彭越主动攻击项羽，这真是嫌命长了。

起初，项羽并未将田荣放在眼里，听说彭越带兵杀过来。项羽只是派出萧公角率军去阻击。不承想，彭越居然杀败了萧公角。

当然也有说法是项羽派萧公角主动发起的进攻。谁先打的其实并不重要，重要的是田荣杀了项羽封的王。田荣犯的是与刘邦相同的"错"，他们都挑战了项羽的戏下分封体系，也就是说，他们都挑战了项羽的权威。

项羽的"惊喜"还不止于此。当初，项羽在齐国埋的雷是田荣，在赵国埋的雷是陈余。几乎在田荣这颗雷在齐国炸裂的同时，项羽埋在赵国的雷陈余也炸了。

陈余在赵国听说田荣在齐国得手推翻项羽封的三位诸侯王之后，大受鼓舞。他也想趁势而起，怎奈他的实力太弱。因为当初项羽就封了他三个县。

虽说陈余有能力也有人望，但仅凭三县人马就想起事，还是有点势单力薄。举目四望，偌大的中原，陈余能找的外援也只有新晋齐王田荣。他们在反项羽的目标上是一致的。

于是，陈余派出张同、夏说两位使者去游说齐王田荣："项羽为天下主宰分封，真是太不公平了。将先前的诸侯王都封到偏远贫瘠的地方，而将跟随他入关破秦的众将都封到富庶的膏腴之地。就拿我们赵国来说吧。项羽驱逐赵王赵歇，让他去代北苦寒之地，而将赵国的邯郸、信都都封给了张耳这个卑鄙小人。是可忍，孰不可忍。在下听闻大王起兵，驱逐丑逆，光复齐国，深受感动，愿大王资助陈余兵马，击常山贼张耳，迎回赵王。届时，若项羽犯境，陈余请以敝国为前驱，为大王阻挡楚兵。"

齐王田荣对陈余的请求当然是求之不得，当即派兵入赵。陈余也尽起三县之兵，与齐军并力攻击常山，大破张耳，一举收复赵地。战败的张耳只好去投昔日的好友刘邦。

陈余迎赵王歇复位。赵王为感谢陈余，封陈余为代王。赵国得以复国全靠陈余。而陈余帮助赵王歇复国后并未离去，因为他知道初建的赵国还很孤弱，也知道张耳在赵地还有众多党羽。于是，陈余决定留下辅佐赵王歇，派夏说以相国身份去代地镇守。

齐、赵两国同时反楚，项羽一时也有点不知所措，到底先打哪一个。齐、赵都是大国，也都不是一时半会儿能平定的，因此，顺序很重要。

思来想去，项羽决定还是先打齐国，因为齐国更强也更近，对楚国的威胁也更大。而且，赵国得势靠的还是齐国的帮助。在魏国活跃的彭越也是靠的齐国的资助。如今，齐国成了诸侯中的反楚中心，那就先打齐国。只要收拾了田荣，再对付陈余、彭越之流就容易了。

出征前，深感战线过长兵力不足的项羽向九江王黥布借兵。在项羽看来，黥布等人与西楚俱出同源，都是楚系诸侯王，休戚与共，出兵相助，那是理所当然的。

但九江王黥布对项羽要他出兵的请求表现得很冷淡，只派出部将率兵数千北上从征。这令项羽大为不满。

项羽其实是将九江王黥布、衡山王吴芮、临江王共敖当作部将亲信看待的。就在不久之前，项羽还交给三人一项只有心腹亲信才能完成的事，那就是杀害义帝熊心。

项羽将义帝熊心从彭城赶往南方，这三人负责在南方半路劫杀。三人甘愿替项羽背弑君的罪名，是因为这也是他们想干的事。同为诸侯王，他们也不想上面还有一个领导指手画脚。但之后，项羽要黥布出兵去中原，这就与黥布关系不大了。黥布属于纯投入，即使得到好处也是项羽的。他只能承担损失，那他当然不积极了。

但项羽又是个心胸不是那么宽大，而且很爱记仇、翻旧账的人。作为项羽的老部下，黥布深知这一点，所以，他事后也有点后悔，并为此深感不安，担心早晚遭到项羽的报复。这对昔日的战友也就此产生裂痕。这也为日后英布的叛楚归汉留下伏笔。

汉二年（前205）正月，项羽亲自领兵北上攻齐，一路杀到城阳。齐王田荣带兵迎战。田荣显然是未领教过项羽的厉害，两军交战，田荣惨败。田荣败走平原，被平原百姓所杀。曾经嚣张跋扈、不可一世的田荣最后竟死于百姓之手，可见他败逃时有多狼狈。

项羽复立田假为齐王，乘胜遂北至北海。事情本来可以到此结束。但项羽再次暴露其嗜杀本性，在齐地烧夷城郭，坑杀降卒，所过之处，一片焦土。楚军掳掠老弱妇女，烧杀抢掠的行径激起齐国人民的强烈反抗，各地齐人纷纷聚集拿起武器抗击楚军。

本来是速战速决的闪击战硬生生被项羽打成持久战。楚军也由此陷入齐国人民战争的汪洋大海不能自拔。项羽的楚军主力深陷齐地，难以脱身，却给了刘邦趁虚而入的机会。

三月，汉王刘邦率军自临晋渡河，深入魏地。魏王豹举军降，率魏兵跟从汉军征伐。汉军攻下河内，俘虏殷王司马卬。刘邦以其地设河内郡。

汉军轻取河内，虏殷王。却惹怒了项羽，坑苦了陈平。这也算是城门失火，殃及池鱼了。

因为陈平一直在为项羽负责殷国方面的事情。现在殷国归了刘邦，项羽自然要找项目负责人算账。陈平为避免被项羽清算，直接跑路去投靠刘邦。

之前，刘邦已经占领了河南郡。陈平就是河南郡人，思来想去，还是回乡发展吧。

刘邦手下的又一位重要谋士陈平就此以极其狼狈的逃亡形象登场。

河南郡阳武县人陈平，家境贫寒，但陈平好学上进，希望可以通过读书改变命运。

秦汉的地方政权，县下有乡，乡下有里。一次里中举行社祭，献祭的肉在举行过仪式后，要分给大家。陈平就是里中选出来为大家分肉的人。

古时，白姓穷苦，一年到头也难得能吃上几次肉。社祭就是为数不多的可以吃上肉的机会。老百姓平时基本是以蔬菜粟米为主，所以形容普通的布衣百姓的生活，有一个词叫布衣蔬食。

看着乡亲们眼里盯着肉时那渴望的目光，陈平深感自己的责任重大。

陈平做事认真一丝不苟，肉分得很均匀，父老乡亲都很满意，直夸陈平分得好。陈平却为此大发感慨："嗟乎，使平得宰天下，亦如是肉矣！"假如让我陈平管理天下，我也能像分肉般将国家治理得井井有条。

陈平是在感叹自己一身本事却只能干些分肉的差事，大材小用，心有不甘。

但很快，机会就来了。诸侯反秦，六国复国。陈平是魏国人，自然就去投奔魏王咎，被委任为太仆。陈平也很想表现，经常为魏王出谋划策，但魏王不采纳。熟悉陈平的人都知道，他向来以出密策奇谋知名当世。他的那些计谋大多见不得光说不出口。魏王咎为人正派，光明正大。他们不是一路人，自然说不到一起去。

时间一长，就有人在魏王面前说陈平的坏话。陈平也觉得在魏国混不下去了。于是，他就去投靠了项羽。

殷王司马卬反楚，项羽派陈平征讨迫使殷王投降。得胜归来，陈平以军功拜都尉，赐金二十镒。可是，事情很快又发生反转，汉王刘邦再攻殷国，也顺利拿下。这下项羽恼了。不是才平的殷国吗！怎么又反了？项羽要追责，将之前出征殷国的将吏尽数逮捕。陈平作为主要责任人之一，害怕了。他当即封金挂印，挺身仗剑亡命江湖。

渡河时，船夫见陈平仪表不俗，衣着华贵，又是单人独行，就怀疑他是逃亡的显贵，身上肯定有值钱的金玉珠宝。

船夫目露凶光，打算杀人劫财。陈平很快也觉察出船夫的杀意，知道对方是想图财害命。

但陈平并未声张，而是不动声色地开始脱衣服，直脱到赤裸上身，然后又主动过去帮船夫撑船。这就是陈平聪明的地方。知道对方图财，那就解开衣服，明白地暗示你，看我身上未带金银珠宝，你不必大费心机。

而突然解衣，赤裸上身，总要有个合适的缘由，帮船夫撑船就是最合理的借口。这既可以向对方暗示自己未带钱财，也可避免对方因意图被看穿从而恼羞成怒，原形毕露，给对方留下体面。整个过程中，双方未发一言，却做到了全程顺畅交流。

过河之后，陈平在脩武遇上了刘邦大军，便通过熟人魏无知的关系求见汉王。刘邦例行公事般召见了陈平，赐食过后，当即就要将陈平罢遣就舍。陈平知道要是就这么走了，以后恐怕再难有机会见到刘邦。

陈平当即说道："臣有事而来，所言不可过今日。"于是，刘邦就留下来听陈平有何事要讲。陈平要的就是可以开口讲话的机会。因为只要开口，他就能向刘邦展示其过人的才华。刘邦也确实是慧眼识才，对陈平很满意，就问陈平："你在楚国作何官职。"陈平答："都尉。"刘邦当日就拜陈平为都尉，令其典护诸军。

众将得知一片哗然，说："大王一日得到楚国的一个逃亡小卒，尚不知其水平高下，就让他监护大将，这实在令人匪夷所思！"刘邦听说后，不以为意，反而更加宠幸器重陈平。

刘邦率军南渡平阴津，来到洛阳新城。当地的三老董公拦住刘邦的车驾说:"臣闻'顺德者昌,逆德者亡';'兵出无名,事故不成'。项羽凶暴,放杀其主,天下之贼。仁不以勇,义不以力,大王宜率三军之众为之素服,遍告诸侯而伐之,则四海之内莫不仰德,此三王之举也。"

刘邦正要与项羽开战,缺的就是一个名正言顺可以号召诸侯的理由。

汉王刘邦当即采纳其议,为义帝发丧举哀,袒而大哭,哀临三日,同时遣使四出告谕诸侯:"天下共立义帝,北面事之。今项羽放杀义帝!寡人悉发关中之兵,收三河之士,浮江而下,为义帝报仇!"

使者至赵,陈余说:"汉杀张耳,我即出兵。"昔日的好兄弟,曾经的刎颈之交,现在却水火不容,势不两立。

刘邦当然不会杀他的好友张耳。但他也确实需要赵军出兵助阵。于是,他就找了一个与张耳长得很像的人杀了,派人拿着人头去见陈余。可能真的很像,假人头居然骗过了陈余。验货之后,陈余果然信守承诺遣兵助汉。

田荣死后其弟田横收拢散卒,得数万人,于城阳再次起兵。四月,田横立田荣之子田广为齐王,接着跟楚军打。

项羽与田横连番交战,却一直未能击垮对方。看来田横也很有水平,能力还在其兄田荣之上。项羽虽然听说了汉军东进的消息,但齐地战事未平,他也抽不开身。

项羽对自己的能力还是很有信心的。他打算先击破田横,再去找刘邦算账。

也因为项羽的轻敌大意,汉王刘邦得以从容调度,会集各路诸侯兵共计五十六万,大举伐楚。

兵到外黄,遇到彭越,这位一直游离于组织之外的人终于还是选择加入。彭越率所部三万人正式归汉。刘邦说:"彭将军收魏地十余城,当立魏宗室后人为王。今西魏王豹,即是其人。"刘邦当即拜彭越为魏相国,令其带兵攻略魏地。

彭越这个人在秦汉之际是一个很特别的人，他本是巨野泽中一水盗，干的就是杀人抢劫的营生。

彭越平时做得最多的就是，载客上船，待船到湖心，便问客人是吃馄饨还是吃板刀面的那种。

馄饨就是客人自己脱光衣服投水溺毙，不烦船夫动手，好歹能留个全尸。板刀面就是被船家乱刀砍死，再分批投入水中。是的，彭越就是干这个的。因为心够黑、手够狠，成为巨野泽中的一个小匪首。

说起来，陈平是相当幸运的。他遇上的只是业余选手，真碰上彭越这种职业的，逃不掉跳河做馄饨的命运。

陈胜起义时，各地豪杰蜂拥而起，纷纷聚众起事。巨野泽中的强盗们也跃跃欲试，想趁机捞一把。手下都劝彭越也拉队伍跟秦军干。彭越却很沉得住气说，不急，再等等看。翻译成当今的网红流行语就是，让子弹再飞一会儿。

一年后，眼见秦朝大势已去。彭越这才决定聚众起兵。但他将群盗招致麾下，却不急于出兵攻城略地，而是先立规矩。

彭越也是强盗出身，他太知道这些手下都是啥货色了，懒惰涣散，见好处就拿，遇事就跑。

彭越故意跟他们约定明日清早集合阅兵，过时后到者斩。这些人闲散惯了，不把彭越的话当回事儿。第二天，果然很多人迟到。彭越当即下令将迟到的十余人斩首。谁知，大家听了却一动不动，当成笑话听，不过就是晚到一会儿，至于杀人吗。众人不以为意。

彭越也不多说，来到最晚到的那个人面前，手起刀落将人头砍下，然后，当着在场众人的面，以人头祭旗。所有人都被彭越的这番举动镇住了。从此，再没人敢不听彭越的命令。

刘邦攻打昌邑的时候，彭越曾赶来助战。昌邑未打下，刘邦转而西进。彭越却未跟着一起走。他是魏国人，只在自家的地面混，又回到他的老窝巨野泽中等待时机。

项羽戏下分封时，彭越的队伍已经扩张到一万多人。得到田荣的资助，又跟楚军交过手后，彭越的部队也扩军至三万。

彭越这时也看得很清楚了。当今天下，刘邦与项羽楚汉争霸。他这类体量的地方实力派只能选边站队。项羽已经得罪了，刘邦又是一起打过仗的战友，那当然是投刘邦了。

虽然归属刘邦，但彭越依然率部独立行动，他没有跟着刘邦去彭城，而是选择留在魏国，攻城略地。二人再次分别。

刘邦率诸侯联军五十六万杀向守备空虚的彭城。

过程比想象中还要顺利，刘邦轻取楚都彭城，尽收宝货、美人，日夜与诸侯众将置酒高会。

刘邦得意是有理由的。仅仅一年前，他还在项羽的戏下分封中任由宰割，将到手的关中又拱手送出。吃进嘴的肉又被迫吐出来，那个滋味儿不会好受。

鸿门宴上，刘邦更是受尽屈辱。刘邦做梦都想报仇雪恨。仅仅过去一年，他不仅成功夺回关中，如今还坐在项羽的位置上大宴宾客，这要是放在一年前，他想都不敢想，如今却已成为现实。形势变化之快，令人目不暇接。形势大好，如此辉煌之胜利，不得意一下也实在说不过去。

但得意归得意，刘邦可未放松警惕。项羽是啥人，刘邦最清楚。

刘邦袭取彭城，必将彻底激怒项羽。

为应对项羽即将到来的，不是可能而是必然的报复，以刘邦对项羽的了解，他当然会事前做好布置。

《史记》在记述彭城之战时的描述是"收其货宝、美人，日置酒高会"。给人的印象是刘邦进入彭城后，全军即陷入狂欢，全然不做防备。

事实正好相反，刘邦不仅做足了防备，而且将防线推得很远。

项羽在齐地作战。刘邦的警戒阵地就设在鲁地。齐、鲁两国在春秋时便是相邻而居的两个国家。刘邦几乎是贴着项羽的作战线布下的防守阵型。

而守在第一线鲁地的就是刘邦最亲信的大将樊哙。刘邦娶了吕雉，樊哙娶了吕雉的妹妹。刘邦与樊哙不仅是君臣还是同娶两姐妹的连襟。

樊哙是刘邦沛县起兵时便追随左右的亲信将领，鸿门宴闯营的也是他，攻城野战，屡立战功。

关系近，是亲信，有能力。刘邦把樊哙摆在第一线就是希望在项羽反击时，樊哙能顶住，至少做到及时预警。

但是，刘邦还是低估了项羽，同时也高估了樊哙。

项羽最大的缺点是不讲政治，到处杀人屠城，弄得民怨沸腾。这是他在政治上的失败。至于权谋之术，他也是懂的，而且很有水平，不然，也不会玩出鸿门宴那个级别的套路。

项羽相比刘邦，最大的优势是军事，不仅能排兵布阵，也能冲锋陷阵。刘邦在这两方面都稍弱于项羽。所以，刘邦需要韩信、彭越、黥布帮他一起打项羽。

但此时，韩信还在关中围困章邯；彭越还在魏地当游击大队长；黥布还在项羽阵营，尚未反水。

刘邦单独面对项羽，最多打成相持的局面，而更多的时候，他是被项羽追着打。

刘邦用兵军事、政治双管齐下。项羽打仗只管军事。但项羽打仗也是动脑子的。

项羽打仗不仅勇猛而且很会算计，即使骁勇悍战如项羽，也是在用脑子打仗。

项羽听说老家被抄，并未慌张，他留下部将率领大部队继续在齐地作战。他则挑选三万精锐骑兵昼夜兼程急速南下。

项羽的作战计划是先以迅雷不及掩耳之势闪击樊哙，将其击溃，而后全军绕过胡陵从西面的萧县迂回侧击彭城的诸侯联军。

项羽在齐地作战，那么他回师南下，正常情况下应该是从东面反攻彭城。刘邦也是这么想的，他将主要的防御重点都放在了东面。项羽正是预判了刘邦的预判，所以才不走寻常路，从西面反击。

项羽想要的不仅是彭城，还有偷袭彭城的诸侯联军。

兵贵神速。

项羽率三万骑兵突然出现在鲁地，几乎是瞬间就击溃了樊哙所部。樊哙被击败后，狼狈南逃。项羽则紧追不舍，一路追着樊哙打，在邹县、滕县、薛县的樊哙军次第崩溃。

当天夜里，樊哙逃往彭城。

而第二天早上，项羽的三万骑兵就出现在彭城以西的萧县。速度之快，令刘邦来不及做出反应。

战斗首先是在萧县开始的，这里也驻有联军的部队。诸侯联军并不都在彭城，而是围绕彭城做散布式部署。

萧县的联军在遭受项羽军的暴击后，率先崩溃，从而引发多米诺骨牌效应。项羽军一路从西向东杀，沿途的联军接二连三被冲散。

杀到中午，项羽军就冲到了彭城城下。此时的刘邦只能仓促组织联军出城向西迎战项羽。

但项羽军南下以来所向披靡，尤其是从萧县开始，一路狂飙突进，势不可挡。破竹之势已成，这时候再想拦，已经拦不住了。

先是溃退的败兵，紧随其后的就是项羽的追兵。

刘邦的联军匆忙之间尚未布置好阵型就被溃兵冲乱，紧接着杀过来的就是楚军的骑兵部队。然后，就是全军的崩溃。

这个时候，刘邦已经组织不起进攻了。联军士兵四散奔逃，兵败如山倒。

因为项羽军是从西北方向杀来，汉军就往东、南两个方向溃逃。

数十万汉军从彭城向南逃往灵璧方向，从彭城到灵璧要经过谷水、泗水两条东西走向的大河。前有大河，后有追兵。十余万汉军死在从彭城到灵璧的路上，要么被楚军追上杀死，要么投河溺死。尸体很快就把河道堵塞，后面的人直接踩在尸体上过去。谷水、泗水为之不流，因为死的人太多了。沿途到处都是汉军的尸体，简直惨不忍睹。

在付出十余万人的代价后，汉军南撤至灵璧附近。但楚军并未停止追击，很快楚军骑兵又在灵璧以东的睢水岸边追上汉军。

在楚军的攻击下，汉军连连后退，又有十余万汉军被挤入睢水，很快尸体又将河道堵住，睢水亦为之不流。

刘邦也被楚军重重包围，形势万分危急，就在此时，一阵载入史册的大风从西北方向狂啸而至。这阵西北风有多大呢？史书记载，折木发屋，飞沙走石，尘土飞扬，遮天蔽日。

原本是白天的战场，却因为大风卷起的飞尘遮住了日光，变得晦暗如夜，风沙扑脸，咫尺难辨，楚军的阵型也被大风吹散。

在这场突如其来的西北风的掩护下，刘邦才趁机率数十骑突围而出。

冲出重围的刘邦没有急于退走，因为他还要接走家人。刘邦派人去沛县接家眷，而楚军也派人去沛县逮捕刘邦家属。两拨人为着相反的目的奔向同一个目标，然而，他们都扑空了。

刘邦派去的人赶到沛县时，家眷早已逃亡多时，不知去向。

楚军赶到沛县刘邦的家也未抓到人。

但很快，他们在回去的路上都遇见了想见的人。

先是刘邦，他在路上遇到了自己的儿子刘盈与女儿鲁元公主。刘邦当即将两个孩子抱上车，一起逃。

然而，不久，刘邦就改了主意。刘邦饱受诟病的推孩子的故事就发生在此时。很多人为此对刘邦各种口诛笔伐。这场事件也严重影响了刘邦的风评。

其实，对此，刘邦本人即使知道后世对他的评价，以他的为人也不会在乎。古代皇帝杀儿子的事情还少吗？唐太宗李世民杀过；武则天杀过；那个与杨贵妃缠绵悱恻的唐玄宗李隆基也杀过，而且数他最狠，一日杀三子。相比之下，刘邦不是那么心狠的皇帝，他的儿子，他一个也未杀过。杀他儿子的是吕雉。但是吕雉杀的是别人给刘邦生的儿子。她自己的儿子刘盈。她可舍不得杀，而且恨不得宠上天。

世上只有妈妈好，有妈的孩子像个宝。武则天那类极品属实罕见。吕雉这类才是常见的。但此时吕雉不在儿女身边。

带着一双儿女逃命的人是刘邦。而刘邦是个做大事的人，通常做大事的人在面临重大选择时都不会顾忌儿女情长。

当发现楚军骑兵追杀上来时，刘邦做出了最理性，但在爱心泛滥的人看来极其冷血的举动：他亲手将一双儿女推下车。因为车上的人多，车速就快不起来。而眼看追兵将至，刘邦不得不忍痛推下两个亲生骨肉。身为父母，刘邦也于心不忍，但他更明白，此时情势危急，只能壮士断腕，断尾求生。留得青山在，不怕没柴烧。

只要他还在，项羽即使抓到他的孩子也不会轻易杀害，因为他的孩子是重要的人质。这可以参考吕雉被俘的案例。但如果他被抓落在项羽的手里，那结果只有一个，就是全家一起死，一个都别想活。刘邦正是明白这一点才下得如此狠心。再实际一点，吕雉只有刘盈这么一个儿子，但刘邦如今已是汉王，他身边有着众多的女人，这些女人会给他生很多儿子。甚至在刘盈之前，他就有一个叫刘肥的儿子，是他的外妇曹氏给他生的。刘邦不缺儿子，刘邦的儿子很多，有八个。

刘邦的儿子确实有八个，但嫡子就刘盈这么一个。吕雉及其背后的吕氏宗族之所以倾尽所有不遗余力地支持刘邦，力挺他，还不是因为刘盈？有人往下推，就有人往上抱。推孩子的是刘邦。抱孩子的是刘邦的太仆，专车"司机"、滕公夏侯婴。

刘邦推下去，夏侯婴就下车给抱上来。如是者再三，推下去，抱上来，反复多次之后，刘邦也急了，拔出剑架在夏侯婴的脖子上。夏侯婴却面不改色，不为所动。

刘邦有十多次真恨不得砍了这个固执的家伙，但终究还是下不了手。谁会杀害一个用生命保护他的孩子的人呢？刘盈跟鲁元公主得以保全，都是靠着夏侯婴以命相搏。

吕雉跟她的儿女们自然是对夏侯婴感恩戴德，这辈子都念夏侯婴的好。后来，刘盈继位成为汉惠帝，特意下令将皇宫北面紧挨宫殿的一处豪宅赐给夏侯婴，取名近我。以示对救命恩人夏侯婴的尊崇。

刘盈跟妹妹鲁元公主靠着夏侯婴的拼命保护，顺利脱险。但他们的母亲吕雉就没有这么幸运了。他们在逃亡的路上遇到了楚军。

吕雉跟一双儿女在逃亡的途中走散，但对他们而言其实也未必是坏事。刘盈兄妹比较幸运遇到刘邦。吕雉则做了楚军的俘虏，开始了长达三年的囚徒生活。如果母子三人在一起，很可能就被一网打尽了。而现在被俘的只有吕雉。

乱世里，吉凶难测，分开也许是一种更好的选择。

刘盈兄妹有夏侯婴舍命保护，吕雉的身边也有一位愿意舍命相护的亲信名叫审食其。

虽然他未能保护吕雉冲出重围，但他也做到了他所能做的一切。在三年的囚徒岁月中，审食其始终陪伴在吕雉身边。陪伴也是一种守护。

审食其也是沛县人，他与刘邦的弟弟刘交是好友。刘邦率起义军离开沛县时将家眷托付给了二哥刘仲跟审食其照顾。

被俘之前，审食其就已经在刘家照顾其父母妻儿。被俘之后，审食其依然尽心尽力地照顾着吕雉。然后，他们之间的关系就在不知不觉间发生了微妙的变化。

对于深陷楚营的吕雉而言，三年的每一天都度日如年，她想念自己的孩子，思念自己的丈夫。但在这里她只是一个地位特殊、身份敏感的阶下囚。在她最孤苦无依的岁月里，只有审食其在她的身边陪着她。

"日久生情"这个词用来形容吕雉跟审食其的关系再合适不过。他们之间有没有进一步发生点事情，这个缺乏证据，不便多说。但他们相互扶持，情谊日渐深厚这点是肯定的。

汉四年（前203）九月，楚汉达成鸿沟之约，吕后被释放回到刘邦身边。但他们之间的距离已经产生了。刘邦与吕雉分离的三年，很多事情再也回不到从前了。

一年后，刘邦登基称帝，大封功臣。从未有过战功，也未有其他大功的审食其居然也封侯了。

审食其受封为辟阳侯。审食其能封侯，不是他本身有何功劳贡献。这当然是因为吕雉。

大家都看得出来，吕雉与审食其的关系非同一般。他们不一般的关系在刘邦与刘盈死后表现得尤为明显。

吕后真正掌权其实是在她的丈夫、儿子离世之后，作为一个女人这是何等痛苦，又是何等悲伤。

丈夫早已同她貌合神离，他们成为帝后，表面光鲜，但背后的凄凉只有吕后知道，她与刘邦仅仅维系着名义上的夫妻。

吕后将她所有的爱都倾注给了儿子刘盈。可是，刘盈又英年早逝。

吕后心中的牵挂就只剩下吕氏家族。

就在汉惠帝死后的第二年，吕后就迫不及待地提出将诸吕封王。可见，刘盈在位时，她是不敢提的。

吕后向右丞相王陵征询意见。王陵的态度很明确，反对。王陵说当年先帝杀白马盟誓，只有刘姓宗室可以封王。非刘氏而王，天下共击之。

吕后大为不快，不久即找了个理由将王陵罢相。王陵的反对反而给了吕后一个清除异己安插亲信的机会。

吕后免去王陵的右丞相后，将左丞相陈平扶正为右丞相，同时任命她的心腹亲信审食其为左丞相。

封侯拜相，即使与刘邦一起征战的功臣名将，对他们中的大多数人而言，这也是可望而不可即的。从未建立功勋，也未曾有过汗马之劳的审食其居然做到了。

审食其之前的丞相，萧何、曹参、王陵、陈平，各个都不同凡响，个个都是有大功于国的大功臣。前三位丞相萧何、曹参、王陵都入选了汉初元勋十八功臣，其中，萧何排第一，曹参排第二，王陵排第十二。

陈平未在十八功臣之中，因为他不是丰沛人，且干的是监督众将得罪人的工作。但陈平的能力跟功劳即使比不上前三位丞相，还是能甩审食其十八条街。他们四人排在一起并不会令人觉得不妥，但是审食其加入其中就显得格格不入。

因为审食其与前面四位前辈的差距，是肉眼可见的巨大，大到将其与之相提并论会令人感到不可思议，但对于审食其的任命，所有人都保持了一致默认。因为所有人都知道吕后与审食其不同寻常的关系，有王陵的前车之鉴，大家都选择顺从其意。

审食其能与诸功臣并驾齐驱同列于朝，追根溯源，恐怕还是要追溯到他与吕后同甘共苦的那三年艰苦异常的战俘岁月。那时是共苦，如今是同甘。吕后对审食其的厚待不是因为他的能力，而是因为他的忠诚。

吕后之所以能在后刘邦时代强势上位，大权在握，震慑四方，不仅因为她个人的出众能力，也因为在她的背后一直有一支强大的政治势力在支持着她，她的娘家人吕氏宗族才是她最坚强的后盾。

吕后从来不是一个人在战斗！

大将吕泽——被刻意抹去的功臣

刘邦彭城惨败之后，他带着身边为数不多的人马去投奔了一个人，吕后的哥哥吕泽。

刘邦向西北跑出百余里进入砀郡的下邑，这里现在是项羽的地盘，这里曾经也是刘邦的根据地，这里还是吕氏宗族的老家。

此时，刘邦的大舅子吕泽正屯兵于此。刘邦逃到这里终于获得了喘息之机，也是在这里得以从容收拢溃散士兵，而后率军西撤。

刘邦能在距彭城百余里外的下邑收拢溃兵，休整部队，这间接说明了吕泽军的兵力必然不少而且战斗力很强，强到令项羽的追兵都不敢张狂。

楚军对彭城落败之后的刘邦一直是紧追不放的，一路追杀，以至于逼得刘邦三番五次往车下推孩子。要不是被追得太紧危及存亡，刘邦也不会做出饱受争议的推孩子的举动。这应该是刘邦这辈子最狼狈的时刻，但是这种困窘不堪的狼狈到下邑就停止了。

楚军追到砀郡就不追了。更准确地说，追兵被挡住了。谁能挡住此时风头正盛、锐不可当的楚军呢？当然是驻兵砀郡的吕泽军。

吕泽不仅挡住了一路追杀过来的楚军，还能保护着刘邦从容撤退。这些都发生在砀郡西楚霸王项羽的地盘上。

显然，吕泽的实力不容小觑。他其实是刘邦集团中的二号首长。他长期自领一军独立作战，但又从属于刘邦。

从芒砀山起兵时起，吕泽就是重要的合伙人。芒砀山即是砀山，而砀县、砀郡也是因为砀山得名。吕氏是砀郡的土豪。刘邦逃进芒砀山后就是靠着吕氏的补给才能立足。而且最初很多人去芒砀山并不是去投刘邦，他们投的是吕泽。因为以吕泽为代表的吕氏才是当地的实力派。刘邦手下的很多人其实是吕泽的部下。

从汉初，刘邦排定的元勋十八功臣中就可侧面看出吕泽的实力有多强。

萧何第一，曹参第二，张耳之子张敖第三，周勃第四，樊哙第五，郦食其的弟弟郦商第六，奚涓第七，夏侯婴第八，灌婴第九，傅宽第十，靳歙第十一，王陵第十二，陈武第十三，王吸第十四，薛欧第十五，周昌第十六，丁复第十七，虫达第十八。

十八人中只有张敖不是功臣，但他是刘邦好友张耳的儿子，还是吕后的女婿鲁元公主的丈夫。他能排在萧何、曹参之后，又在众人之上，就是因为他的这个身份。

剩下的十七人都是货真价实的有功之臣。

丰沛功臣：萧何第一，曹参第二，周勃第四，樊哙第五，夏侯婴第八，王陵第十二，周昌第十六。

外来功臣：郦商第六，灌婴第九。

吕氏同乡、部将：傅宽第十，吕氏在砀郡的同乡；靳歙第十一，吕氏在砀郡的同乡；丁复第十七，吕泽部将；虫达第十八，吕泽部将。

算上吕后的妹夫樊哙、女婿张敖。十八功臣中，明确是吕氏姻亲、部将、同乡的就有六人，占据三分之一。

吕氏的影响还不止于此，排在第十四的王吸、第十五的薛欧很可能也是吕泽的部将。

因为刘邦的东出其实是兵分两路，一路由他率领出函谷关，另一路由吕泽率领出武关，两路并进，夹攻西楚。这应该才是真实的情形。

只不过因为吕氏在政变中被诛杀殆尽，上位的人需要尽力抹去吕氏存在过的痕迹，不得不对史料进行篡改。

将军薛欧、王吸确实是去接刘邦的家眷的，但那只是其中的次要目的，他们的主要工作其实是配合刘邦军的主力在侧翼助攻，而以他们当时的资历、官职以及威望，显然他们是担不起这副重担的。能担起的当然是刘邦的合伙人吕泽。

之所以会出现将军薛欧、王吸两个人领衔的情况，只是那些篡改史料的人要刻意去抹杀一个他们不想见到的人——吕泽。他们费尽心力地篡改，只是要尽力抹去这个人的功绩。

当时的实际情况是，刘邦率主力大军出函谷关担任主攻。吕泽率偏师出武关担当助攻。

吕泽军先于刘邦进入砀郡并驻军于此。在刘邦进攻彭城之前，两军会师，然后作出吕泽留在下邑一线、刘邦进驻彭城的战略分工。吕泽未与刘邦一起进彭城，应该是刘邦为应付突发情况保留的应变预案，想不到果然用上了。

三国时，刘备需要分兵的话，与他共同领兵的主要就是关羽。吕泽的地位比关羽还要高。刘邦的整体实力在彭城之战中的损失其实不如很多人想象的那么大。

就是因为刘邦是分兵而进，而且是有预备队的。刘邦军虽然在彭城之战中遭受重创。但作为预备队的吕泽军几乎未受损失。这也是刘邦能在战后迅速恢复实力的主要原因。

鸿门宴上，刘邦带去了四名保镖樊哙、夏侯婴、靳强、纪信，其中靳强就是吕泽的人。

与其说刘邦是去赴宴不如说是去谈判，但因为双方实力相差悬殊，所以这场谈判就变成，项羽怎么说，刘邦怎么听。项羽确实是相当霸道，他连讨价还价的余地都不给刘邦。

而刘邦带去的人，只有这些，主要成员如萧何、曹参、周勃等人都未去。这里刘邦其实也有应急预案，如果他被扣押，接替他的人就是吕泽，而靳强是作为吕泽的代表去谈判会场的。

诸如王陵、雍齿这些不愿服从刘邦又具有势力的丰沛土豪，甚至背叛过刘邦的如雍齿等人，刘邦都把他们交给吕泽统领。这说明刘邦管不住的人，吕泽能管住。王陵、雍齿这些丰沛土豪不服刘邦，但服吕泽。

如果再算上王陵，那十八功臣中，与吕泽有关系的侯就占据半壁江山。这个比例其实也能反映出吕氏在整个刘邦集团中的分量跟地位。

刘邦彭城惨败，实力被削弱不少，而吕泽军保存完好。此消彼长，吕泽军的地位再次提升。

四月，刘邦彭城兵败。

五月，刘邦回到荥阳。在得到萧何从关中派出的援兵后，刘邦才杀退项羽的进攻，稳住阵脚。

六月，刘邦回到关中的大本营栎阳。

刘邦急匆匆从前线赶回，只为做一件事，一件大事，立太子。

就在当月，刘邦立吕雉的儿子、吕泽的外甥，也是他的嫡长子的刘盈为太子。

刘盈能被立为太子，且长期地位稳固、坚如磐石，很大程度上是因为他的舅舅吕泽。

当时，吕雉与刘邦长期分居两地，早就谈不上有多少感情。因为这时的刘邦身边多的是美人，还都是青春靓丽的妙龄女郎。左拥右抱、佳人在侧的刘邦早就把千里之外的黄脸婆吕雉忘到九霄云外了。

而且，此时的刘邦身边已经有了宠爱的嫔妃戚夫人，这位受宠的夫人也给刘邦生下一个儿子——刘如意。

刘邦既不喜欢年老色衰的吕雉，也不喜欢性格柔弱的刘盈。他喜欢的是能歌善舞的美娇娘戚夫人，还有老年得来的儿子刘如意。

从刘邦的个人情感上，他应该更倾向于立幼子刘如意。如果吕雉被项羽杀掉，那就更妙。他就可以把戚夫人扶正。

但刘邦即使贵为汉王乃至后来成为皇帝，也不是任何事情都可以为所欲为的。他也要受到多方的限制，做出很多不情愿的妥协。立太子，就是他服从现实做出的最大的政治妥协。他需要吕氏的支持，他更需要吕泽的辅佐。

刘邦讨厌吕雉，但又不得不逢迎她。因为她背后的势力，他惹不起。甚至可以说，他能崛起，靠的还是人家的娘家人。

刘邦立刘盈就是对吕氏势力做出的政治承诺，也是政治保证。

汉高祖刘邦与太子刘盈、周吕侯吕泽的关系，很像后来的汉武帝与太子刘据、大将军卫青。

吕雉与卫子夫的经历也极其相似，都是儿子被立为太子后，年长色衰，备受冷落。

母亲不被宠爱是十分危险的政治信号。在宫廷中，常能听到母以子贵的话，其实，在大多数情况下，这句话反过来说更合适，子以母贵。

但不管是刘盈还是后来的刘据，在他们的母亲不受宠、父亲又喜爱娇妻幼子的情势下，他们的太子之位依然稳固。那是因为他们都有相同的依靠，他们都有一个在外带兵掌握军权的舅舅。

太子刘盈的靠山是舅舅吕泽，太子刘据的靠山是舅舅卫青。两位太子都很仁厚。他们的父亲都不喜欢他们。但因为他们的舅舅在，他们很安全，地位也很稳固。

不过，一旦失去靠山，他们的太子之位就会立刻变得岌岌可危。卫青死后，太子刘据迅速失势，逼不得已，才选择主动起兵反击政敌。相似的情形其实早就发生在刘盈身上。

吕泽死后，刘邦就有了换太子的想法。戚夫人看到希望，这才上演一哭二闹三上吊的传统技能，为儿子刘如意上位争机会。但刘据的悲剧并未发生在刘盈身上。虽然刘盈的地位一度动摇，但他最终还是保住了位置并成功继位成为汉惠帝。

相似的遭遇，不同的结局，只是因为实力。卫子夫缺乏实力，但吕后实力雄厚。卫子夫的背后缺乏家族势力的强力支撑，但吕后的背后有吕氏宗族以及功臣集团的支持。

吕泽虽亡，但刘盈还有一个舅舅叫吕释之，而更重要的是，张良、周昌等功臣都坚定地站在吕后这边。

即使刘邦是皇帝，他也不敢跟整个功臣集团对抗。他也要权衡利弊得失，最后还是不得不做出让步。

因为即使他册立戚夫人的儿子刘如意做太子，吕后跟功臣集团也有能力推翻这个结果，杀掉这对夺位的母子。吕后、刘盈母子的胜利靠的不是权谋而是实力。

此时的功臣集团还是站队吕氏的，他们的关系复杂多变，但总的规律是关系跟着利益走。

吕氏本来也是功臣集团中的一个派系。不管是外来功臣如张良，还是丰沛功臣如周昌，吕氏跟他们的关系都相当好。

在团结一致的吕氏与功臣集团面前，刘邦是真正的孤家寡人。戚夫人跟刘如意也是名副其实的孤儿寡母。

刘邦有换太子的权力，但吕氏跟功臣集团有改变结果的能力。

总之，刘邦在彭城兵败后急于立刘盈当太子，就是做给太子刘盈的舅舅吕泽看的。

稳定好大后方，有太子刘盈跟丞相萧何留守大本营，刘邦才能放心。

八月，刘邦又匆忙返回荥阳前线。因为彭城之战失利的影响实在过于恶劣，诸侯纷纷反水，楚军猛烈进攻。刘邦急需回前线坐镇指挥，稳住局面。

口舌之劳　儒生之功——策反黥布

彭城之战给刘邦带来的最大教训就是，他认识到凭他自己的实力去与西楚霸王项羽正面对抗，凶多吉少。那就必须借助外力。

刘邦很大方地表示，关东他都不要啦，愿意拿来作为封赏。谁能助他杀败项羽就能封土称王。

刘邦明白要让人给他干活，就要给人好处，而且要足够大，极具诱惑才行。

刘邦开出的价码相当诱人。

重赏之下必有勇夫。

那谁能助他一臂之力呢？刘邦问向群臣。张良说："九江王黥布，楚之枭将，与项羽有隙；彭越曾与齐联合反楚，与项羽有仇。此两人可以为援。而汉王大将中，只有韩信可担大任，独当一面。汉王既然想捐出关东之地，捐此三人即可，有此三人，楚军可破，大事可成！"

张良告诉刘邦，击破项羽，只要韩信、彭越、黥布这三人即可。

其实，刘邦在这里有点玩套路的意思。

刘邦说的关东是指函谷关以东至海，北到齐赵，南至长江。这片区域很熟悉呀。对，就是项羽的梁楚九郡。

刘邦要分的地就是项羽的地盘。刘邦这是慷他人之慨，想空手套白狼，用项羽的地分红。

虽然看起来有点忽悠的嫌疑，但要是谁打下就归谁，也不亏。

刘邦正是用项羽的梁楚之地成功诱惑了韩信、彭越、黥布三人。一个好汉三个帮。在这三人的助力下，刘邦才最终打败项羽。而战后，刘邦也兑现了承诺，当然是暂时的，封韩信为楚王、彭越为梁王、黥布为淮南王。

但是，过了不久，刘邦就对三人动手了。连忽悠带骗再打，将三位诸侯王全都给收拾了。刘邦分出去的地，又都被他收回去，分给了他的兄弟儿子们。

韩信、彭越、黥布，三位顶级聪明的人，智商、武力均在线，却还是没有玩过刘邦。从头到尾，这三人算是白忙活了。封地，给出去，又收回，空欢喜一场。然而，被忽悠还不是最惨的，三位最后连命都搭进去了。

不过，那是后话。

刘邦做出的分封诸侯的决定，其实，也可以看作刘邦版的分封。

项羽在巅峰期玩出了戏下分封。

如今，刘邦后来居上，虽然彭城兵败但实力占优，于是他也玩起了分封。因为他是在荥阳做出的谋划，也可以称为"荥阳分封"。

项羽跟刘邦的分封有着共同的特点，那就是他们分的都是别人的地。自己打下的地是不会分出去的，那都是自己的。

项羽的梁楚九郡是他打下来的，他实际分的是关中巴蜀以及黄河以北的六国之地。

刘邦的巴蜀关中是他打下来的，他实际分的只是项羽的梁楚九郡。

他俩都很喜欢用别人的地送人情。而更有意思的是，别人还都领他们的情。

虽然这些土地都是有主的，但谁打下来就是谁的。项羽跟刘邦作为事实上的诸侯之主有实力兑现。虽然他们只是暂时地兑现，但巨大的利益诱惑还是让新兴诸侯们排着队去上当。

虽然这些诸侯都是人精，但利令智昏。更何况项羽跟刘邦比他们更精。

想成为一方诸侯，要能拼实力，更要会玩套路。

刘邦也基本认同张良的看法。韩信已经是他麾下大将。彭越虽未正式投靠，但双方之前有过合作，也算是自己人。而且，彭越早就与项羽闹翻，他也只能投靠自己。剩下的黥布才是当前的关键，只有把他拿下，才能扭转局势，摆脱被动。

黥布这人也很有意思。项羽最艰苦的时候，巨鹿之战，他跟着打过来了。最风光的时候，戏下分封，他跟着分到好处了。

如今的他，一个曾经的囚徒，也成一方诸侯了。从奴隶到将军，黥布的经历称得上传奇。此时此刻，本该舒舒服服享受红利的他，却与项羽产生了矛盾。

事情还要从项羽出兵伐齐说起，项羽在齐、赵两国埋的两颗雷同时炸了。焦头烂额的项羽既要征讨田荣，又要防备刘邦，深感兵力不足的他向九江王黥布征兵。

在项羽看来，这是再寻常不过的军事调动，黥布理应带上大军亲自上阵，就如当年巨鹿之战时，与他同心协力，并肩战斗。

但黥布的表现令项羽大失所望，甚至有些恼怒。

因为黥布说他抱恙在身，实在不便前往，就只派部将率区区数千人北上。

这明显是在敷衍项羽。

黥布不亲自去也就算了。明知项羽急需用兵，就只派几千人去，对战局而言，这点人杯水车薪。

真正令项羽恼火的是，黥布本可以亲自带兵来增援，却偏偏装病不肯来。明明手下有兵，却只派几千人来应付。

这还是当年破釜沉舟跟他一起冲锋陷阵的黥布吗？项羽不明白，此一时，彼一时。人是会变的。当年是不得不拼命，现在是犯不上拼命。很多事情再也回不去了。

项羽还把黥布当作部将看待，认为黥布听到他的号令，就应该闻令即动，披挂上阵，就应该听从他的召唤，服从他的指挥。

但黥布不这么看，他觉得你项羽是西楚霸王，但咱也是九江王，一方诸侯。不是当年那个被你随意差遣的部下了。

项羽因为战事紧急，虽然对黥布的表现相当不满，但当时也未发作，暂时隐忍下来。但这笔账，他是记下了。

再后来，汉军袭夺彭城，黥布又称病不去。这下项羽是真的怒了。新账旧账一块儿算，项羽也不再掩饰，屡屡派使者去九江责备黥布，并让黥布来彭城述职做检讨。黥布当然不敢去。

此时，项羽与北面的齐、赵打得不可开交，西面还有刘邦的威胁，黥布虽然不怎么听话，但至少还算是自己人。所以，项羽暂时并未动他。

加上，黥布也是一员勇将，手下还有兵。值此多事之秋，用人之际，项羽还想争取一下黥布。即使出兵攻打，现在也不是时候，还要等北方战事平息，再腾出手收拾黥布。

而黥布也清楚两次称病不出，算是把项羽彻底得罪了。项羽的为人，他是清楚的，现在不打他，不代表以后不打他。一旦齐、赵被扫平，刘邦被杀败，就会轮到他。

黥布害怕项羽的报复，但仅凭他的九江势单力薄又不是项羽的对手。想翻脸单干又不敢，不单干又怕被收拾。而且以他的实力还不足以自立门户，另创一家。单干的结果就是被人干翻。项羽跟刘邦，哪个他也打不过，哪个他也惹不起。黥布就在这种矛盾又忐忑的心情中艰难度日。在两大势力的威胁下，九江王也不香了。

黥布整日忧心忡忡。刘邦的日子也不好过。

心情不顺的刘邦看着身边的一大群手下，气就不打一处来说："你们这些人，尽是些吃闲饭的，哪有一个是能替我分忧、为我解难的？"刘邦突然发难，不分目标地一通责骂，搞得大家一头雾水。部下随何近前一步问道："不知大王为何有此一叹呢？"刘邦这才说："谁能为我出使九江，令九江王黥布发兵背楚归汉？只要黥布能拖住项羽几个月，我的大事就成了。"

随何当即毛遂自荐说："臣愿前往！"刘邦见有人愿意领命也很高兴，就派随何带着一个二十人的使团去九江游说黥布。

这一去，凶险难测，因为此时刘邦、项羽已然摆开战场，兵戎相见。而黥布虽然跟项羽有矛盾，但也是表面之下的内部矛盾，尚未公开。黥布名义上还是项羽阵营的人。

双方还处于交战状态下，随何此行是要冒很大风险的。黥布要是来个"两国交战，先斩来使"，随何就算是交代了。

刘邦当然知道此时游说黥布风险很大，所以他才故意在一群儒生面前刻意地贬低他们，用激将法来刺激这些读书人，希望书生们能为他立功。

其实，这套激将法不算有多高明。随何这么聪明的人当然也能看出来，这是刘邦故意用的激将法。那为何明知是计，随何还愿甘冒风险前去呢？

因为机遇与风险并存。

对随何他们而言，这个险值得去冒。

楚汉相争，武人争雄，书生亦然。这是个建功立业的时代，人人都想立功封侯。王侯将相宁有种乎！陈胜说的是秦汉之际，大多数不甘于平凡的人的普遍想法。

征战沙场非儒者之行，而以理服人方为书生所长。

合适的人只有用在合适的地方才是人才，才能发挥专长。

对于随何这些儒生而言，以口舌之辩说服黥布，促使九江归汉，正是他们建功立业的大好良机，也是他们体现自身价值、表现自己的好机会。

乱世纷争，大家都在冒险，沙场征战是以命相搏。口舌之劳又何尝不是如此？机不可失，时不再来。

随何一行人来到九江，黥布却避而不见。对此，随何并不感到意外，这都在他的意料之中。出发之前，随何就已经将黥布与项羽之间微妙而复杂的关系给揣摩透了。他是有备而来。

对黥布矛盾的心理，随何是很清楚的。黥布有这种表现也不出他的预料。他在来之前就已想好应对之策。

一连三日，黥布都未曾露面。随何对负责招待的太宰说："大王不肯见我，想必是因为楚强汉弱吧。这也正是我此番前来出使的目的。请替我转告大王，如得蒙召见，随何将当面讲明此次出使的道理。到时，如果大王觉得我言之有理，便可共商大计。如果觉得我说得不对，便可将我辈二十人押赴闹市，斩首示众，以明大王倍汉向楚之心。"太宰将随何所言俱以禀报黥布。

左思右想之后，黥布还是决定召见随何，这点随何早就知道。如果黥布真的与项羽同气连枝、荣辱与共，那他来的当天就被绑去法场砍头了。

黥布真想杀他的话，用不着等到现在。杀了随何，黥布就等于堵死了退路。到时，两边都不待见他，那他会死得更惨。

黥布觉得随何言之有理，既然已经到了这个地步，见见又有何关系？不如先听听汉使怎么说，再做定夺。

随何说："汉王命臣出使致书于大王，敢问大王与楚是何关系？"随何这是明知故问，却又必须问，只有问出这句，才好引出下面的话。黥布说："寡人北面称臣。"好，等的就是你这句话。

随何又说："大王与项王俱为诸侯，北向而臣于楚，必以楚为强，可以托国也。项王伐齐，身负版筑，攻城野战，为士卒先。大王既为楚之臣，当尽起九江之众，身自为将，为楚之前锋；如今却派四千人前往。这难道是北面称臣的臣子应该做的吗？

汉王之入彭城，项王尚未出齐。当此之时，大王理应率九江之兵渡淮北进，日夜与汉王会战于彭城之下；然大王拥数万之众，不遣一兵一卒渡河，坐观成败。这是托国于人应该有的行为吗？

大王不过借楚之名，狐假虎威，臣窃为大王不取！然而大王不肯背楚，必以汉为弱。楚兵虽强，负不义之名，背盟约而杀义帝。汉王收诸侯之兵，还守成皋、荥阳，据巴蜀之粟，深沟壁垒，分兵列守险要之地。楚兵深入八百里，转粮于千里之外。

汉军坚守不动，楚军不得进，退则其势必崩。臣以为楚兵不足恃。倘若楚胜，则诸侯人人自危，必竞相遣兵助汉。楚兵虽强，不能抗天下之兵。故楚不如汉，其势明也。

今众心归汉，大王不与汉盟而自托于危亡之楚，臣窃为大王惑之！

九江之兵不足以亡楚；然大王发兵而倍楚，项王必留齐。大王只需与之周旋数月，汉必取天下。

臣请与大王提剑归汉，汉王必裂土而封大王。"

黥布被随何的一番高论镇住，一时不知如何作答，只是连说："请奉命。"黥布向随何表示要弃楚归汉，但这种表态仅限于私人谈话。黥布不敢公开也不愿在此时公开。

因为他与项羽尚未撕破脸。楚汉之争，鹿死谁手，尚不可知。他还想观望，等等再说。他还想等，但随何知道刘邦等不起，必须尽快让黥布下定决心。

黥布之所以迟迟不愿公开立场，最重要的原因是他还有回旋的余地。跟两边同时搞暧昧，与两边同时保持若即若离的关系，两边为了争取他，才会不停地抬高价码，他的利益才能最大化。

三方之中，项羽跟刘邦都很急，就数他最不急，反正有大把时光。黥布希望项羽跟刘邦负重前行，由他来享受岁月静好。想得挺美，但随何是不会让他如愿的。

随何只用一招就搞定了黥布，迫使后者不得不乖乖顺从，束手听命。

随何能制服黥布，说起来还要感谢项羽的积极配合。

就在黥布跟随何在九江拉拉扯扯的时候，项羽的使者也到了九江。楚使的目的与汉使如出一辙，也是催促黥布赶快出兵。楚使想让黥布出兵去打刘邦，汉使想让黥布出兵去打项羽。

黥布还在摇摆，他还想在项羽、刘邦之间左右横跳。但留给他的时间不多了。不管是楚使还是汉使，都是带着使命来的。不达目的，他们是不会善罢甘休的。

现在的黥布，一个头两个大。一个随何已经很难对付了。如今又来了一个楚使，他已经快要忽悠不下去了。

楚使在九江馆驿住下，身为九江王的黥布还得亲自去馆驿聆听指示，生怕招待不周，得罪使者。因为楚使是项羽的代表。黥布当然不是怕区区一介之使，而是怕他背后的那个人。楚使才是那个狐假虎威的人。随何当初求见不得的九江王，楚使召之即来。这就是上国使者的派头，很是傲慢。但很快他就傲慢不起来了。

黥布还想左右逢源，谁也不得罪，谁也不帮，但楚使也不是省油的灯。楚使是带着任务来的，经常把黥布叫去，催他赶快发兵。

楚使声色俱厉，喋喋不休，黥布在旁赔着笑脸，随声敷衍，就是不肯做决定。就在这时，房门被推开，随何突然闯入，进来之后，也不理睬黥布，径直奔向楚使，一点也不客气地坐在楚使上首的位置上，对楚使朗声说道："九江王业已归汉，又何以发兵助楚？"

话音刚落，气氛瞬间凝固，黥布呆立当场，当时就傻了。事发突然，他一点准备都没有，完全陷入被动。而且，随何话已出口。他再想拦，也来不及了。

楚使闻言当即坐起，不知他是要质问黥布，还是想跑。随何这时才转身对黥布说："事已至此，可杀楚使，不要让他回去，大王跟我回去见汉王。"黥布这时也只能说："谨听尊命，如您所教。"黥布再也不对楚使唯唯诺诺了，立刻拔剑在手，横眉立目，露出本来面目，楚使的表情不得而知，但肯定是失去了往日的傲慢。

楚使再也不会在黥布的面前飞扬跋扈、颐指气使了，因为黥布砍下了楚使的头。黥布拿楚使的人头做了归附刘邦的投名状。

变被动为主动，使局势逆势反转，只需要一句话，一句就够了。

"九江王业已归汉，又何以发兵助楚？"就是这句话，杀死了楚使，迫使黥布与项羽决裂，主动降汉。

靠这一句话，随何就确立了胜局。之前对他客气敷衍的黥布，态度立即就来个一百八十度大转弯，之前的楚使是啥待遇，现在随何就是啥待遇。

明明是随何坑了黥布。黥布却对这个搅局的人毕恭毕敬。因为随何一句话就封死了黥布投靠项羽的退路。

汉使与楚使同框，同时出现在九江就已经说明，黥布在首鼠两端、脚踏两只船了。

而随何的那一句惊人之语，简直要了黥布的老命。

黥布总想两边讨巧，就是不站队。但随何的出现以及随后说出的话，逼迫黥布必须站队。

要么降楚，要么归汉。楚使与汉使，必须死一个，换一个方式说，他俩只能活一个。

要么杀楚使，要么杀汉使，看似选择权在黥布那里，但随何一句话，就将选择权从黥布手里夺了过来。

因为随何的这句要人命的话，楚使听见了，黥布就再也说不清了。

黥布可以杀随何，用人头通过楚使向项羽表示诚意，但难保楚使回去不会对项羽说，黥布曾与汉使密谈，而且汉使还放话说黥布已经私下答应投汉。

随何话一出口其实就已经赢了。因为即使这时黥布杀了随何，影响也难以消除了。

因此，看似有两个选择，其实只有一个。随何闯门看似很危险，其实很安全。

随何从闯门到口出惊人语，整个过程都发生在瞬息之间，但在此之前，随何是经过充分准备与缜密算计的。这可不是头脑发热一时冲动，而是经过冷静思考深思熟虑之后做出的壮举。

黥布肯定不会让随何知道楚使的到来。他一定会对随何封锁消息，然后才能玩两边卖乖的把戏。

但这个世上没有不透风的墙。随何的情报工作做得相当到位，楚使何时来的，住在哪里，黥布何时去的，这些随何全知道。也正是因为黥布的行踪与楚使的情况尽在掌握，随何才能做到在合适的时间、合适的地方适时出现。

随何能做到这些，说明他掌握了大量及时准确的情报。至于这些情报是从哪里来的，那就不要多问了。谍战工作都是秘密，很多还是永远的秘密。

在随何的逼迫下杀掉楚使的黥布只能选择反楚归汉。

而得知黥布背叛的项羽，首先感受到的应该不是愤怒而是伤心。

在楚系将领中，黥布是仅次于项羽的猛将。从反秦起义到戏下分封，黥布都是项羽手下最能打的将领。

巨鹿之战，破釜沉舟率先渡河的是黥布。

棘原之战，逼降章邯抢先过河的也是黥布。

刘邦封住函谷关，率军攻破函谷关迎接项羽入关的还是黥布。

反秦战争中，黥布总是冲在前面充当楚军的前锋。他是项羽最锋利的矛。

戏下分封，项羽将黥布封在西楚南方的九江，西楚的腹地，足以说明项羽对黥布的信任。以项羽的猜忌多疑，肯把后背露给黥布，可见项羽对黥布有多放心。他是真的把黥布当兄弟。

然而，曾经并肩作战的战友，曾经一起出生入死的兄弟，却背叛了他，投向了他最大的敌人刘邦。可以想象，项羽会有多伤心，而伤心之余又会有多愤怒。

连黥布都叛变了。他还能信任谁？还有谁能信任？项羽不能容忍黥布的背叛，所以，他在第一时间做出反应，暂时不去理会刘邦，反而集中兵力去打昔日的战友黥布。

刘邦算得很准，他确实很了解项羽。在得知黥布反叛后，楚军暂停了对汉军的攻击，转而南下去进攻黥布。刘邦获得了宝贵的喘息之机。这也是刘邦策反黥布的初衷，他现在是得偿所愿了。

可是，刘邦的做法害惨了黥布。如今，楚军的进攻矛头指向黥布。刘邦才能抓住机会扩军备战。

黥布在项羽最艰难的巨鹿之战时选择与项羽生死与共，却在项羽刚刚取得彭城大战胜利处于巅峰时期选择离去。虽然这种背离有被动的成分，但即使不是随何推波助澜，黥布迟早也会与项羽分道扬镳。

当初舍生忘死是为富贵荣华，如今荣华已得、富贵在手，黥布自然不想再去战场上拼命。已然是一方诸侯的黥布也不愿再像普通部将那般任由项羽差遣。

还有更重要的一点，那就是刘邦给的价码实在太高，不由得他黥布不动心。项羽封黥布的是九江王，给的地盘只有一个九江郡。

可是，刘邦就不同了，刘邦相当大方。天下初定后，论功行赏，刘邦封黥布的是淮南王，给的地盘包括但不限于九江，还有庐江、衡山、豫章，共计四郡。也就是说，刘邦封给黥布的地盘整整是项羽给的四倍。

虽然是战后封赏，但肯定是战前就许诺好的。这也是黥布在战场上那么拼命为刘邦效力的原因，因为打下的地盘都是他的。

而刘邦也信守承诺在战后及时兑现。虽然刘邦后来又把地盘收了回去。但在当时，诸侯王们也不会预料到未来会发生的事情。至少在当时，他们的利益实现了最大化。他们的愿望得到了满足。

项羽派大将项声、龙且带兵进攻九江，黥布这时也只能拼尽全力地顶上。双方鏖战数月，黥布还是被龙且杀败，九江被楚军占领。

黥布只能与随何来投奔刘邦。

汉三年（前204）十二月，丢失九江的九江王黥布来到汉军大营。听说黥布来了，刘邦立即召见。

此时汉王刘邦正坐在床上让两位美人给他洗脚，黥布进帐刚好看到香艳的画面，当即羞愤得就想要拔剑自刎。也难怪黥布会有如此激烈的反应。

他为了刘邦家破人亡，妻离子散，部队拼光，地盘也丢了。结果，刘邦却是这副打扮仪容召见他，这分明是在羞辱他。

付出那么沉重的代价，换来的却是羞辱，换成谁遇到这种情况也受不了，也难怪黥布会如此激动。

刘邦这个人确实是有点老流氓的习气，一点也不重视社交礼仪，至少在这点上，项羽比他强得多。

但刘邦在实际利益方面却舍得花钱，真金白银，裂土封王，一点也不小气，甚至可以说是相当大方。他给出的条件往往都超出对方的预期。

但在很多细节上，他确实做得很差，令人十分不快。当初见郦食其的时候，刘邦就是坐在床上让美人给他洗脚，现在见黥布还是这个画风。看来，刘邦是相当享受美人给他洗脚的感觉，才会乐此不疲，全然不顾别人的感受。

大怒的黥布后悔来投靠刘邦，可是此时他哪还有别的出路，羞愤的黥布想自杀。可是，当他被带到他的住处时发现，他的起居饮食、侍卫从官与刘邦的是同等的规格待遇。黥布瞬间又转怒为喜甚至大喜过望，原来刘邦还是很看重他的。

黥布看中的不是那些饮食待遇、规格排场，而是这些表面东西代表的等级层次。

刘邦让他享受同等待遇，意味着他在政治上的地位与刘邦处于同一等级，这才是黥布喜出望外的原因。

见刘邦如此看重他，黥布的心也踏实下来，专心为刘邦效劳。

黥布派人潜入九江探听消息，才得知西楚方面已经派项伯将征九江兵尽数调走。黥布来不及带走的妻子也被楚军杀害。刘邦的妻子吕雉还能在楚营做战俘，黥布的妻子却得不到这个待遇。

从这也能看出，项羽对黥布的背叛有多痛恨，爱之深则恨之切。项羽对黥布的妻子痛下杀手同时也意味着，他们从此就是你死我活的对头，再没有缓和的余地。

虽然黥布在九江的势力遭受重创，但黥布的使者此行还是很有收获的。黥布在九江的数千旧部亲信得知黥布的下落，便跟着使者前来投奔。刘邦也给黥布增兵，让黥布同他一起据守成皋。

汉四年（前203）七月，刘邦正式册立黥布为淮南王。

黥布能在关键时刻背楚归汉，随何功劳最大。刘邦也并未忘记这位深入九江策反黥布、一身是胆的儒生。

但刘邦封赏功臣的方式还是那么别开生面、与众不同。

项羽死后，一次，刘邦与群臣饮酒庆功。两杯酒下肚，刘邦又露出老流氓的本色，开始戏谑席上众臣，而儒生是他最喜欢戏弄的对象。这个老流氓大概是自己书读得不好的关系，跟读书人有仇。刘邦盯上了随何，当面说当初策反黥布不过是侥幸而已，对随何大加贬低，说随何是腐儒，还说安定天下何须用腐儒。

刘邦想嘴上讨巧占便宜，可他实在弄错了对象。他在用他的爱好挑战人家的专业。很快，随何就会让刘邦领教到何为伶牙俐齿、何为雄辩之才。

随何说："陛下当初引兵攻彭城，项王尚在齐地。陛下发步兵五万、骑兵五千，能在此时取淮南吗？"刘邦倒是很诚实说："不能。"随何又说："陛下派随何率二十人出使淮南，到了那里便成功说服淮南王，如陛下之意，以此而论，是随何之功大于步兵五万、骑兵五千。然而，陛下说随何是腐儒，还说安定天下何须用腐儒，这是为何？"刘邦这才知道随何的口舌之辩竟是如此犀利，怪不得他能说动黥布使其反楚归汉。被随何的一番雄辩之词说得理屈词穷的刘邦倒也并不气恼。本来也是开玩笑。

虽然嘴上经常与群臣嬉笑，爱耍流氓，但对待功臣，刘邦向来是有功必赏，有劳必酬，该给的赏赐从来不会少。

玩笑开过，刘邦也收起笑闹的表情，很郑重地说："我正在考虑如何封赏夫子之功。"

刘邦不是糊涂人，黥布对战局的影响有多重要，随何在策反黥布的过程中立下的功劳有多大，不会有人比刘邦更清楚的了。

他就是要重赏随何，但褒奖功臣，也是一副不正经的派头，以戏谑玩笑开场，这个风格确实很刘邦。他从未忘记随何的功劳，任命随何为护军中尉。

黥布也受封淮南王。刘邦兑现诺言将九江、庐江、衡山、豫章四郡封给黥布。可黥布不会想到，刘邦只是暂时给出去，不久之后就会全部拿回来。对诸侯王，刘邦到底还是利用而已。所有的异姓诸侯都是相同的下场。

木罂渡河　声东击西——韩信伐魏

刘邦在南线派随何策反黥布，挖项羽的墙脚。在北线，刘邦还有更大的动作。南方只是牵制，北方才是主攻。

刘邦的总体布局是，他坐镇荥阳成皋挡住项羽，与之正面对阵。与此同时，汉军在南、北两线同时开辟新的战场。

南线策反黥布，利用黥布在西楚后方牵制楚军。北线派出大将韩信远征魏、赵、燕、齐，实施战略大迂回。待南、北两线得手，他再从正面发起反击，对项羽形成战略包围。

这个包围网成形之日，即是项羽兵败之时，刘邦是盾主守，韩信是矛主攻，其他诸如彭越、黥布都在项羽的后方牵制袭扰。

而面对楚军咄咄逼人的强劲攻势，刘邦清楚只守是不行的，那会很被动，必须打出去。刘邦要坐镇荥阳成皋一线守住大本营，而刘邦麾下能独当一面的大将如张良所说，只有韩信。

彭城之战，项羽的骑兵突击给刘邦留下了难以磨灭的印象。刘邦意识到要想击败项羽，必须组建比项羽更强大的骑兵部队。

彭城战后，楚军乘胜逐北，与汉军战于荥阳，频频袭扰，尤以骑兵为最。

编练骑兵迫在眉睫，练兵之前，先要选将。刘邦在军中选拔骑兵主将。大家一致推举李必、骆甲。刘邦这就准备下发任命，两人却说："臣乃秦民，恐军不信；愿得大王左右善骑者为主将，我等愿为副将从旁辅佐。"刘邦于是拜灌婴为中大夫令，李必、骆甲为左、右校尉，统领骑兵迎击楚骑于荥阳东，大破之。

昔日的大秦铁骑重现战场，不过，他们如今的身份是汉军。

在遭到汉军骑兵的暴击后，嚣张的楚骑就变得比之前乖很多。

楚军的攻势受到遏制。楚兵不能越荥阳西进，刘邦的关中大后方就是安全的。刘邦坐镇荥阳筑甬道取敖仓之粟，不愁吃喝，照这么守下去，他能守一万年。

但彭城战败的影响还是相当恶劣的，当初跟着他一起进彭城的各路诸侯，见他败了。而项羽正强，便纷纷反水，改换门庭。

西魏王魏豹借口回国探亲，过了黄河，立马变脸，宣布反汉投楚。

与汉王刘邦一河之隔的西魏叛变，原本占据山河之险固若金汤的荥阳成皋防线立刻就变得岌岌可危。

因为刘邦相比于项羽，最大的优势其实是地形。

刘邦背后的关中平原、洛阳盆地是他的战略后方。靠着大后方不停地输血，兵员粮饷充足，刘邦才能顶住项羽的汹涌攻势。

虽然刘邦在荥阳成皋一度被项羽虐得很惨，但刘邦占据地利——关中四塞之地。刘邦有崤函之固，还有黄河之险。他的后方始终是安全的。项羽再能打也过不去。

汉军居高视下，占据地利，打不过就上山。汉军顿时处于一种"穷则上山坚守，达则下山反击"的进可攻、退可守的有利态势，欲战则战，欲守则守。汉军完全掌握主动。

相比之下，项羽则处于求战不能、进退失据的被动。他本人被牢牢牵制在荥阳成皋，不敢轻易离开，而他的后方被彭越率领的游击队打得四处漏风，千疮百孔。

他回去收拾彭越，留守的将领又不是刘邦的对手。只要项羽离开，刘邦就会下山反攻，狂虐楚军。等项羽杀回来，刘邦再带人往山上跑。这套打法的确够流氓，但很有效。

不过，刘邦的地缘优势也有破绽，关中平原、洛阳盆地虽有山河之险。但再好的防线也有薄弱之处，而这个容易被突破的地方其实就是黄河，因为黄河之险两岸共有之。

原本的黄河之险，在西魏叛变后，就完全改变了。

占据河东郡的西魏可以通过蒲坂渡口威胁关中，占据部分河内郡的赵国也可以利用平阴渡河南下威胁洛阳盆地。

魏豹的西魏跟赵歇的赵国都先后背叛刘邦，随时可能与项羽联合。一旦他们与项羽合流，刘邦最重要的地形优势将不复存在，他苦心经营的荥阳成皋防线也会因为后方失守而土崩瓦解。

北方的威胁才是心腹之患，必须趁魏、赵两国与西楚联合之前，迅速搞定魏赵，否则死的人就是他。

而能完成这项重任的大将只有韩信。

魏、赵两国不同于战国时代的魏赵。魏豹的西魏国上层虽然都是魏人，但是以东郡、砀郡、薛郡为主。河东三郡在战国曾属于魏国，但早已被秦朝统治同化，魏豹的魏国宗室的身份在这里缺乏号召力，他们其实也是客军。

在大量秦人加入汉军后，本来就对刘邦充满好感的秦人对刘邦更加认同。刘邦的汉军反而从客军变成主军。

赵国相比魏国实力更强，还有陈余坐镇，更难对付。但赵国也是新立之国，根基不稳，数年之间，赵王之位便多次易主。从武臣到赵歇，再到张耳又转回赵歇，赵王犹如走马灯般换个不停，始终未建立起一个稳定的政权。

韩信即将面对的对手其实并不强，但刘邦给韩信的兵力也很少。韩信军的实力不强，强的是韩信本人。

出兵之前，刘邦还想再争取一下，他派首席辩士"嘴炮开疆"王者郦食其出马前往魏国游说魏豹，希望魏豹能悬崖勒马及时回头。

派郦食其游说魏豹，派随何策反黥布，都是一个套路，刘邦的原则是花小钱办大事，能用嘴就不用手。能谈就不打，谈不成再打。长久以来，这都是刘邦奉行的做事准则。但魏豹铁了心要反，纵使能言善辩如郦食其，也未能说动魏豹使其回心转意。

谈不成，那只有打了。于是汉王刘邦以韩信为左丞相率灌婴、曹参领兵伐魏。

刘邦问郦食其："魏军大将是谁？"答："柏直。"刘邦不以为然颇为轻视地说："原来是那个乳臭未干的小子，他怎么是韩信的对手！""骑将是谁？"答："冯敬。"刘邦的态度这才有所收敛："是秦将冯无择的儿子，此人虽然称得上贤能，但也不是灌婴的敌手。""步将是谁？"答："项佗。"这次刘邦更干脆："行啦，他也不是曹参的对手，不用担心了！"

韩信也跑去问郦食其相同的问题，得知领兵主将的是柏直后，韩信的评价也相当不客气，只说了三个字："竖子耳。"

刘邦与韩信同时露出轻蔑的表情，对这位魏军主将颇为不屑。

刘邦跟韩信都相当重视情报，做好准备，这才出兵。

知己知彼，百战不殆。

魏国得到消息，也在蒲坂集结大军，严阵以待。

双方都清楚，从临晋蒲坂渡河是最好的选择。因为两岸都是平原，便于进兵。而在魏军重兵云集、严密防守下，想要从蒲坂过河并不容易。

韩信是怎么做的呢？他先在蒲坂对面的临晋大造声势，将上下游能收集到的船只都集中于临晋，陈兵列众，做出乘船欲渡的假象。因为蒲坂是最适合大兵团过河的渡口，韩信将船只集中于此，大军也屯驻在这里是再寻常不过的军事部署。同理，作为防守方的魏军也将主力集中于蒲坂方向，将注意力都集中于临晋方向的韩信军也是再寻常不过的反应。

事情到这里都还是常规操作，但韩信之所以被称为"兵仙"，正是因为他不走寻常路。

韩信的战术其实并不复杂，简单地说，就是声东击西，出其不意。更准确的说法，应该是声南击北。他在南面的临晋屯驻重兵集中舟船，做出随时可能强渡黄河的军事压迫，使魏军的注意力被吸引过来。与此同时，他分兵在临晋北面的夏阳悄悄过河。

因为汉军的船只都在临晋，夏阳方向的汉军渡河不是坐船过去的，而是用木罂过去的。木罂大概就是木质的瓮、缶之类的，利用其浮力做成木筏漂过去。

韩信利用了敌人的固有认知局限，谁说过河就一定要用船？就地取材，因地制宜，利用木罂，浮渡黄河。这已经超出了魏军的思维想象。

汉军从夏阳以木罂渡河，成功开辟第二战场，做到了出其不意，接下来，就是攻其不备。魏军想不到汉军会从北面来，防守方面，自然兵力空虚，这里的防线到处漏风，突进去简直不要太容易。

从夏阳成功过河的汉军，在大将曹参的率领下，在魏国腹地纵横穿插，到处袭扰，遇城就打，打不下也不恋战，迅速转移，不做停留。他们的目标很明确，彻底搅乱魏军的大后方。

曹参率军从夏阳渡河后，直下东南攻占东张击败魏将孙遫，然后迅速北上进攻魏国旧都安邑。

汉军顺利攻下安邑并活捉魏将王襄，之后，再次南下攻占曲阳，切断了蒲坂魏军主力与大本营平阳的联系，令魏军首尾不能相顾。

之前，听说有汉军渡河，魏豹还不在意，因为从各方面得到的情报看，韩信的主力汉军直到此时还在蒲坂对面的临晋，并未发现其有移动的迹象。

而过河的汉军从他们飘忽不定的行踪以及到处穿插的作战风格，还有在战斗中表现出来的强悍的战斗力，都说明这部汉军确为精锐，但人数不多。

因此，起初，魏豹还沉得住气，但随着曹参的连续攻击，战果的持续扩大，汉军已经深入魏国腹地。

魏豹越来越感到不安。当安邑失守，曲阳又被汉军占领的消息传来时，魏豹彻底坐不住了。

因为安邑、曲阳的失守意味着，他与魏军主力失去联系，魏国已经被曹参拦腰斩断一分为二。他所在的平阳也已进入曹参的攻击范围。

魏军的主力都在蒲坂前线，平阳守军并不多。而从以往战斗中，汉军所表现出来的超强战斗力来看，平阳的魏军根本顶不住。

魏豹只能下令蒲坂的魏军主力立即返回救援后方。不要管临晋的韩信啦，赶紧回来救老家。在曹参的连续攻击下，魏军的大后方已经彻底乱了。

魏豹当然知道撤出蒲坂的魏军回救是饮鸩止渴，但眼看命都要保不住了，他已经顾不得那么多了。

魏军撤离蒲坂，回救大本营。得到消息的韩信并未表现出过多的喜悦，因为这一切都在他的意料之中，当他派出曹参率汉军精锐偷渡夏阳的时候，他就已经知道会是这个结果了。

　　他提前预测出了魏军的反应，也知道魏豹会如何应对。魏军的所有行动都尽在他的掌握，韩信对战场的操控能力已经达到炉火纯青的水平。

　　他做好局，写好剧本，演员就位，各种剧情都已编写完成。剩下的就是按照剧本走就行了。

　　韩信设好局，也知道对方会如何反应，然后，他预判了敌人的预判，并将之写进剧本，之后，他就是整场大剧的导演。他怎么导，剧情就怎么演。魏军从魏王魏豹到魏军主将乃至于士兵都特别配合，也全都照着剧本走。整个过程，整场战役都非常顺利。

　　之所以会出现如此效果，在于韩信对情报的搜集、整理、总结的能力与水平都达到了常人难以企及的高度。他真正做到了知己知彼，所以才能百战不殆。

　　敌人看不透他，他却可以看透敌人。整个战场都是由他设计的，也是由他主导的。其他人不管是己方还是对方，都在主动、被动地接受他的调度，服从他的指挥。

　　战争完全按照他设定的节奏打，如何开场、在哪决战、怎么结束，都是他算出来的。这才叫真正的降维打击。

　　魏军主力撤走后，韩信这才率汉军的大部队从临晋出发渡河到对岸的蒲坂。本次战役的导演也是男主的韩信直到此时才正式出场。

　　韩信率领的汉军主力是从临晋乘船渡河到的蒲坂，木罂过河的只是曹参率领的少数精锐先锋部队。

　　魏军苦心经营的蒲坂防线就这么被韩信以不可思议的方式轻松突破。更令魏军难受的是，他们知道，但他们没有办法。等待他们的将是被汉军围歼的命运。

　　渡河之后，韩信立即尾随撤退的魏军展开追击。之前，曹参的夏阳偷渡、安邑攻坚，都是铺垫，决战在此时才开始。而撤退的魏军很快就停下了。因为前面的曲阳已经被曹参占领，他们的归路被堵住。现在，他们惨了。前有堵截，后有追兵。

韩信的追兵随后赶到，与曹参前堵后追，将魏军合围，两军在曲阳决战，魏军主力被尽数围歼。不久，魏豹被汉军生擒活捉。

韩信并没有杀魏豹，只是将魏豹捆成粽子打包送到荥阳前线交给刘邦处置。

汉二年（前205）九月，魏地悉平。汉在其地设河东、太原、上党三郡。

纵观整场战役，韩信的计策并不复杂，就是声东击西，攻其必救。但在韩信的运筹之下，却将简单的套路上升到艺术的高度。

开场是很平淡的，大军云集，舟船就位，让敌人感受到扑面而来的压迫感，从而被牢牢地吸引住。

与此同时，由少量精锐部队组成的突击队却从敌人预想不到的夏阳偷渡过去。

敌人想不到是再正常不过的事情，因为那里不是渡口，也没有船。但汉军却用木罂浮渡的方式成功过河。需要说明的是，曹参木罂渡河是典型的特种作战模式，只适用于少数精锐部队。

汉军的突击队过河后，直冲魏国腹心旧都安邑给敌人以心理上的强烈震撼，让后方的敌人也感受到来自汉军的压迫。趁敌人的注意力被吸引到安邑，再来一次南下突击，攻占曲阳，将敌人拦腰斩成两部，可以同时威胁前线与后方的敌人。

此时，主动权就完全掌握在汉军手上，攻击敌人兵力空虚的后方，可以直接威胁敌军的大本营。攻击敌人的前线，敌军主力就将陷入腹背受敌被两面夹击。

而坚守不动，待在曲阳，前线与后方的魏军就会同时感受到威胁。曹参也是这么做的。留在曲阳应该是事前就计划好的，因为这里是韩信包围魏军的口袋底。只有坚守曲阳，才能顺利实现对魏军主力的围歼。

汉军侧翼突袭，成功的标志就是夺取曲阳。这迫使魏豹不得不下令蒲坂的魏军回撤。而胜利之路也就此打开。

在此之前，韩信屯兵临晋是虚，曹参偷渡穿插攻坚是实。这是典型的声东击西。

但随着魏军撤守，蒲坂门户洞开。韩信率汉军主力渡河追击，之前的虚就变成了实。

而之前勇猛穿插的曹参部则不再主动攻击任何方向的魏军，而是选择固守曲阳，之前的实变成了虚。

魏军守在蒲坂，韩信军待在临晋就是虚招。魏军撤离蒲坂，韩信军待在临晋就是实招。虚中有实，实中有虚，虚实结合，因敌制变。看似寻常的套路，却有非同寻常的变化。

韩信用兵永远都是以巧取胜，避实就虚，出其不意，掌握主动。他从来不会跟敌人硬拼，杀敌一千自损八百的事儿，韩信是不干的。韩信也总能在寻常的模式中创造出新的战法。在他指挥过的所有战役中都有他独具特色的创新。

韩信将枯燥乏味的军事指挥上升到了一种艺术的高度，看他的战场指挥简直就是一种享受。也难怪有人将他称为"兵仙"。

韩信的"兵仙"与李白的"诗仙"都是天赋其才。不是光靠努力就能学来的，他们都是天生的奇才。

背水而阵——井陉之战

汉军伐魏之战中的声东击西、木罂渡河、攻其必救，具有鲜明的韩信风格，但韩信最为人称道也最为知名的战役，仍是井陉之战。

之所以此战更为有名，原因也很简单，对手更强，难度更大。

当初，刘邦拉陈余入伙共同伐楚，用的方法相当不厚道，连蒙带骗。陈余也不傻，很快发现被忽悠，正为此恼火之际，赶上刘邦彭城兵败，那还客气啥，翻脸。

陈余当初之所以答应与刘邦一起伐楚，是因为他怨恨项羽。如今陈余才发现，刘邦也不是宽厚长者，至少对他不是。陈余与张耳已经反目成仇。而刘邦力挺张耳，那就意味着与陈余为敌，因为敌人的朋友还是敌人。

韩信刚平定魏国，刘邦就派人来收走韩信的精兵。而大胜之后的韩信向刘邦提出了更宏大的战略目标，请兵三万，北举燕、赵，东击齐，南击楚。

　　韩信的计划与刘邦不谋而合，他们的思路相当一致，南北包抄，战略合围。刘邦在正面顶住项羽，韩信从北方迂回侧击，与刘邦遥相呼应。

　　刘邦调走韩信的精兵去补充荥阳前线，不补不行。项羽的攻势猛烈，只有持续增兵才能守住战线，为自己也为韩信争取时间。韩信只能从魏国降兵中进行兵员补充。

　　刘邦派张耳与韩信一起领兵攻赵，不仅仅是因为张耳在赵国具有极强的政治影响力，还因为刘邦对韩信早有防备之心。将张耳派到韩信身边，既是协助，也是牵制。张耳其实是刘邦派在韩信身边的眼线，后面这个眼线将发挥出意想不到的作用。

　　而刘邦的这种饱含政治深意的布局，在不久的将来也被证明是极为正确的。

　　韩信的本事大，野心也不小。既要用他的才，也要防他的变。抽走他的精兵，安插张耳在其身边，目的都是对韩信的削弱与牵制。

　　韩信何等聪明。他自然能看出刘邦对他留后手的用意，但他羽翼未丰，只好装作不知。看破却不说破，依旧卖力干活，待时机成熟再自立门户，这也是韩信的过人之处。

　　而且，刘邦的用意虽然是为牵制韩信，但理由都很光明正大。

　　张耳在赵国深耕多年，根基深厚，到处都有他的亲信旧部人脉关系，这些人在战争中都有大用处，是重要的情报来源。韩信打仗又极重情报，也不便反对张耳随军。

　　至于抽调精兵，理由就更充分，荥阳一直处于楚军的围攻之中，调兵过去，加强防守，是很正当的军事部署。

　　韩信带着张耳率新组建的新军出兵伐赵。

　　闰九月，韩信大破代军于阏与，生擒代国相国夏说。一战就抄了陈余的老家。代国是陈余的封国。陈余既是代王又是赵相，是赵、代两国的实际主事者，那个赵王赵歇实在是缺乏存在感。

汉三年（前204）冬，十月，韩信、张耳率数万汉军东征攻赵。

陈余得知消息也从各地调兵对外号称二十万大军，驻兵于井陉口，等待与韩信厮杀。

赵国名将李牧的孙子广武君李左车向陈余献计："韩信、张耳乘胜而来，当避其锋芒。

臣听说'千里馈粮，士有饥色；樵苏后爨，师不宿饱'。井陉之道，车不得方轨，骑不得成列；数百里山路崎岖难行，汉军辎重粮草必在其后。

希望您给我三万人马为奇兵，从山间小路绕到汉军背后袭其辎重，封堵汉军的退路；您在此深沟高垒不与其交锋。

汉军前不得战，退不得还，野无所掠，不出十日，韩信、张耳之头可得；否则必为二子所擒。"

李左车的策略是正面凭险固守，侧翼包抄突袭。

陈余未采纳李左车的建议，理由是他陈余是正人君子，不用奇谋诈术。

不用左车之谋，当然不是不用诈术，因为随后陈余就说出了真正的理由："韩信兵少而疲，避而不击，诸侯必以我怯敌而轻视于我。"

赵军号称二十万众。以当时的宣传习惯，必然多有浮夸。夸大军力不丢人，当时大家都在吹，不会真的有人实事求是，据实以报。十万吹成二十万是常规操作。

鸿门宴前，刘邦在霸上有兵十万，对外称二十万。项羽在鸿门有兵四十万，对外号称百万。以此类推，陈余的赵军兵力当在十万左右。

陈余的心思其实并不难猜。知道韩信兵少且是远道而来疲惫不堪。而他占据兵力优势又是本土作战以逸待劳。

韩信东征赵国的兵力大致在四万左右。赵军数倍于汉军。陈余认为，以十万打四万，优势在他。

《孙膑兵法·客主之分》："兵有客之分，有主之分。客之分众，主之分少。客倍主半，然可敌也。"

用兵作战，有主军与客军的区别。客军主攻所需兵力多，主军主守所需兵力少。客军的兵力要比主军多一倍，才能与之匹敌。

因为主军往往先于客军进入交战地域，可以优先选择有利于己方的战场，抢占有利地形，凭险据守。而客军后至，需越过险阻，攻击险要，才能达到与之交战的目的。

因此，处于攻势的一方通常兵力都要多于处守势的一方，至少要多一倍才能势均力敌。

韩信的汉军是客军，只有四万。陈余的赵军是主军，却有十万。

主客势殊，胜败在人。且看韩信如何反客为主。

韩信远来，利在急战。

他最担忧的就是赵军深沟高垒，坚壁不战。同时，他也担心赵军在井陉设伏，袭其后路。

数百里羊肠小道，想要设伏袭击简直太容易了。而作为攻击的一方，防不胜防，一旦被前堵后击，后果不堪设想。韩信用兵谨慎，进兵之前，敌军所有可能的反应都要想到并做出应对之策。

李左车的计策并不高深，作为防守一方，出于谨慎，多半会采用这种保守战术。这种战术较为稳妥，虽不能大胜，但也不至于大败。但陈余追求的就是大胜。所以他不听李左车的建议。

韩信用兵向来重视情报，探听对方虚实，做到知己知彼，才会进兵。

当他听到李左车的建议，也不免紧张，赵军如主守，汉军并不占优。而当他听说陈余不用李左车之计，井陉并无赵兵埋伏，才敢放心进兵。

陈余不听李左车之谋，也有他不便说出的理由，那就是他不愿分兵给李左车。在陈余看来，此战胜券在握，分兵即是分功。到手的战功岂能白白分给别人？

陈余只有十万人。李左车上来就要分走三万，这个胃口着实不小。赵国是初建之国，赵军也是新建之军，将帅之间，君臣之间，尚未建立起稳定的关系，彼此缺乏互信。陈余不放心分兵给李左车。

还有一个被忽视的原因，面子问题。陈余在战国时代与张耳就是天下知名的名士，所以，秦统一后才会悬赏捉拿二人。

陈胜起义，他们被奉为上宾。六国之中，尤其是在赵、魏两国，他们有着极强的感召力与巨大的政治声望。

巨鹿之战，项羽未到之前，诸侯联军的统帅就是陈余。

当韩信还在项羽帐下做执戟郎时，陈余就已经名满天下。

即使如今韩信被刘邦拜为大将，又挟战胜之威，论当时的名气影响，韩信也远远不如陈余。

现在说起陈余，鲜为人知，即使知道也是作为韩信的陪衬。而背水一战、拔旗易帜的韩信才是名动天下的名将。

但当时的情况刚好相反，名人陈余看不起尚未成就大名的韩信。他觉得在年轻后辈面前，又在兵力占优的情势下取守势，实在有点丢面子，他丢不起那个人。不想丢脸就只能丢命。

陈余想不到帮助韩信出名的人就是他。因为即将发生的这场战役将成为韩信军事指挥艺术的巅峰之战。

其实，即使陈余采纳李左车的计谋也不会改变最终的结果。以韩信的情报搜集能力、张耳的人脉关系及众多耳目，赵国早就被汉军渗透成了筛子。

陈余与李左车如此机密的谈话，都能被韩信及时准确地收到。李左车即便设伏，韩信也很快就会知道。战场单向透明，赵军尚未出战已经先输一阵。情报战也是战，而这方面，依然是韩信的强项。

井陉之战对地形的要求很高，只有从军事地理的角度做出详尽的说明，才能看清这场战役的发展脉络以及韩信用兵的精妙之处。

井陉是太行八陉之一，有三个出口，即北口、中口、南口。而井陉之战就发生在井陉中口的土门关。

在进兵之前，韩信又派哨探侦察一番，确定没有伏兵，才率军进入井陉。这是为将者必须有的谨慎。

赵军未在井陉设伏，令韩信大喜过望，如此险要的地势，赵军居然不守。韩信开始相信此刻幸运站在他这边。

大军在井陉急速穿行，在距井陉口三十里处，韩信下令停止前进就地宿营。大战之前，需要养精蓄锐。大军安营就寝后，深夜，韩信之前挑选的轻骑兵两千人，列队完毕，整装待发。只等韩信一声令下即杀向战场。这两千骑兵人手一面汉军的红色军旗。

韩信向领兵的汉军骑将灌婴嘱咐道："你们从山间小道过去，埋伏在赵军大营附近的山上。明日大战，赵军见我军退走，必倾巢而出进行追击。你们就趁那时疾驰而入，占领赵军营垒，将赵军旗帜尽数拔除换上我们汉军的红旗。"

灌婴得令率两千骑兵立即出发，全军偃旗息鼓，人衔枚马勒口，悄悄出井陉口奔埋伏点而去。

两千骑兵很快便消失在茫茫黑夜里。韩信望着他们远去的背影欣慰地笑了。他相信灌婴及其麾下的两千骑兵不会辜负他的期望。因为这两千骑兵将是明日出奇制胜的关键。

兵者，以正合，以奇胜。

韩信明白要以少胜多，就必须出奇兵。而灌婴率领的两千人就是韩信的奇兵。

第二天清晨，大军即将出发前，韩信传下将令："今日击破赵军之后，全军会餐，犒劳将士！"众将你看我，我看你，面面相觑，一脸蒙，全都是一副难以置信的表情。

但既然主帅有令，大家当然要依令而行。虽然大家都对韩信的命令感到莫名其妙，但还是纷纷回应道："诺。"

显然，韩信对战胜赵军必然是胸有成竹，才会有如此布置。将是军中之胆，见主帅信心十足，全军的士气也为之一振。

这就是韩信治军的过人之处。即将面对的是数倍于己的敌人，麾下又大多是归属他不久的部队，韩信的破赵会食，不是发布一个简简单单的全军聚餐的命令，而是他要通过这种方式将必胜的信念传递给士兵们。

大军整队已毕，随即向井陉口进发。

全军出井陉口后，一条大河横在面前。这条河并不是很多书上写的绵蔓水，而是发源于井陉山的鹿泉水。

韩信下令先锋军一万人先于大军渡河，过河之后背水列阵。

赵军见此情形纷纷大笑，他们笑的是汉军不懂兵法。行军打仗哪有背水列阵的道理？这不等于封住了退路，一旦打了败仗就只有投河的分儿了。

就在赵军的轻视与嘲笑中，一万汉军从容地渡过了鹿泉水。这是走向胜利的第二步。第一步已经迈出去了，就是昨晚出发的灌婴的那两千轻骑兵。

自古隔河对峙，最怕的就是被敌军半渡而击。而韩信故意派兵过河背水列阵，而且只派一万人，目的就是麻痹赵军。

韩信军有四万人，只派一万人先行过河。赵军就不会半渡而击，因为不值得。汉军的主力还在对岸，仅仅击溃这一万人，不足以击败汉军。但如果韩信是全军渡河，赵军肯定不会放过这个机会，肯定会半渡而击。

而这一万汉军背水而阵，在赵军看来属于不具备基本的军事常识，而就在赵军的嘲笑声中，一万汉军不仅安全过河还从容布成军阵，这是井陉之战胜利的第三步，敌前布阵。

先锋军的一万人是在十万赵军的注视下完成布阵的。这又是一个奇迹。赵军依然没有攻击，原因是轻视，出于对汉军的轻视他们没有攻击布阵的汉军。他们又错过了一次攻击的机会。赵军不以为然，但赵军的战机就是这么一点点错失掉的。

古代作战，军阵的作用至关重要，甚至决定战争的胜负成败。韩信只用了一招背水列阵的示弱骄敌之计，就轻松完成了渡河、列阵两件大事。而所有这些都是在十万赵军的注视下完成的。

韩信将敌人骄傲轻敌的心理摸得相当透彻，并针对这一点，极力配合，从而令赵军大意轻敌，汉军避开了半渡而击，避开了未成阵列的攻击。

在十万赵军的眼皮底下，一万汉军建立起稳固的桥头堡阵地。就是这一万人结成的牢固军阵，成为韩信背水而战以少胜多的关键。

只有桥头堡阵地稳固，韩信的主力大军才敢过河，从容列阵。因为有这一万先锋军的军阵做掩护，不用再担心被半渡而击，不用再担心未成阵列就被敌军冲击。

战前，韩信就对部下说："赵军已先行占据险要之地筑垒立营；他们看不见我的大将旗鼓是不会轻易出击的。"

确实，赵军的首要目标是韩信。那一万汉军根本不入赵军的眼。韩信就是利用了这点，迟迟不露面。

待先锋汉军渡河列阵完毕，韩信知道该他出场了。

尽管赵军是主军，抢占了地利的先机。汉军是客军，面对的是占据险要的赵军，主动攻击于汉军不利。韩信的思路是，那就让赵军放弃已有阵地，主动前来攻击汉军。

令作为主军的赵军来攻，身为客军的汉军反而防守。如何才能让赵军按照汉军的作战意图来呢？韩信的策略是以利诱之。

韩信反客为主的办法就是背水列阵，自身为饵，引诱敌军放弃有利地势，主动向汉军发起攻击。

韩信自己就是那个利诱赵军的饵。只要他不出现，赵军就不会轻举妄动。而只要他出现，立功心切的赵军就会群起而攻之。

汉军主力开始依次渡河，但韩信和张耳迟迟不肯露面。赵军见不到他们也不主动攻击，就在那里看着，直到汉军渡河完毕，作为主角的韩信跟张耳才姗姗来迟，他们是全军最后一批渡河的。

过河之后，稍作休整，韩信即命人建大将旗鼓，打出他的旗号，摆开将军仪仗，率汉军缓缓向赵军营垒逼近。

但最早渡河的那一万人留守原地并未移动。因为这一万人在整个过程中都在背水列阵，记载这场战斗的史料称其为水上军。

之前，一直作壁上观的赵军，见到韩信的大将旗鼓，瞬间就不淡定了。

陈余见韩信现身，喜出望外，等的就是你啊。陈余立即下令打开营门，全军出击。

韩信见赵军倾巢而出直奔自己杀来，也很高兴。欣喜之余，连忙指挥部队，迎上去，与赵军迎头相撞，两军很快便厮杀在一起。

韩信就是要示弱诱敌，将敌人从山上坚固设防的营垒引诱到平地上来。

本来赵军人数众多占据险要又居高视下，可谓占尽优势。强攻不可取，那当然是以计取胜。

赵军从山上冲下来，地形的优势就消失了。

井陉关又叫土门关，是太行山脉进入华北平原的重要通道，因其地形"四方高，中央下，如井之深，如灶之陉"而得名井陉关。

井陉关前的平地并不大，而且地势狭长，赵军虽多，却受限于地形只能呈纵列攻击队形。进入平地后，兵力的优势也消失了。

韩信诱敌入平地得手之后，指挥部队坚决抵抗，并未立即后撤，因为那么做，诱敌的痕迹会过于明显，会被陈余识破的。陈余也不是泛泛之辈，只不过他遇上的是韩信，才相形见绌。

两军大战良久，韩信看戏做得差不多了。这才下令全军逐步撤退，沿途则丢盔弃甲，连象征韩信身份的大将旗鼓也丢在战场不要了。

看见汉军"狼狈溃退"，赵军并未起疑，因为韩信做得实在太过逼真，令人不得不信。而在赵军看来，他们人多势众，汉军打不过他们逃跑很正常。而接下来，赵军的反应也很正常，"乘胜追击"。

败退的汉军退到河边，却并未被挤进河里，因为有水上军的掩护，他们在这里甚至还能稍作休整。而尾随而至的赵军被水上军的军阵挡在外面。

水上军放汉军主力进入大阵后就与赵军正面对抗厮杀起来。战斗进行到此时，已进入白热化，赵军一路追杀而来，眼看"胜利在望"，他们当然不肯放弃，当即发起强攻。

而留在山上营垒里的赵军将眼前的一切看得一清二楚、真真切切，抢功心切的他们见主力被水上军挡住，也打开营门全都冲出来。

在他们看来，汉军即将大败，在汉军崩溃之前，这是最后的立功机会。所以，他们不管营垒，都冲了出去。因为即将"胜利"，赵军认为守在营垒意义不大，到时就只能看着战友风光，论功行赏的时候，他们可是要吃亏的。

留守赵军一窝蜂地冲出大营，也加入对水上军的围攻。

这时，先前退入军阵后方的汉军眼见情势危急，也再次投入战斗，与赵军做殊死战。

汉军表现出极其强悍的战斗力。虽然人数处于劣势，但凭着浴血拼杀，硬是顶住了赵军的凶猛攻势。

赵军拼命是为抢功。汉军拼命那真的是为保命。双方立场不同，就决定了拼命的程度也不同。也正是由于以上原因，四万汉军才能顶住十万赵军的如潮冲击，守住阵线。

就在两军激战的同时，早已埋伏在附近的灌婴，见赵军倾巢而出，全军出击，只留下一座空营，立即按照韩信事前的布置，率两千骑兵，疾驰而入，占领赵军空营。汉军随即拔掉所有赵军旗帜，换上两千面汉军的红旗。

赵军连番攻击却攻不进汉军大阵，久战之后士兵疲惫，准备回营休息，明日再战。

赵军撤退回营，却惊讶地发现原先的营垒插满汉军的旗帜。

大惊之下，赵军以为汉军已尽得赵地，不然自己的后方怎么会被汉军占领，军心顿时大乱。

赵军纷纷溃散，各自散走，争相逃亡。赵将连斩数人也制止不住。汉军则趁势夹击，大破赵军。兵败而逃的陈余也被汉军追上斩杀于泜水，赵王歇也被汉军俘获。井陉大战，以汉军全胜而结束。

战后，众将纷纷向韩信汇报战果，报告斩获的赵军首级还有缴获的众多战利品，并向韩信祝贺胜利。

但在庆祝胜利的同时，众将心中的疑惑仍未解开。之前，他们不敢问，现在终于有机会了。

众将向韩信请教："兵法：'右倍山陵，前左水泽。'今日将军却令臣等背水而陈，还说'破赵会食'，臣等不解其中深意，然而最后竟然真的获胜，这到底是何缘故？"大获全胜后，韩信也心情大好，耐心解释道："兵法上写得很明白，只是诸位没有很好地领会罢了！兵法有言'陷之死地而后生，置之亡地而后存'！

此次出战，所部多是新近归附的士兵，不是平日训练的旧部，此所谓'驱市人而战之'，只有背水一战将其置于死地，士兵才会人自为战，方能为我所用。

如在生地，有路可退，遭遇强敌，必四散奔逃，弃军而去。怎能听我驱使拼死作战呢？"

经过韩信的一番说明，众将这才恍然大悟，如梦初醒，纷纷拜服："将军用兵高妙，非臣等所及也。"

战前，韩信就颁布悬赏令，能生擒广武君李左车者赏千金，并言明，不要死的，要活捉。

悬赏千金，自然是心想事成。

很快，韩信就见到了被捆成粽子的李左车。韩信当即走上前替其解开绑缚，并请李左车东向上坐，待以师友之礼。

韩信如此看重李左车，当然不是简单的尊贤礼士而是有事相问。正是礼下于人，必有所求。

韩信向李左车请教道："我欲北攻燕，东伐齐，如何进兵才能成功？"李左车赶紧辞谢说："臣败亡之虏，何足以计大事！"韩信说："我听说，百里奚居虞而虞亡，在秦而秦霸；非愚于虞而智于秦也，用与不用，听与不听也。诚令成安君听足下之计，信亦已为禽矣。因其不用足下之谋，信方得以至此。今委心归计，愿足下勿辞。"

韩信向李左车问计，如何攻取燕齐。李左车说，败军之将不可言勇；亡国之士大夫不可以图存。如今我是阶下之囚，怎敢让您请教呢？韩信说您就不要谦虚啦，您之所以被俘，那是因为陈余刚愎自用没有听从您的计策，如果他采纳先生之计，那么如今做阶下囚的就是我了。

双方寒暄过后，李左车也不再推托，他也看出韩信的请教是出于诚意，那自己也就诚心相告。

李左车说："将军涉西河，虏魏王，禽夏说于阏与；东下井陉，一日之内破赵军二十万众，诛成安君；名闻海内，威震天下。此将军之所长。

然而，久战之后，士卒疲惫，其实难用。今将军欲率疲敝之兵，顿于燕国坚城之下，欲战不得，攻之不拔，情见势屈；旷日持久，粮食单竭。燕既不服，齐必距境以守。燕、齐相持不下，则中原战事不解。此将军所短也。善用兵者，不以短击长而以长击短。"

韩信对李左车之言也颇为认同，于是便问道："依您之见，当如何？"李左车说："为将军计，不如按甲休兵，镇抚赵民，百里之内，牛酒日至，以飨士大夫；北首燕路，而后遣辩士奉咫尺之书，暴所长于燕，燕必不敢不从。燕已从而东临齐，虽有智者，亦不知为齐计矣。如是，则天下事皆可图也。兵固有先声而后实者，此之谓也。"韩信听后也大为赞叹连说："好计！"

韩信如李左车所说派人出使燕国。魏、赵都是大国，在韩信面前，尚且不堪一击，更何况是偏弱一隅的燕国。

在汉军的军事威慑之下，燕国望风归降。韩信兵不血刃即收服燕国。这也是井陉之战带来的连锁效应。赵国是中原强国，韩信只用一天就将其击败，还是以少胜多。这场大战给周边各国带来强烈的震撼。

韩信遣使向汉王报捷，同时请以张耳为赵王镇抚赵地。不出预料，这个请求立即得到刘邦的批准。韩信的政治情商并不是如有些人说的那么低。

韩信有时还是很懂刘邦的。当初，刘邦派张耳与他一同伐赵，目的就是战胜之后，留下张耳居守。

张耳是亲信，韩信是大将，亲信是要分红的，大将是用来干活的。

韩信早看出了刘邦的心思，但这话刘邦不方便说出口，因为毕竟仗是韩信打的，受封的却是张耳，于情于理都说不过去，但刘邦已经决定的事情，韩信内心即使有所不满，此时也不是时机。

于是，韩信便顺水推舟，主动上书请求让张耳做赵王，说出了刘邦说不出口的话。

汉军攻赵，楚国也没有坐视不管，多次派兵渡河与尚未投降的赵军联手反击，攻城略地。

张耳、韩信忙于救应，平定赵地，一时也无暇东进。韩信、张耳停留在赵地，也及时救了在荥阳成皋前线苦苦支撑的刘邦。

与捷报频传、连战连胜的韩信相比，刘邦过得那是相当凄惨，整日被项羽围着打，苦不堪言。

项羽不管别人就只盯着刘邦。刘邦走到哪，他跟到哪。项羽之勇武，世人皆知。刘邦要在正面硬刚项羽，会有多苦，可想而知。

奇谋为长——陈平纵反间之计

刘邦在荥阳成皋一线固守不出。项羽就又用上巨鹿之战时对付章邯的那招，袭击汉军的粮道。汉军用来运粮的甬道多次被楚军袭击，导致粮食匮乏。

对此，刘邦也想不出好办法。要护粮道，就要出城与楚军交战，可正面野战，他又打不过项羽。一脸愁容的刘邦找来郦食其商量对策。

郦食其给刘邦出主意说："当年，汤伐桀，封其后于杞；武王伐纣，封其后于宋。秦失德弃义，侵伐诸侯，陛下诚能复立六国之后，六国君臣百姓感戴陛下恩德必相率归附。到时，又何惧于楚。"

郦食其的嘴，刘邦的腿。

楚汉之际，郦食其是当仁不让的首席舌辩之士。他是"嘴炮开疆"的王者，刘邦攻不下的城，他仅凭一张嘴就能给说下来。韩信都有点嫉妒他。

而刘邦的各种走位，更是别人难以超越的。不管项羽如何包围，重兵围城，还是重重围困，刘邦总能突出重围，转危为安，化险为夷，全身而退。

郦食其的一番话说得刘邦心花怒放，既然有这么好的主意，当然要赶紧落实。刘邦立即命人刻印，准备刻好后就交给郦食其抓紧去办。

郦食其尚未出发，正好张良从外边进来。刘邦正在吃饭，此时的他也顾不上礼仪，招呼张良道："子房，快来！有人为我设计破楚。你来听听！"刘邦就把郦食其对他说的话又对张良复述一遍。说完，还问张良："你看这个主意如何？"

张良听完，眉头紧锁对刘邦说："这是谁为陛下出的主意？陛下如果真的照此行事，大势去矣！"

刘邦正高兴呢！见张良脸色不对，又语出惊人，忙问："为何？"

张良说："昔日汤、武封桀、纣之后，皆因其能制其死命；今陛下能制项籍之死命乎？其不可一也。

武王入殷，表商容之间，释箕子之囚，封比干之墓，今陛下能乎？其不可二也。

发巨桥之粟，散鹿台之钱，以赐贫穷，今陛下能乎？其不可三也。

殷事已毕，偃革为轩，倒载干戈，示天下不复用兵，今陛下能乎？其不可四也。

休马华山之阳，示以无为，今陛下能乎？其不可五也。

放牛桃林之阴，以示不复输积，今陛下能乎？其不可六也。

天下游士，离其亲戚，弃坟墓，去故旧，从陛下游者，日夜望咫尺之封。

今复立六国之后，天下游士各归其主，从其亲戚，反其故旧、坟墓，陛下与谁取天下？其不可七也。

诚用此谋，陛下事去矣！"

刘邦听后，惊出一身冷汗，连忙吐出口中饭食，大骂道："竖儒，险些败我大事！"刘邦赶紧令人将做好的印信尽数销毁，此事再也不提，就此作罢。

张良说了那么多，归纳起来，其实就是一句话，权力只对它的来源负责。

旧六国贵族不缺乏与本地豪强的联系，他们本身就是地方上的豪强，在旧地也具有一定的号召力。所以，如果按照旧六国地域进行分封，他们能够轻而易举地将当地资源转化成自己的，刘邦却不能对他们进行有效控制。

而相应地，韩信本身不带资源，他的资源几乎都是刘邦给的，控制起来更容易；英布的嫡系在龙且和项伯的攻击下早就损失殆尽，他的政权以及军队都是刘邦帮他重建的；彭越的独立性最强，但他的根据地在齐魏交界的巨野泽，实力最弱，想获得更大的地盘只能依靠刘邦。

他们三位本质上都是新军阀而非旧贵族，根基不够深厚也缺乏称王的名义，因此分封对他们才有急迫的需求；而这三位是不可能通过项羽获得同等利益的。韩信与黥布就是因为项羽不能给予他们想要的利益才投奔刘邦的。

分封本身就是为了扩张利益的需要，后退一步是为了前进两步。

在自己力量不够强大时，通过分封进行利益分配从而实现统一战线，这是退一步。

集中各路诸侯打败敌人，一统天下，然后，再对各路诸侯下手，将之前封出去的再全部拿回来，这是进两步。

既然如此，实力更强又更容易控制的新军阀，要比自身根基深厚，对刘邦依存度又低，还特别喜欢搞顺风倒，特别容易叛变的旧六国贵族好得多。

刘邦之前就要将关东分封出去，以换取能为他打败项羽的各路诸侯的鼎力相助。张良就告诉刘邦，只要韩信、黥布、彭越三人即可。刘邦也照做了。

如今韩信在北方奋战，黥布被他拉来一起守荥阳成皋防线，彭越在项羽后方进行独立自主的游击战，三人都打得格外卖力。但刘邦在正面战场依然被项羽狂虐。逼得刘邦不得不再想办法另寻出路，他又哪有更好的办法？战场上打不赢，只有靠政治智慧，依旧还是要走统一战线的老路。

不过，刘邦这次还是有点新意的。这次，他不是给自己找合伙人，而是要挖项羽的墙角。对项羽阵营进行离间，从内部分化瓦解项羽集团。

而在刘邦阵营中，最适合干这类间谍工作的就是陈平了。

刘邦对陈平说："天下纷纷，何时能定？"总是这么打仗，何时才能天下太平呢？其实，刘邦这句话的潜台词是，总这么被围着打，我要怎么做才能早点打败项羽呢？陈平自然听懂了刘邦的意思，便说："项王的骨鲠之臣不过亚父、钟离眜、龙且、周殷数人而已。大王诚能拿出数万黄金，行反间之计，离间西楚君臣，以疑其心。项王为人，生性多疑，听信谗言，到时，不必我们动手，他们自己就会君臣相疑，自相残杀，分崩离析。到那时，再举兵相攻，破楚必矣。"刘邦大喜说："好计！就这么办。"

刘邦当即拨出黄金四万斤交予陈平，让他自行其是，如何花这四万斤黄金，完全由陈平自己做主。刘邦从不过问黄金的使用，更不会去查账，表达的意思清晰而又明确，你办事，我放心。

被充分信任又被充分授权的陈平得以放手去干，有这些黄金再利用他此前在楚军中的人脉到处活动，说钟离眜等大将，数有功劳却不得裂地封王，心怀不满，想要投汉，共灭西楚，分王其地。诸如此类的话，被四处传播，久而久之，项羽果然开始疏远钟离眜等人。陈平的离间计成功搅乱楚军上层。因为陈平精准地抓住了他们的痛点。

项羽平日对属下态度极其和蔼，嘘寒问暖，部下生病，他还会担心流泪，这与他在战场上的威猛形象相差甚远。更重要的是，项羽不会有像刘邦那种流氓作风。看起来，项羽是比刘邦更亲民的好领导，那为何韩信、陈平这些人还会纷纷改换门庭来投靠刘邦呢？因为刘邦大气、项羽小气。

刘邦平日的作风确实有点流氓习气，但人家舍得分红，发钱的时候从不小气，涉及利益的分配更是以功取酬。看在钱的份儿上，对刘邦的骂骂咧咧与粗俗言语，人家都表现出相当的包容。

项羽与刘邦正好相反，平时管理很人性化，态度也是相当好，但是到分钱的时候就很小气，至于晋升就更是难上加难。因为上层基本是项氏家族的人，再有就是与项氏关系亲密者，普通人很难通过战功升到决策层。

项羽的西楚更像是项氏的家族企业，管理也是家族式的模式，算是名副其实的"家国一体"。

项家的人对此自然是很受用，也很舒服。但外人就正好相反，特别是那些能力强、有抱负的下属，他们的付出与回报不成正比。干活的是他们，坐享其成的却是项家的人，时间久了，自然心生不满。

韩信、陈平选择弃楚投汉，那些没走的如钟离昧、周殷等人，不走不代表他们就对现状满意。项羽与这些功臣的矛盾就在于利益的分配。而陈平就在这个最敏感也最伤感情的问题上大做文章，抓住了问题的关键，抓住了项羽以及钟离昧、周殷等人的痛点。

反间计能成功，关键在于两点：一是选对人；二是做对事。

第一是刘邦选对人，他选的是陈平。

第二是陈平做对事，出奇计、行阴谋是他的专长。

陈平的成功在于刘邦对他的信任。而陈平作为新近来投的前西楚官员却能在极短的时间获得刘邦的充分信任，原因却令人意想不到——被人告发。

告发陈平的当然也不是一般人，史料上罕见地写出了他们的名字——周勃、灌婴。当然，他俩只是代表，在他俩身后的是整个丰沛的功臣集团。

周勃、灌婴对刘邦说："陈平虽美如冠玉，但他的内在未必如他的外表那般光彩照人。臣听说他在家时与其嫂私通；先事于魏，不被所容，又亡归楚；在楚又不得容身，才归汉。这么一个人，大王却给他大官做，令他监督众将。臣听说陈平利用职权大肆收受贿赂，接受众将的金银行贿，金多者得善处，金少者得恶处。陈平如此反覆品行不端的乱臣，大王怎能重用于他呢？愿王察之！"

刘邦找来当初推荐陈平的魏无知，当面责问，谁知人家也振振有词："臣推荐的是有才能的人，陛下问的是有德行的人。今日虽有廉若伯夷、信如尾生的有德之人，但对决定战争胜负没有贡献，陛下现在需要的是这些人吗？楚、汉相距，臣进奇谋之士，只因对国家有利。盗嫂受金，又何足疑？"

刘邦又找来陈平，当面斥责："先生事魏不忠，事楚而去，今又投我，秉承信义的人会这么做吗？"刘邦有来言，陈平也有去语。

陈平说："臣之前确曾服侍魏王，但魏王不能用臣之策，所以才离开魏国；臣事项王，但项王不能信任微臣，其所信用，非诸项，即姻亲，虽有奇士而不为所用。闻汉王能用人，故此来归。臣裸身来，不受金无以为资。诚臣计画有可采，愿大王用之；使无可用者，金俱在，请封输官，得其骸骨。"

刘邦深感惭愧，当即拜谢，对陈平给予厚赏，拜其为护军中尉，军中众将，皆归其督察监管。众将见刘邦如此信任陈平，而此时的陈平又是大权在握，便都不敢再向刘邦多言陈平的是非，乖乖听命。

告发告出了反效果。

陈平不但未受责罚，反而比以前更受重用，更被信任。

以上就是史料中关于陈平盗嫂受金的故事，以及刘邦对陈平态度的转变，也是大众所熟知的典故。很多人对陈平的认知大多也来源于这些史料。

读过之后，总感觉好像哪里不对。感觉不对，那就对了。

因为以上皆为表象。

周勃、灌婴为何要在刘邦面前说陈平的坏话？而刘邦又为何听信陈平近乎强词夺理般的辩解？之后又为何对陈平信任有加，更为器重？史料中并未给出答案。

想知道真相就必须追根溯源。

陈平初到汉营，在与其进行过一番谈话后，刘邦就认识到了陈平的非凡价值。作为开创大业的人，最重要的能力就是会识人、用人。

刘邦看出陈平是个不可多得的管理型人才，这点陈平自己都未必知道。刘邦现在最缺的就是这类人，所以，陈平来了之后，很快就被委以重任，监护众将。

为何说陈平是管理型人才呢？因为他情商高，会搞关系，执法又公平。这点在陈平的传记里就有体现。陈平在家乡时，乡里社祭，由陈平主宰分肉，这是一个特别容易引起纷争的差事，大小肥瘦不均就会有人不满。但陈平分的肉，大家却都很满意。这个小故事并不是平白无故地写出来的，它实际上是一种暗示，意在以此说明，陈平是个执法公平又有说服力的人。这为陈平监护众将埋下伏笔。

陈平的监护类似于现在的督察，专管军人，而且还是高级军官。在军队中，这是一个得罪人的活儿。在刘邦的汉军中也是如此。

因为刘邦的汉军里面，高级军官基本都是他的老乡，丰沛功臣。这是刘邦的优势，但同时也是他的劣势。

战场上，同乡亲友是打不散的纽带。但这也是管理上的难点，搞不好就是项羽那种家族式企业型的国家。

刘邦起兵倚重的就是这些丰沛功臣，这些人是他起家的资本，也是他的骨干、他的依靠。但同时，这帮人又很难管理。

立功受赏时，刘邦不吝赏赐，大把地分金分银，大家都很高兴。但触犯军法时，都是跟他一起打拼的老乡旧友，他该如何处理这些事情呢？这时就需要陈平这种执法公平又富有亲和力、会做人的督察官员出面。

有人唱红脸，就要有人唱白脸。

刘邦自己唱红脸，好事都是他做，名声都是他得，利益都是他给。大家自然拥戴他。

陈平就是那个唱白脸的人，他要说那些刘邦不方便说的话，处理那些刘邦不便出面处理的事，简而言之，他就是刘邦的白手套，替刘邦背锅的人。

也可以说，陈平是刘邦的另一副面孔。

刘邦不便亲自处罚那些与他一起从沛县出来的故交好友，这些得罪人的事情，只能交给陈平去办。

长此以往，陈平在那些丰沛功臣那里自然风评很差。周勃、灌婴为何在刘邦面前打陈平的小报告，还不是因为陈平的公正执法触犯了他们的利益！

对此，刘邦自然是心知肚明。陈平是代他受过。至于刘邦找陈平谈话，对其行为进行"斥责"，不过是表表姿态，做给周勃、灌婴他们看的。戏演过后，刘邦立即对受委屈的陈平进行补偿，比以前更信任陈平，也更重用陈平。

能为领导办事，为领导分忧，还能为领导背锅，体量领导的难处，这么好的下属，哪个领导会不喜欢呢？精于人情世故又执法公平合理的陈平受宠是必然的。

刘邦之所以这么信任陈平，就是这些原因。所以，周勃、灌婴的告状，不但告不倒陈平，反而是陈平进步的助推剂。

因此才出现告状告出反效果的反常现象。

事情反常，不要急于下结论，因为肯定是有他的原因的。

而这些原因，大多不便公开。还是那句话，能摆上台面的理由，往往都不是真正的理由。

至于周勃、灌婴陷害陈平的罪名，盗嫂受金，那就更是古往今来，坑害政治对手的标准套路与常规准则。

盗嫂受金，说得通俗点就是，贪财好色。这算缺点吗？你说是就是，你说不是那就不是。

不少人最喜欢拿道德说教说事儿。做人、做事要品德好、作风好，这是世所公认的"普世价值"，任何时候讲出来都能占领道德高地。

相反，那些品德差、作风差的人，自然就是不应该被重用的奸邪小人，即使不是大奸大恶之人，也是作奸犯科之辈。在一个极度虚伪又极度标榜道德的国度，被扣上这些大帽子，即使再有才能，对其任用也会大受影响。

古往今来，道德风评是打击政敌、陷害对手最有效、最省事儿，也是成本最低、代价最小的方式。

只要这个人被贴上贪财好色的标签，那就等于说他不是好人，就应该被打击，就应该受惩罚，就应该让出位置靠边站。

你贪不贪财、好不好色并不重要，重要的就是他们想整你。以卑鄙龌龊的方式，用高大上的理由做伪装，来打压你。

古人说，要听其言，观其行。

但从古至今，言论都是靠不住的，言行不一才是大多时候的正常现象。真实的世界里，不必听其言，只需观其行即可。因为很多人，嘴上说不要，身体却很诚实。

能为领导背锅的人，才能得到领导的信任。刘邦需要陈平去管理整治那些桀骜不驯的丰沛功臣，更需要陈平去制衡这些人。

因为在一个政治集团里，主要成员来自同一地区，对最高统治者更多的是一种威胁。后来，平定功臣，刘邦首批选定的十八位封侯的功臣，十之八九都是他的丰沛老乡。

陈平则排在第四十七位。以陈平的功劳，不应该排得这么低，但谁让陈平得罪过那么多的丰沛功臣呢！陈平排得靠前，丰沛功臣是会不高兴的。

刘邦为照顾丰沛功臣的情绪，只能故意压低陈平的排名。但作为补偿，刘邦在日后丞相人选的安排上，还是给予了陈平应有的待遇。

刘邦死前，吕后曾问他今后丞相的人选，萧何之后，谁来接任？刘邦说曹参可以。又问，刘邦的回答是王陵。刘邦并不喜欢王陵，因为这个人一直都不怎么服他，关系也一般，但他是丰沛集团的重要成员。刘邦只能顺从众意，但他也不甘心，不想让王陵独任，就安排陈平与王陵共同为相。刘邦对吕后说陈平难以独任相国，至于为何难独任，刘邦未说，其实，很容易明白。从萧何到曹参再到王陵都是清一色的丰沛人，只有陈平是例外。

在汉初丰沛集团把持朝政的大局下，刘邦硬生生把陈平安插进去，那是有多不容易。以陈平的才干能力，完全可以独任，但丰沛集团不会答应。王陵与陈平的搭档是刘邦与丰沛功臣相互妥协的结果。

陈平能排在萧何、曹参之后，与王陵并列为相，这本身就是刘邦对陈平忠诚能力的高度认可与肯定。

陈平虽不在"汉初三杰"之列，但他跟刘邦的关系最亲近，也最受信任。韩信常年在外带兵，羽翼丰满就独自称王。萧何常年留守后方。同陈平职能最接近的就是同为谋臣的张良，但张良也曾两度离开刘邦，只有陈平，几乎与刘邦形影不离，常在左右。

刘邦对张良是敬，对陈平是亲。敬而远之，亲而近之。刘邦与张良、陈平的关系，很像后来的刘备与诸葛亮跟法正。刘备对诸葛亮是敬重，对法正则是亲近。

陈平身为刘邦最亲近的谋士，为刘邦多次出谋划策，功劳甚大。史书评价陈平在楚汉相争中曾六出奇计，辅佐刘邦化险为夷，转危为安，平定天下。

以重金离间项羽君臣，这即是陈平六出奇计中的第一计——重金离间。

喧宾夺主——范增出走的真相

但离间计并非立竿见影，看到效果也要些许时日，只是刘邦被项羽重重围困，急于脱身。刘邦可等不了那么久。

汉三年（前204）四月，被楚军围困于荥阳的刘邦主动向项羽提出议和，以荥阳为界，以西属汉，以东归楚。

亚父范增力劝项羽，这个时候不要理会刘邦。此时应全军出击，昼夜围攻。强攻之下，刘邦坚持不了多久。胜利在望，岂能与之言和，放虎归山？

因为陈平出色的情报工作，这事儿刘邦很快也知道了。刘邦意识到，此时范增是比项羽更危险的存在。这老头一心想弄死他。当初，鸿门宴上就派项庄舞剑，要刺杀他。虽行刺未成，也令刘邦惊出一身冷汗。如今又劝项羽急攻荥阳，照这么下去，自己早晚会被范增害死，必须尽快除去这个祸害。

因为双方正在谈和，使者往来频繁。项羽的使者来到汉营。陈平命人以太牢的规格款待来使。侍者举盘呈进，抬头看见楚使故作惊讶之状："我还以为来的是亚父的使者呢！原来是项王的使者！"言罢，便不再理睬使者，将食盘端走，不大一会儿，侍者去而复返，这次端上来的是档次极低的菜品，估计是按对待奴仆的标准上的。这番操作，伤害性不大，但侮辱性极强。

楚使回去自然是据实以报。史料上说，项羽由此开始怀疑亚父范增与汉通谋。范增极力主张急攻荥阳。项羽不信任范增，他的话当然也不肯听。

时间久了，范增也听到了不少传闻说项羽怀疑他，加上之前他的建言献策都被项羽置之不理，范增也明白，项羽这是在变相地驱逐他。

范增带着满腔怒气说道："天下事大定矣，君王好自为之，愿请骸骨归乡！"范增主动请辞。项羽巴不得他早点走，立即照准。负气出走的范增还未到彭城，就在路上发病身亡。

很多人据此认为，范增的出走是因为项羽中了刘邦跟陈平的反间计。这个想法未免过于低估项羽的智商了。

陈平确实受命执行反间计。刘邦为此不惜重金，拿出四万斤的黄金当作陈平的活动经费，堪称大手笔。但反间计的最大特点就是见效慢，且极为秘密，需小心运作，长期布局才能收到成效。

而且，反间计最重要的是选对目标。陈平向刘邦汇报工作计划时，说的是要策反钟离昧跟周殷，可从未提过范增的名字。

范增对刘邦是何态度，鸿门宴上表现得还不够明显吗？他就差在脑门上写上"我要杀刘邦"这几个字了。这么一个铁杆反汉的人，怎么可能被收买？

范增出仕时已近七旬。一个七十老翁，对金银财宝已经看得很淡了。特别是对范增这种有着极强政治理想的人来说，金银钱财，对他不具备吸引力。范增是不会被金钱收买的。

以陈平的足智多谋也不会选范增做策反对象，那岂不是自讨苦吃？

但令侍从以两副面孔出现，区别对待使者，确实是出自陈平的授意，在其指使下进行的。

但这并不是反间计，而是陈平巧妙地利用了项羽与范增之间的固有矛盾，在驱逐范增这件事情上，与项羽达成的一种心照不宣的默契。

是的，你并未看错。范增是被陈平与项羽联手赶走的。不需要惊诧，也不必惊讶。只要利益一致，任何事情都有可能。

陈平是从楚营出走的。对西楚内部的派系纷争，他比其他人都清楚。

项羽与范增的矛盾也是由来已久。驱逐范增，项羽恐怕早有此心。而陈平也深知这点，才顺势而为，给项羽提供一个表面上说得过去的借口，帮助项羽顺利实施他的计划。因为这符合他们双方的利益。

项羽平时尊称范增为亚父。项羽只是客气，但范增可能当真了。以他们的年龄差距，范增是项羽的爷爷辈。而范增虽然满腹韬略，智计过人，智商很高，情商却很低。平时，估计也是以长者自居，将项羽当孙子训，未将这个二十多岁的楚军统帅当领导。

证据就是鸿门宴上范增的表现。范增不经请示就擅自做主派项庄去刺杀刘邦。他在做这件事之前可并未征求过项羽的意见，属于典型的先斩后奏，而他所做的这些都是当着项羽的面进行的。项羽会怎么想，你是领导，还是我是领导？

关键在于，范增在西楚还有威望，有话语权。他说的话，有人听。项庄不就是听他的命令去席上舞剑的吗？其他人大概也差不多，如此一来，楚军就等于有两个领导、两个指挥中心。政出多门，不利于国。

项羽应该很讨厌范增这种缺乏边界感的下属。有时候，项羽甚至感觉，他是范增的下属。项羽时常能体会到来自范增的压迫感。这个人威望高，能力强，还喜欢自作主张。项羽不喜欢范增也是很正常的。

更过分的是，范增这个下属还经常反过来训斥项羽，当众让项羽下不来台，私下斥责的时候估计也不会少。

还是拿鸿门宴来说，刘邦逃席。张良献上玉璧、玉斗。项羽接过玉璧放在旁边。范增当场敲碎玉斗不说，还加上一句："竖子不足与谋！"这个骂人的话说得可够狠。领导都收了。你偏要砸碎，摆明不给领导面子。竖子，说的是谁！在场的人都清楚。连项羽都默然不语，其他人还能如何？只能站在那里看范增骂街，一声也不敢出。那个场面是相当尴尬。

范增敢当众明目张胆地骂项羽是竖子，这哪里是下属对上级说话的语气，更像是爷爷训孙子、上级骂下属。

项羽对范增的不满想必也是积压很久了。冰冻三尺，非一日之寒。项羽早就有心驱逐范增，只是因为对方资历过深、名望又高，找不到合适的理由跟机会。

陈平就是摸准了项羽的心思，才有的放矢，故意布下这个局。项羽则顺水推舟，以此为由赶走范增。

项羽当然清楚刘邦跟陈平这些人的小心思，但他愿意配合，只是因为这么做也符合他的利益。

双方在驱逐范增的事情上达成共识，彼此心照不宣密切配合，共同演戏。

他们都达到了自己的目的，也都认为自己是那个赢家。站在特定的角度看，似乎也可算双赢。

真正悲哀的人是范增。倾尽心力辅佐项羽，换来的居然是这种凄凉又可悲的下场。

虽然陈平用计赶走范增，但局势对刘邦仍相当不利，形势不容他乐观。项羽同意谈，但也未放松打。楚军依然围困着荥阳。项羽依然掌握着主动权，使者往来外交谈判丝毫不影响楚军攻城略地。

楚汉相持——荥阳成皋拉锯战

到了五月，荥阳城里的刘邦快要坚持不下去了。形势已经十分危急，这时老将纪信站出来，表示愿意为刘邦赴死，由他扮作汉王，出城向楚军诈降。刘邦可趁机突围，重整旗鼓，再与楚军决战。

纪信是刘邦的亲信，鸿门宴上，刘邦丢弃车驾乘马逃走，步行追随护驾的四人里就有纪信，其他三人分别是樊哙、夏侯婴、靳强。这三人后来都被封侯且排名靠前。所以说纪信是刘邦的亲信，也只有亲信才会甘愿为刘邦牺牲。

刘邦不是冷血之人，也是有感情的有血有肉的人，懂得知恩图报。刘邦在沛县起兵时，沛县县令中途反悔紧闭城门将刘邦关在城外，一个叫秋彭祖的士兵第一个冲过去打开城门迎接刘邦进城。多年以后，刘邦仍对当初第一个主动给他开城门的小兵念念不忘，为表彰其功勋，封其为戴侯。这个小兵就因为第一个开城门迎刘邦就被封侯。

汉代封侯是光宗耀祖、泽及子孙的至高荣誉。汉代的侯是可以世袭的。滴水之恩，涌泉相报。刘邦做到了。

其实，吕后也是如此。还是刘邦在沛县起义时发生的事儿。刘邦放走囚徒，自己带人躲进芒砀山。他是躲起来了，可他在沛县的妻子吕雉却被县令关进大牢。

当时还很年轻的吕雉，虽然已经是两个孩子的母亲，但还是姿色动人。一群监狱的狱卒就趁机调戏羞辱吕雉。刘邦的好朋友任敖在沛县做狱吏。看见吕雉被人欺负，当即与那些人大打出手，救下吕雉。这件事吕雉始终未曾忘记。

十多年后，吕雉当权，她提拔了两位从前的恩人，一位是之前提到的审食其，另一位就是这个任敖。

吕雉当政的第一年就任命审食其为左丞相。任敖也是在吕雉掌权后被提拔为御史大夫，级别相当于副丞相。

以审食其、任敖的实际功劳跟工作能力，他们肯定是干不到这些位置上的。而他们能封侯拜相，主要是出于吕雉念及当年他们挺身而出、患难与共的旧情，报答他们当年的恩情做出的超出常规的越级提拔。

刘邦跟吕雉确实杀过一些有功之臣。吕雉设计杀韩信，吕雉与刘邦合计杀彭越，刘邦带兵征讨黥布。人们往往只注意到这些备受瞩目的大事件，却忽略了很多小事情。刘邦为给他开城门的小兵封侯。吕雉为救过她的狱吏升官。他们从未忘记过，那些在他们危急时伸以援手的人。

患难才见真情。

他们也是重情的人。

纪信甘愿为刘邦赴死，是因为他们是一起出生入死的伙伴。刘邦肯定也进行过痛苦的选择。不到万不得已，他也不想牺牲他的兄弟。但现在，被困荥阳的他确实已经到了山穷水尽的地步。

刘邦最终还是同意了纪信的请求，尽管万般不舍，但他是汉军的希望，只要他在，希望就在。这也是纪信甘愿牺牲的原因。

接下来要做的是如何骗过项羽。刘邦跟陈平都清楚，项羽并不容易诓骗。想要在重重围困中，欺瞒项羽突出重围，谈何容易。刘邦再次将目光看向陈平。因为之前的多次经历告诉刘邦，危急时刻，这个人总有办法。

陈平确实有办法。不过，这个办法有点损阴德。

一天深夜，紧闭多日的荥阳东门突然被缓缓打开，从里面陆续走出两千多身披汉军衣甲的"士兵"。围城的楚军见状未有丝毫犹豫，立即从四面围攻这些出城的"汉军士兵"。

但很快，楚军中就有人发出惊呼，他们发现这些人都是女的，而且不是士兵，只不过穿着士兵的衣甲。城里的汉军坐困穷城，城外的楚军日子也不好过。

现在的这些楚军士兵突然见到这么多的女人，双眼立刻放射出狼一般的光芒。东门发现大批女人的消息在楚军中迅速传播，不多时，城外的楚军就都知道了这个消息，大家不约而同地纷纷向东门聚拢，士兵们为着相同的目的奔向同一群目标。其余各门的楚军急遽减少。

站在荥阳城头的刘邦跟陈平表情复杂地看着眼前发生的一切，这些都在他们的预料之中。军中引起的阵阵骚动，自然引起了项羽的警觉。但还未容他多想，又一幕不可思议的现象出现在东门。

汉王的仪仗车驾也随后从荥阳东门缓缓而出。此时假扮成刘邦的纪信就坐在王车上，黄屋左纛，甚是惹眼。一旁不停有人高声喊喝："汉军食尽，汉王降楚。"四周的楚兵立即发出山呼海啸般的欢呼。

士兵们高喊着万岁，向东门集中，他们中的很多人并不是为了看汉王，而是为抢夺出城的两千多妇女。

女人的哭嚎声、士兵们的怒骂声、为争夺女人而大打出手的士兵们的厮杀声混在一起，整个东门乱作一团。

就在这混乱不堪的时候，荥阳城的西门悄悄打开，汉王刘邦带着亲信部下数十人在夜色的掩护下趁楚军的注意力都被吸引到东门的时机，从西门疾驰而出，向西逃去。

东门的局面已经彻底失控，过了很久，局势才稳定下来，这时楚军才发现假扮成刘邦的纪信。

项羽问纪信，汉王现在何处？当得知刘邦早已趁乱逃走，项羽再也未多说一句话，只是下令燃起篝火，将纪信推入火中，纪信在熊熊烈焰中结束了他的生命，也完成了他的使命。死前，纪信看到的是不远处气急败坏的项羽。

至于那两千多妇女的结局，史书并未交代，也不需要交代。这种缺德的事能被提及已经很不容易，后面发生的事情当然是不会被记录下来的。

如何从被围得如铁桶般的荥阳城突围而出呢？这确实是个难题。陈平的办法就是制造混乱，乱，才有机会。如何造成混乱呢？就靠那两千多妇女。

在外征战数月的苦大兵，多少日子都见不到女人，突然看见这么多妇女，那个场面可想而知，当混乱到相当程度后，装扮成汉王的纪信适时而出，再配合汉王来降的假消息，足以搅乱楚军。

混乱之际，也不会有人去注意那个在车上的人是不是刘邦。尽可能拖延时间，为刘邦争取机会。

一个从东门出，混淆视听；

一个从西门出，轻车简从。

一个要竭力吸引楚军注意；

一个要尽量避免引起注意。

两面几乎同时开始行动。如果不事前放出两千多妇女，楚军的注意力就都会集中到乘坐王车的纪信身上。

　　楚军中认识刘邦的人也不在少数，一旦出城，那势必就成为焦点，楚军上来盘查，很容易就会被发现，所以，必须在纪信出城前，分散楚军的注意力与关注点。

　　而那两千多妇女起到的就是这个作用。洞悉人性，利用人的弱点，巧妙地加以利用，这就是陈平的突围计划。

　　妇女在前，混淆视听，东西齐出，趁乱突围。这即是陈平六出奇计的第二计——荥阳突围。

　　当两千多妇女引起楚军的骚动，场面失去控制时，就是突围的最佳时机。因为这个时候，即使是项羽也掌控不住部队了。士兵们的心思都不在围城打仗上面了。

　　这就如同两年前进咸阳的楚军一心只想去府库抢夺金银财帛，是一个意思，不同的地点，相同的心态。身为主将也不便违逆众意。

　　待项羽发现上当受骗，刘邦早已走远，追都追不上了。

　　刘邦虽然走了。但荥阳还在汉军手里，刘邦走之前，令韩王信与周苛、魏豹、枞公一起留守荥阳。周苛、枞公两人私下商量，反复之人，不可共患难。魏豹已经反过一次了，如今楚兵围城，难保魏豹不会反第二次，留着魏豹也是个祸害，不如干掉，免除后患。于是，魏王豹被杀，魏国也就此消失。

　　刘邦以极不体面的方式从荥阳突围而出，身边只有几十个人追随，狼狈至极。刘邦从荥阳出来后就一路向西逃至成皋。

　　刘邦打算稍作休整，然后补充兵员，重整军备，再引兵东进杀回去。

　　这时，有书生劝刘邦："楚汉相距荥阳数岁，战火连年，百姓疲困，汉军多有不利。

　　大王不如挥师南下出武关，项王闻知必引兵相随。大王只需深沟高垒不与其战，与之长久相持，拖延时日，使荥阳、成皋间兵民稍有喘息且得休息，令韩信得以从容安揖河北抚巡赵地，连燕平齐。

到时，大王再北上荥阳。如此，则楚军不得不分兵以对，兵分则力散势弱；汉军再与之交锋，必破楚军！"

汉王刘邦纳其计，率军南出宛、叶间，与黥布一路收兵，驻军于宛城。项羽听说刘邦在宛，果然引兵南下寻战；刘邦则坚壁营垒不与其交战。

两军相持不下，就在这时，项羽后院起火。彭越，这颗早先布下的棋子开始发挥作用。

与韩信、黥布不同，一直以来，彭越都是单干。即使投向刘邦阵营之后，彭越依然保持他的一贯作风，坚持独立自主的敌后游击战。与刘邦的汉军主力，一东一西，遥相呼应，战略上，相互配合；战术上，各打各的。

韩信是前期依附刘邦，后来分出去单干；黥布正好相反，前期单干，后来依附于刘邦。只有彭越，从始至终都是独来独往，一个人率领部队在项羽的大后方进行游击战。

韩信尽管在战场上花招频出，兵法的运用更是达到了出神入化的境界。但他打的依然是正规战。

黥布出自楚军系统，即使与项羽分道扬镳、反目成仇，他用的战术战法还是楚军那一套。他打的也是常规战。

只有彭越与众不同，他几乎很少与敌人正面交锋，原因当然是早期实力较弱，但后期军力增强，彭越的打法也没有发生多少改变。

彭越的战术归纳起来就是那十六个字：

敌进我退，敌驻我扰；

敌疲我打，敌退我追。

看到这里是不是有一种似曾相识的感觉？怎么这么熟悉！感觉熟悉，

那就对了。这就是游击战的标准法则。

从古至今，凡是打游击的，基本遵循这套准则。

而彭越就是游击战法的开创者之一。后来的诸多敌后骚扰战术，用的都是彭越的这些战术。

先人数千年来用鲜血换来的经验教训，且经过岁月的历久沉淀，又经过多少次战场上的反复实践，已经被证明是行之有效的方法。当然要谨遵教诲，奉为圭臬。

楚汉争霸，主要有三大战场：

刘邦与项羽对峙的荥阳成皋正面战场；

韩信进行战略大迂回的魏、赵、燕、齐北线战场；

还有就是常常为人所忽略的活跃在梁楚交界一带的彭越军与楚军交战的敌后战场。

楚汉相争，众人的注意力十之八九都被刘邦、项羽跟韩信吸引去。彭越在角落里几乎被人忘却。

如果说楚汉战争是一场大戏，刘邦跟项羽还有韩信都是男主，那么彭越就是那个男配，还是那种戏份很少、出场不多、台词又少得可怜、极度缺乏存在感的悲催男配。

前期大戏都在正面战场，同台飙戏的都是刘邦跟项羽还有韩信这些实力派。

相比之下，彭越这类既不是明星又不带流量，虽有演技但知名度不高的演员自然只能在旁边看着，默默等他的戏份到了，再上场。

当前期的激情大戏过去，需要新的剧情加入带动节奏时，终于轮到彭越了。

处于实力较弱的一方，最好的攻击方向当然也是对方薄弱的地方。项羽防护的弱点在哪里呢？当然是粮道。

当初，巨鹿之战项羽处于兵力弱势的时候，攻击兵力雄厚的章邯。项羽选择的首要攻击目标就是秦军的粮道。

现在彭越所处的就是当初项羽的位置，而项羽现在所处的就是当初章邯的位置。

在相同的条件下，彭越也做出了与当时的项羽相同的选择，攻击楚军的粮道。当初这也是黥布的工作。

当楚军主力集中于荥阳前线围困刘邦时，后方自然兵力空虚。彭越当然不会放过这么好的机会。袭击粮道的小胜已经不能满足彭越，他要玩把大的，就是当初刘邦玩过的，偷袭项羽的家，攻击彭城。

趁楚军主力远在荥阳，彭越挥师南下，一路攻击前进，渡过睢水，与楚将项声、薛公战于下邳，过程不清楚，但结果很明确，大破之。彭越杀薛公，大败楚军。

看看地图就知道，下邳与彭城有多近，得到消息的项羽不得不带兵返回，留下终公守成皋。

彭越的南进起到了围魏救赵的效果，迫使项羽东归回救，这可帮了刘邦的大忙。趁项羽回撤，刘邦率军北进，击败终公，夺回成皋。

刘邦只怕项羽，别人他是不怕的。只要不是项羽，刘邦都能搞定。打败项羽的那些手下，对刘邦而言，轻而易举，不在话下。

这个规则也适用于彭越。对项羽的任何部将，彭越都丝毫不惧，还常常能战而胜之。不过，一旦遇到项羽本人，那就另当别论了。项羽确实不是一般的猛，而是超级猛，跟他正面硬刚，下场会很凄惨。

彭越是聪明人，见项羽本人来了。当即，三十六计，走为上计，敌进我退。之前打下的地盘统统不要了。全军撤退。

六月，项羽击退彭越，得知汉军重占成皋，立即引兵西进，经过一场激战，攻下荥阳。直到此时，荥阳才告失守。

　　守将周苛被俘，项羽对周苛说："做我的大将吧，封你做上将军，封三万户。"周苛破口大骂，宁死不降。项羽也是个火暴脾气，当即烹杀周苛，一起被杀的还有枞公，韩王信也做了楚军的俘虏。项羽乘胜再次包围成皋。

　　刘邦此时正在成皋。他又被围在了城里面。这次刘邦没有犹豫，趁楚军包围圈尚未成形，再次突围而出。成皋也不出意外，再次陷落。

　　八月，刘邦从韩信那里夺过军队进行补充后，又与项羽形成对峙。

　　因为正面实在打不动项羽，鉴于彭越上次攻击下邳的良好表现。刘邦决定对彭越加大援助力度，派将军刘贾、发小卢绾领兵两万深入楚军后方，与彭越会合，共同袭扰楚地，洗劫楚军粮道。

　　得到增援的彭越，也更加活跃，趁项羽的楚军远在荥阳成皋一线，后方空虚。彭越再次出击，这次的目标是梁地。要不是项羽贪婪霸道，这里本就应该是他的地盘。彭越是魏人，他攻略的也是魏地。加之又有刘邦的援兵，因而全军士气更为高涨。

　　相比第一次，实力得到增强的彭越再次用战绩证明了他的能力。彭越军一改以往的游击战作风，狂飙突进，势不可挡，连下睢阳、外黄等十七城。

　　九月，坐镇荥阳成皋前线的项羽终于沉不住气了。项羽对大司马曹咎说："谨守成皋。即使刘邦挑战，也不要理睬，慎勿与战，只要守住成皋，令刘邦不得东进，即是大功一件。我十五日必定扫平梁地，再回来与将军会合。"

　　项羽再次引兵东归，击陈留、外黄、睢阳等城，尽复失地。彭越又再次退回原地。

　　彭越的两次出击看似从原点又回到原点，所有攻下的城池得而复失。然而，他两次出击的真正意义在于给刘邦提供了两次反攻成皋的宝贵机会，这是雪中送炭。

相比按兵不动待在原地令刘邦大为恼火的韩信，彭越这两次出兵的表现就好太多了。彭越的两次攻击，都是在最关键的时刻，将项羽从正面战场调走，这帮了刘邦的大忙。项羽忙于救火，顾此失彼。也给了刘邦休整补充、从容反攻的机会。

战术上，项羽似乎很成功，东、西两线频频告捷，西线连下荥阳成皋，东线接连收复失地。

但在战略上，项羽却是失败的。他完全掉进了刘邦的战略陷阱，被汉军牵着走，焦头烂额，东奔西走，疲于应对。

刘邦这边韩信、彭越、黥布、灌婴都很能打。项羽那里薛公、终公、项声、曹咎，一个能打的都没有。能打的只有项羽本人，所以，他只能在东、西两线来回跑，完全陷于被动。也许有人会问，项羽为何不彻底解决彭越，再去找刘邦决战？项羽何尝不想这么做？只是，他做不到。

知道你很强，所以不跟你单挑，多路出击，环形包围。你在西线强攻，我就在东线偷袭，让你分身乏术。

兵力处于劣势的项羽，在刘邦三条战线同时发力的情势下，只会越来越被动。项羽的战略空间不停地被压缩。直至被刘邦四面合围，上演四面楚歌、霸王别姬的离别曲。

深入敌后　出敌不意——汜水成皋之战

　　楚汉相争的主战场在洛阳以东，洛阳东面是巩县，巩县往东是广武，广武向东是成皋，成皋再向东就是荥阳。荥阳北有敖仓，南有京索，各地相距三四十里，便于相互增援。

　　刘邦层层设防，希望能挡住项羽。可是，项羽之勇，楚军之强，有目共睹。尽管汉军竭力防御，还是被多次突破，险象环生。

　　荥阳、成皋在楚汉之间反复易手，刘邦更是被项羽多次合围，有两次差点就出不来了。

　　正面防守，打得实在辛苦。刘邦在多次受挫后，也有点举棋不定，一度打算放弃对荥阳、成皋的争夺，退守更西面的巩县，甚至洛阳。在那里建立新的防线抵抗楚军。

　　但郦食其对此坚决反对。他告诉刘邦："知天之天者，王事可成，王者以民为天，而民以食为天。

　　敖仓，天下转输之地，其下藏粟甚多。楚人拔荥阳而不坚守敖仓，乃引兵而东，分守成皋，这是天意助汉成此大功。

方今楚易取而汉反却，自夺其便，臣窃以为不可。且两雄不俱立，楚、汉相持不决，海内摇荡，农夫释耒，红女下机，天下之心未有所定。

当此之际，大王应再次进兵，挥军急进，收取荥阳，据敖仓之粟，塞成皋之险，杜太行之道，距蜚狐之口，守白马之津，以示诸侯，形势在我，则天下知所归。"

刘邦听从了郦食其的意见，准备反攻成皋，夺回敖仓。

机会说来就来，这个机会还是彭越帮刘邦争取的。因为彭越在楚军的后方攻得猛烈。才迫使项羽不得不离开荥阳成皋前线回去救援。尽管只是暂时离开，但对刘邦已经足够了。

对刘邦而言，这是不容错过的反攻良机。必须抓紧时间，刘邦也清楚，在项羽的凶猛攻势下，彭越也坚持不了多久。他必须速战速决，好在对阵的不是项羽。对项羽手下那帮虾兵蟹将，刘邦还是很有信心的。

汉四年（前203）十月，刘邦趁项羽被彭越牵制东归回援的机会，主动发起成皋汜水之战。这场战役也成为整个楚汉战争的转折点，此战过后，汉军从战略防御全线转入战略反攻。

当时，楚军的部署是，曹咎部守成皋，钟离眜部守荥阳，广武及存储粮食的敖仓反而不是楚军的防御重点，守在那里的楚兵人数并不多。

如按正常的攻击顺序，汉军从西向东打，依次攻击的应是成皋、荥阳、敖仓。

但成皋的楚军最多，防守也最为严密。强攻势必旷日持久，还未必攻得下来。当初，项羽也是日夜围攻，历时数月才攻下成皋、荥阳，显然，刘邦没有那么充裕的时间，他必须在项羽回来之前，结束战斗。

一旦陷入持久战，顿兵坚城之下，项羽再突然杀回，城内的守军必然会开城出击，到时楚军里应外合，后果不堪设想。刘邦很清楚这点，所以，整个过程必须要快。

战机稍纵即逝，时间更为宝贵，刘邦的战役部署是兵行险着，险中求胜：

汉军绕过楚军重兵设防的成皋，直插敖仓。进入楚军防御的中心，来一个中心开花，四面出击，围点打援。

汉军直插楚军腹心，夺取敖仓，再以此为中心，向北进攻广武，向东进攻荥阳，迫使成皋的楚军出城东援，然后就在野外，将其围歼，最后夺取成皋。

此战也将成为楚、汉两军决战的序章。

刘邦做出如此部署是要冒很大风险的，因为中心开花固然很好，能达到出其不意的效果。但如果失败，就会被楚军四面合围。

刘邦下定决心冒险进行这场战役，也展现出极大的魄力，这在他身上可是不多见的。

此战，事关全局，关乎成败。刘邦作为三军统帅，也决心奋力一搏，以期在正面战场反败为胜，扭转只守不攻的被动局面。

此前在荥阳成皋的主战场，刘邦一直都在被动防守，还守不住，被项羽紧逼，步步后退。刘邦甚至准备放弃荥阳跟成皋，退到巩县去。

还是郦食其帮助刘邦坚定信心。项羽颓势已现，这个时候千万别退，不但不能退，还要向前进。刘邦思虑之后也明白，郦食其是对的。偏巧，在这个时候，彭越在项羽的后方及时送上助攻，将项羽调走，为刘邦解了燃眉之急。

彭越在敌后的两次行动，一次比一次重要，一次比一次及时，战机选择之精准，攻击时机之恰当，就跟事前商量好似的。彭越给刘邦造出机会，而刘邦也把握住了这次机会，豁出去，下定决心打这一仗。

当汉军突然出现在楚军腹地时，带给曹咎的是极度的震惊，还有深深的震撼。他做梦也想不到，一向只会防守的汉军居然还会反击，而且，还是出现在他的后方。

更令他感到意外的是汉军攻击的方向，不是他所在的成皋，而是更东面的广武跟荥阳。

刘邦的这个部署，逼得曹咎不得不出城东援。因为若是坐视不救，局面对楚军只会更糟。

得知曹咎部渡过汜水东进，刘邦立即变阵，只留下少量部队牵制荥阳等地的楚军，主力汉军则迅速收缩，准备合围曹咎。

渡河的楚军很快陷入兵力占优的汉军的包围，而汉军为了这次战役也是精锐尽出，他们也明白，在楚军腹地作战，如不能胜，则必是败，还是惨败。汜水东岸的战场，对汉军而言，其实也是背水作战，这跟韩信在井陉的情形其实大同小异，刘邦用的也是置之死地而后生、陷之亡地而后存的计策。

因为只有如此，才能最大限度激发士兵们的潜能，与敌拼死血战。因为这个时候，已经深入敌后，退都退不回去了。想要死中求生，就只有打赢敌人。

兵力占优又没有退路的汉军全力以赴，与楚军在汜水东岸展开一场血战。最终，曹咎与司马欣兵败自杀于汜水岸边，曹咎部几乎被全歼。汉军在正面战场上取得了一场久违的胜利。

战后，汉军乘胜渡过汜水西上，进攻兵力空虚的成皋，顺利攻下。成皋如此轻而易举地被汉军收复，只是因为原先守城的楚军大多已经跟曹咎一起死在了汜水东岸。

挟大胜之势的汉军，收复成皋之后，再次渡过汜水东进，连下广武、敖仓，并将钟离眜部围困于荥阳。所有这些行动都是在十余日之间完成的。

因为项羽又回来了。

两军对峙——分一杯羹

得知项羽回军，刘邦主动后撤，全军退守广武，与随后而来的项羽再度形成对峙。

依然是两军对峙，但地点不同了，两军从主将到士兵的心态也开始发生微妙的变化，项羽的优势在迅速缩小，而刘邦的优势却在持续扩大。

此次成皋汜水之战，最大的战场在汜水东岸，最大的战果却是收复汜水西岸的成皋。

但对汉军来说，最重要的成就，既不是汜水歼敌，也不是夺回成皋，而是夺取敖仓。

因为接下来，汉军将在这里与楚军形成长达一年之久的对峙，而敖仓的粮食才是汉军能在此地长期坚守的最大底气。军中有粮，心中不慌。

而丢失敖仓的楚军则不可避免地陷入粮荒。开始还不明显，但随着时间的推移，楚军的存粮急遽减少。

粮草重地，项羽居然不派重兵把守，也让刘邦深感震惊，收获意外惊

257

喜之余，刘邦对项羽也更加轻视。

到了此时，项羽真是进退两难。想从正面进攻打开局面，可是前方汉军尽守险阻，攻不上去。想回去收拾彭越保护补给线，可是之前的两次教训还历历在目，项羽已经不敢轻易离开前线。他已被刘邦牢牢绑在了前线，看似占据主动，其实早已陷入被动。

楚、汉两军在广武对峙一年却鲜有战事发生，刘邦对此并不在意，因为他还有另外两条战线，韩信的北线跟彭越的东线，他现在最大的作用就是牵制项羽。

而项羽不同，他是楚军进攻的矛，也是几乎唯一的矛，他困在这里难有作为，却只能眼睁睁看着韩信在北面攻城略地，看着彭越在他的后方烧杀抢掠。

他也很想去北面找韩信打仗，去东面收拾打家劫舍的彭越。可是，他分身乏术。

之前的两次经历已经证明，他的手下缺乏独当一面的大将，只能亲自上阵。如今他也被困在前线，就只能看着韩信、彭越在他的后方攻城略地。

刘邦沉得住气，反正有大把时光，他可以陪项羽尽情地耗下去。可是，项羽很焦虑，再这么下去，家就被偷光了。

焦急万分，又实在想不出对策的项羽黔驴技穷，使出了最大的昏招——人质威胁。

楚汉战争中最大的闹剧，一杯羹剧情即将上演。

别忘了。刘邦的父亲跟老婆还在楚营做俘虏，而且已经待三年了。

项羽在两军阵前备上大锅添柴烧水，他做这些不是为煮饭而是要煮人。项羽的冷血嗜杀之名早已人所共知，臭名远扬。杀人的方式有很多种，项羽最常用的就是大锅煮人。

第一次，有书生骂项羽是楚人沐猴而冠，被项羽给煮了。

第二次，王陵的母亲以死明志，要儿子跟刘邦，也被项羽煮了。

第三次，荥阳守将周苛被俘，宁死不屈，又被项羽烹杀。

这次轮到了刘邦的父亲。

项羽在军前叫阵，告诉刘邦，你不下来决战，我就把你父亲煮了。

刘邦当然不吃他这一套。刘邦也是个狠人，他对项羽说："当初，你我俱受怀王之命，北上伐秦，约为兄弟，我的父亲就是你的父亲；你一定要烹杀我父，到时不要忘记，分我一杯羹！"

项羽气得跳脚，却拿刘邦没辙。刘邦这是用魔法打败了魔法。一杯羹的典故也由此而来。

看似凶狠的项羽其实早已是外强中干。不然，他也不会上演大锅煮人的闹剧，最后在刘邦的嘲弄中狼狈收场。

因为刘邦早就看出项羽强硬外表下的虚弱不堪。刘邦只是在那里冷笑，看着项羽的拙劣表演。守在山上的占据主动，山下挑战的才是被动的那个。项羽早已不是刘邦的对手。

项羽的人质威胁失败，意味着他手里可用的牌已经不多，不然，也不会出此下策。

项羽威胁不成，反而让刘邦彻底看清了项羽的虚实。

项羽偷鸡不成蚀把米。

项羽对刘邦说："天下匈匈，皆因我二人争战不休。愿与汉王挑战，决一雌雄，使天下苍生不再受战争之苦！"对项羽的提议，刘邦只是笑笑，说："我愿斗智，不愿斗力！"

项羽的话说得冠冕堂皇，动不动就屠城杀人的他，何尝关心过普通的平民百姓？死在他手上的军民数以万计，何曾见过他为之动容难过？

说这么多，不过是想让刘邦下山与他单挑决斗。项羽连这么不入流的招数都想出来了。可见，项羽是真的被逼急了。项羽很想来一场一对一的决斗。但刘邦怎么会让他如愿呢？

对刘邦而言，只要牵制住项羽，令其不得东顾。到时，韩信平定齐地，彭越收复魏地，他就赢了。

既然能躺赢，那又何必交战。

他现在连打都不愿打，更不用说单挑独斗了。刘邦稳操胜券，只想待在山上坐等胜利。

项羽见刘邦不肯下山，就令壮士出阵挑战。汉军中有一位善骑射的楼烦弓箭手，每次有楚兵叫阵，喊不上两声就会被他用箭射杀，就这么，一连射杀三人。

项羽得知勃然大怒，当即披甲持戟，亲自出来挑战。楼烦弓箭手见又有人出来，弯弓搭箭刚要射，却正好与项羽四目相对。

项羽瞋目叱之，吓得楼烦射手目不敢视，手不敢发，逃回营壁，再不敢露面。刘邦见状令人探查，才得知，出来挑战的居然是项羽本人。刘邦也是大吃一惊。

于是，项羽与刘邦就在广武的山涧之间，各据山头，开始喊话。项羽还想与刘邦单挑独斗。

但刘邦根本不理这茬，当着两军将士的面数落起项羽的种种罪状：

"项羽负约，王我于蜀、汉，其罪一也；矫杀卿子冠军，其罪二也；救赵不报，而劫诸侯兵入关，其罪三也；烧秦宫室，掘始皇冢，收其私财，其罪四也；杀秦降王子婴，其罪五也；诈坑秦子弟新安二十万，其罪六也；王诸将善地而徙逐故主，其罪七也；逐义帝于彭城，自都之，夺韩王地，并王梁、楚，其罪八也；使人阴杀义帝于江南，其罪九也；为政不平，王约不信，天下所不容，大逆无道，其罪十也。"

刘邦当众宣布项羽的十大罪状，未折一兵一卒，却令项羽颜面扫地。

刘邦的这番操作，说明他是懂政治的。

名正才能言顺，更能师出有名。

将自己居于道德制高点上，将项羽绑在道德的耻辱柱上尽情鞭挞。

刘邦未曾伤及项羽毫发，却句句戳中项羽的痛点。

恼羞成怒的项羽，论口才说不过刘邦。他选择的是直接动手，就在刘邦在那里大讲他的丑事恶行时，楚军埋伏的弩机早已瞄准刘邦。项羽一声令下，弩箭直射而出，正中刘邦前胸。刘邦重伤之下，还不忘演戏，大喊："糟糕，射到我的手指啦。"刘邦这么说一是欺骗项羽，二是稳定军心。

楚军远远望见，只知道射中的是刘邦，但不知具体情形。汉军也只知刘邦负伤，至于伤情如何，他们当然也不知情。

刘邦装作只受点皮外伤，实际上，这一箭射中胸口，伤得相当重。刘邦箭伤严重，卧病在床。

这时，张良却不顾刘邦伤情，强要刘邦出行劳军。不是张良不近人情而是不得不如此。因为不论楚军还是汉军都知道刘邦负伤，这时必须及时出现在大众视野里才能止息谣言，防止军心动摇。而刘邦也以劳军为名，驰入成皋，进城治伤。

刘邦这一生受过两次严重的箭伤，一次就是这次广武对峙，项羽留下的；还有一次是在数年后平定黥布之乱时，黥布留给刘邦的。正是这两次箭伤，令刘邦的身体遭到重创，加速了他的死亡。

刘邦在广武将项羽的罪行公之于众，将其罪恶大白于天下。尽管，刘邦成功恶心到了项羽，但付出的代价也足够沉重。

被颠倒的真相——韩信与刘邦的裂痕

楚汉之际，天下第一辩士，郦食其实至名归。在大军对阵的战场之外，还有一个不见硝烟的战场，名士们往来投奔上演着楚汉相争的外交风云。

在外交战场上，郦食其就是那个为刘邦冲锋陷阵的勇士。

韩信已平魏定赵降燕，天下大半归汉。刘邦与项羽仍未见胜负，楚汉之间，只剩一个齐国。显而易见，对齐国的争夺将决定这场战争的进程乃至结局。

而在对齐国的争取上，刘邦又先项羽一步，掌握了主动权。帮助刘邦赢得先机的有两个人，能征善战的韩信与能言善辩的郦食其。

刘邦派韩信出兵伐齐，再派郦食其出使齐国。

韩信大兵压境，郦食其趁势游说。

这两人一文一武，如能紧密配合，精诚合作，汉军的胜利会更快到来。

可惜，因为刘邦对韩信的不信任，郦食其再未能回来。

郦食其不仅仅是能言善辩的辩士，还是足智多谋的谋士。

刘邦手下有三大谋士，张良、陈平、郦食其。

这个时候，郦食其敏锐地意识到，对齐国的争取将决定未来一个时期战争的走向，在帮助刘邦树立坚守荥阳成皋主战场的信心后，他便主动请缨，要求前往齐国游说齐王归汉。这个想法与刘邦不谋而合，此时刘邦也有相同的想法。

不过，他们的出发点稍有不同。刘邦打算派郦食其去齐国，名义上是劝降，实质上是夺韩信之功，避免韩信的势力增长过快，尾大不掉。但刘邦未能料到，他的计谋被韩信破解，还白白赔上郦食其的性命。

郦食其尚未意识到此行的危险，对刘邦说："方今燕、赵已定，唯有齐国未下，田氏宗强，南近于楚，人多变诈；虽遣数万之师，亦非朝夕可定。臣请奉明诏说齐王，使为汉而称东籓。"刘邦明白此行的重要，更清楚只有郦食其可担此任，当即照准。

只是，刘邦想不到，这竟成为他们君臣的永别。

郦食其来到齐国，便以他智谋之士的远见卓识、舌辩之臣的雄辩口才开始游说齐王："大王知天下所归乎？"齐王说："不知。"郦食其说："归汉。"

齐王明知形势如此，但也不愿承认，便问道："先生何以如此说？"郦食其说："汉王先入咸阳，依怀王之约，本应称王于关中，而项王负约在先，使汉王南之汉中巴蜀。项王迁杀义帝，汉王闻之，起蜀、汉之兵击三秦，出关而为义帝举哀复仇，收天下之兵，立诸侯之后；降城即以侯其将，得赂即以分其士；与天下同利，豪英贤才因而皆乐为之用。

项王有倍约之名，杀义帝之实；记过忘功；战胜而不得其赏，拔城而不得其封，非项氏不得用事；天下畔之，贤才怨之。天下之归汉王，可坐而策也!

汉王发巴蜀之兵,还定三秦;涉西河,破北魏;出井陉,诛成安君;此非人之力也,天之福也!今已据敖仓之粟,塞成皋之险,守白马之津,杜太行之阪,距蜚狐之口;天下后服者先亡。

大王此时先行归汉,则齐国社稷可保;不然,将有亡国之危!"

在此之前,齐国听说韩信有意东进,便令大将田解率大军屯驻于历下,抗拒汉军。

齐王听到郦食其的一番高论,不得不服,加上韩信的军事压力,他也明白大汉不久即将夺取天下。齐国随即遣使与汉通好,谋求归汉。于是,齐王尽撤历下守备,与郦食其日夜纵酒为乐。

韩信引兵东进,才到边界,就听闻郦食其已经说服齐王归汉,当即就要收兵。这时韩信身边的辩士蒯通劝道:"将军受诏击齐,如今可有诏令将军撤军吗?大军即发,尚未建功,何以中途而止。且郦食其不过一介之使,以三寸之舌,下齐七十余城,将军以数万之众,奋战岁余乃下赵五十余城。为将数岁,反不如一竖儒之功乎!"韩信亦以为然,于是下令全军渡河,进攻齐国。

韩信伐魏破赵又降服燕国,以一人平三国,却不得其地,更不得封王。张耳,酒囊饭袋,平庸之辈,却受封赵王。如此不公,何心能平?韩信对刘邦早有不满。蒯通正是看到了这一点,才劝韩信不要管郦食其,坚持进兵。

蒯通的一席话算是说到了韩信的心坎上,蒯通说的正是韩信心里想的,蒯通不过是讲出了韩信想说又不便说出口的话。

更令韩信恼火的是,他辛苦打下的几十座赵城,最后也不是他的。辛辛苦苦打仗,攻城略地,到头来却是给别人作嫁衣。韩信当然心里不痛快。

对富庶强大的齐国，韩信早就垂涎已久，志在必得。

汉四年（前203）十月，韩信利用齐军放松警惕、松懈大意的机会，突袭齐历下军，大破齐军，乘胜逐北，一路杀至临淄。齐王认为是郦食其出卖他，大怒之下，将郦食其烹杀，引兵东走高密，遣使向楚求救。

齐将田横退走博阳，守相田光退往城阳，将军田既驻军胶东。

而对于郦食其的死，大家普遍认为是韩信为了抢功间接害死了郦食其。这其实是站在郦食其的角度看问题，感觉郦食其被韩信坑了。

但如果站在韩信的角度看，就完全不同了。

郦食其在说服齐国归汉事件上的作用其实被夸大了。

外交是要以实力做背景才有效力的。韩信攻城野战一年有余，才平定赵国五十余城。郦食其仅凭三寸不烂之舌就说下齐国七十余城的说法其实并不可信。

有一个例子可以作为证明，那就是魏王豹的反叛。在韩信出兵之前，郦食其也曾被刘邦派去劝降，但被魏王豹严词相拒。郦食其也只能灰头土脸地回去交差。最后还是靠韩信出兵才平定魏国。

郦食其之所以能顺利说服齐王，其实是因为在他的背后有虎视眈眈的韩信大军的存在。

齐国是畏惧韩信大军，在韩信兵临城下之际，才被迫选择归汉的。郦食其其实是在狐假虎威。

在说服齐国归附的过程中，郦食其是狐，韩信才是虎。郦食其这个狐之所以能说服齐王，靠的是背后韩信这个虎。

与其说是韩信抢郦食其的功，不如说是郦食其看到韩信即将举兵东下，才抢先一步到齐国，去抢韩信的功。

真正令齐国屈服的，是韩信的兵，不是郦食其的嘴。

很多人被表象蒙蔽，从而将整个事件弄颠倒了。

他们真的以为靠郦食其的一张嘴就能说下齐国的七十座城。这个想法未免过于天真。外交永远要靠背后的综合国力、军事实力做底气才有效。

外交确实有它的作用，但外交永远都是陪衬。军事实力才是决定国家地位的根本。

齐国是在韩信的军事威慑之下屈服的，这跟燕国迫于韩信的军事压力投降其实是相同的原因。

如果不是郦食其强行介入赶来抢功，齐国不出意外也会归顺汉军。但那么一来，功劳就是韩信的，不是郦食其的了。

刘邦在韩信即将出兵伐齐之际，派郦食其去齐国，明显是要郦食其跟韩信抢功。

造成郦食其死亡的真正原因，是刘邦想要郦食其去抢韩信即将到手的功劳，但韩信不服，出兵反制，间接导致郦食其被杀。刘邦打压韩信的阴谋失败。从韩信独立领兵以来，刘邦就在利用各种可能的方式压制防备韩信。

后来，韩信被贬为淮阴侯，曾跟刘邦有过一次著名的对话。刘邦问韩信，自己能带多少兵。韩信说刘邦能带十万。刘邦就问韩信，他能带多少。韩信说多多益善。其实，韩信带兵，多多益善。很早以前，刘邦就看出来了。正因为如此，刘邦才对韩信小心使用，处处防备。

令韩信独立领兵也是迫于形势，因为只有韩信才能独当一面，尽管不放心，但刘邦也没有更好的选择。

之前派张耳同行去赵国抢韩信的战果，这次派郦食其去齐国抢韩信的战功。是可忍，孰不可忍。

韩信知道他的进攻会间接害死郦食其，但他还是这么做了。

韩信是在用这种方式向刘邦示威。

郦食其被害事件，完全是刘邦对韩信的猜忌导致的悲剧，郦食其成为刘邦与韩信君臣权力斗争的牺牲者。

说韩信抢功害死郦食其是错的，准确的说法，应该是韩信夺回本应属于他的功劳。

虽然韩信间接造成郦食其的死亡，但郦食其的死，韩信不需要承担主要责任。应该负全责的人是刘邦，因为这场政治悲剧是他亲手造成的。

实际上，刘邦与韩信的矛盾在此之前早已表面化，标志即是著名的修武夺兵事件。这是刘邦对韩信的不信任积累到一定程度的必然结果。

而刘邦连连受挫、兵力损失殆尽从成皋突围时的窘迫，与井陉大胜之后兵多将广的韩信形成鲜明的对比，这种强烈的反差令刘邦内心越发感到不安。从而加剧对韩信的怀疑。

在那个时代，部将在兵强马壮后背叛前主甚至将其反杀的事例比比皆是，在赵国有李良杀武臣，在燕国有臧荼杀韩广，类似事件在齐、楚两国也有发生。这么多的前车之鉴，不能不令刘邦心生疑虑。以上就是修武夺兵事件发生的时代大背景，在当时的情势下，刘邦有此担心也属寻常。因为那是乱世，人心难测。刘邦的做法只不过是想要确保万无一失跟他自己的绝对安全，但他的做法深深地伤害到了韩信。

而造成刘邦与韩信产生裂痕的修武夺兵事件，远不是表面那么简单。这整场事件充满阴谋与算计，细思极恐。

汉三年（前204）六月，项羽东归击走彭越，听说刘邦复军成皋，于是引兵西进攻拔荥阳城，再围成皋。

刘邦趁夜乘车出成皋玉门，北渡黄河，宿小脩武传舍。第二日清晨，刘邦自称汉使，驰入赵壁。张耳、韩信还未起床，刘邦就已夺其将印兵符，传召诸将。

韩信、张耳起床后，才知道刘邦来了，当即大惊。

刘邦以突然袭击的方式夺走韩信、张耳的军队，当即令张耳徇行备守赵地，拜韩信为相国，收赵兵未发者东向击齐。

稍后从成皋突围出来的众将这时才陆陆续续来到修武军中，刘邦夺走韩信的兵，军势复振。

八月，刘邦驻军于小脩武，准备再与楚军交战。

从单车狼狈出逃，到恢复元气想要再跟楚军决一雌雄，刘邦迅速完成华丽转身，只是因为他从韩信那里夺走了军队。

这场夺兵事件有三位当事人，分别是刘邦、张耳跟韩信。

整场事件最大的赢家当数刘邦，他夺走了韩信、张耳的军队，才得以迅速恢复实力，重整旗鼓。

张耳不用再与韩信共同主事，从此开始独立掌权，主政赵国，成为实际上的赵王，稍待时日，只需刘邦的一纸诏书，即可转正做他的赵王。从头到尾，刘邦夺的其实都是韩信的兵。张耳，众所周知，是一个超级大饭桶，他从来也不带兵。刘邦派张耳随同韩信东征，不过是让张耳跟着韩信蹭军功顺便监视韩信，还有抢夺韩信的胜利果实，已经归属汉军的赵地。

刘邦抢韩信的军队，张耳抢韩信的战果。从始至终，整场事件最大的输家也浮出水面——韩信。他是三人中唯一吃亏的那个人。

韩信练出的精兵被刘邦抢走，韩信辛苦打下的赵国被刘邦夺走交给张耳。到头来，韩信啥也没得到。

只要看谁是这次夺兵事件中的最大获益者，谁就是策划这场事件的主谋。谁能从中得利，谁就是暗中协助的人。

刘邦是修武夺兵的主谋，而张耳是刘邦安插在韩信身边的卧底，也是暗中的协助者。刘邦想要夺兵成功，必须有卧底暗中相助才行。而这个人只能是张耳。

韩信带兵，多多益善。韩信的军事能力不容置疑。如果刘邦能如此轻而易举地进入韩信军营，又能轻易夺走韩信的将印兵符，那只能说明韩信身边的人有问题，有这个权力跟机会做这种事情的只有张耳，因为只有他能做到。

张耳与刘邦是多年的密友，跟韩信不过是同事搭档，将韩信从赵地赶走，他才能做赵王。

如果不是张耳的配合，刘邦可能连大营都进不去。因为以韩信的治军能力，不会让人如此轻易地进入军营还拿走他的将印兵符。

因此，当刘邦突然出现在韩信军营时，震惊的人就只有韩信一人而已。张耳不过是全程陪同在那里配合刘邦在演戏。张耳虽然打仗、从政都不在行，但精于人情世故，演技更是在线。

刘邦跟张耳的密谋得逞之前，韩信确实不知情。但韩信可是人精，很快他就都想明白了。

前有修武夺兵，后才有历下袭齐。前有因，后有果，二者是因果关系。韩信在以此报复刘邦，双方算是各自恶心了对方一次。

但事情远未结束，在此前后，刘邦封张耳为赵王、黥布为淮南王、韩信为齐王。但韩信与张耳、黥布不同。张耳跟黥布的王都是刘邦主动封的。只有韩信是自立为王，再迫使刘邦承认，性质完全不同。韩信自立为齐王是他跟刘邦矛盾激化的结果。

击敌半渡——潍水之战

韩信击破历下齐军后，乘胜席卷齐国，兵入临淄，又继续东进，追杀齐王。

齐国向楚国求救。项羽派大将龙且领兵，楚军号称二十万，不过以当时通行的虚报夸大军力的作风，并不可信，其实际兵力在十万左右。

龙且率十万楚军北上救齐，与齐王合军高密，组成齐楚联军对抗追杀而来的韩信大军。

楚汉之间，如今只剩下一个齐国，魏国、赵国、燕国都被韩信扫平，齐国已经是西楚最后的一道防线。齐国对楚汉双方有多重要，项羽跟刘邦都很清楚。他们都竭力想把齐国拉到自己这边。

本来，刘邦已经抢占先机，在韩信的军事威慑与郦食其的外交攻势下，齐国已经准备投汉。汉军本可兵不血刃拿下齐国，但刘邦一直以来对韩信的压制的恶劣后果终于在此时产生反作用。刘邦不得不自食其果。

韩信开始违抗刘邦的命令了。伐魏之后，韩信得到的命令是不准停留，继续东进，同时还要交出刚刚练成的部队，带着投降过来的魏兵去打赵国，还是以少打多。这么苛刻的条件，换成别人直接骂街，但韩信一句话不说，领命而去，以少胜多，还是打赢了。

而平定赵国后，他的部队又被刘邦以突然袭击的方式夺走，这次给他的命令还是不准停留，接着东进。更过分的是，这次都不是要他交出部队而是直接夺走。像防贼似的防着他，还要他卖命。刘邦在将韩信辛苦打下的赵国交给张耳后，又要求韩信带着从赵地征召的新兵去打齐国。

从魏国到赵国，又从赵国到齐国，辛苦的总是韩信，领功的总是别人，在赵是张耳，在齐是郦食其。打仗的时候用韩信，享受战果的时候换别人，一而再，再而三，反复压榨。韩信有想法是必然的。

不过，韩信还是忠实执行了刘邦伐齐的命令，并且利用了刘邦在部署上的漏洞。因为郦食其说服齐王消息传回刘邦那里，刘邦得到情报必然会制止韩信进兵。

但韩信抢在刘邦发布第二道命令之前，抢先行动，令刘邦哑巴吃黄连——有苦说不出。因为是他令韩信带兵伐齐的，而韩信遵令而行，不折不扣地执行了他的命令，导致郦食其的死亡，韩信最多只有间接过错，不用承担主要责任。

刘邦令郦食其去抢韩信的功劳，却想不到功未抢成，反而害了郦食其的性命。刘邦算计来算计去，到头来，却是赔了夫人又折兵。

刘邦已经感受到，韩信越来越难控制。他与韩信的距离越来越远，这种远不仅是距离上的也是心理上的。

对刘邦而言，他与韩信之间，距离不但不会产生美，还会加速他们的疏离。

韩信在魏，与刘邦只有一河之隔，韩信尚在刘邦的掌控之中；韩信在赵，也未走远，刘邦还能对其施加影响，修武夺兵就是例子。况且，此时韩信的身边还有刘邦安插的卧底张耳从旁监视，刘邦也还能勉强操控韩信的行动。

但当韩信来到齐国，已经走出刘邦的势力范围，张耳也被留在赵地，韩信才真正拥有自主权，可以自行其是了。

东征伐齐，韩信准备充分，很可能他从进兵之时就有了在齐国自立为王彻底摆脱刘邦控制的想法了。

尽管，刘邦对韩信各种防范，终究还是防不住韩信在事实上的单飞。

伐齐之战，韩信是为他自己打的。再也不会有谁能来与他争功。韩信在规划中早已将齐国当作他的领地，岂容他人染指？

韩信在齐国即将面对的主要对手并非齐军而是楚军，与他对阵的是楚军大将龙且。这是一场项羽输不起的战争，因为一旦齐国被汉军攻占，他的西楚将门户洞开，他的大本营彭城将直接处于汉军的威胁之下。那么这场楚汉之争，项羽就输定了。

如此重要的战役，项羽为何不亲自来？他何尝不想来？只是走不开。他在荥阳成皋前线同时被两个人牵制着，正面的是刘邦，后方的是彭越。只要项羽敢离开，刘邦跟彭越就会立刻让项羽好看。

项羽的军阵不好攻，但是项羽部将的防线，对刘邦跟彭越来说，形同虚设，等于不设防。项羽只能守在前方，一动也不敢动，稍微一动，前线就会崩溃。归根到底，项羽阵营中，缺少能独当一面的大将，能打的只有项羽，别人都差点意思。

龙且已经是项羽能选出的最合适的人选了。之前在九江击败黥布的就是龙且。黥布能入选刘邦的三大诸侯，与韩信、彭越并列，足以说明黥布的能力跟水平。

龙且能击败黥布，也说明此人具有相当的实力，但是，那也要看跟谁比，遇上韩信，他也只能甘拜下风。韩信对龙且属于降维打击，凭实力进行的碾压。尚未开战，胜负已定。

但在当时，龙且的自我感觉相当良好。龙且并未将韩信放在眼里，自信满满。在他看来，韩信不过是又一个黥布，甚至还不如。时至今日，还是如此认识，他不输，谁输？骄傲轻敌，乃是兵家大忌，更何况，龙且面对的是韩信这种级别的大将。

也有谋士给龙且献策说："汉兵远道而来，利在急战，其锋锐不可当。齐、楚自居其地，兵败易散。不如坚壁不战，固守不出，令齐王遣使四出，招抚各城，各地守将得知齐王尚在，楚兵来救，必会反汉归楚。汉兵跋涉二千里，客居齐地，齐城皆反，汉军不得衣食，将不战自溃。"

龙且对谋士的计策颇不以为然，说："韩信平日之为人，我素知之，这人容易对付！当年，寄食于漂母，受辱于胯下，此等人有何惧哉。况且，我统领大军是为救齐而来。不战而胜，何来军功。今当战而胜之，齐国之半可得也。"

对龙且的骄傲轻敌轻视于他的举动，韩信相当配合，他就是要示弱于楚，给人以一种他不堪一击的错觉，只有这么做，才能引诱龙且尽快与之决战。

那个谋士看得很准，说得也对。韩信率军远道而来，不怕打，就怕拖。因为时间拖得越久，对客军越不利。

出征以来，韩信都是客场作战，且以少打多，之前的魏赵，现在的齐，都是如此，这就要求他必须速战速决。

对魏国，对赵国，韩信都是一战定胜负。这次，对齐开战也不例外。而且这次，汉军与齐楚联军又是隔河对峙。韩信指挥的三大战役，每次都要有水，而他也将以水代兵的技能发挥到了极致。

韩信率领的汉军与齐楚联军隔着一条潍水。汉军在西，齐楚联军在东。

一条大河，波浪宽！看着眼前的潍水，韩信的嘴角边又露出一丝不易觉察的笑意，又到了玩水的时间了。韩信这辈子还真就与水有缘。

伐魏有黄河，定赵有鹿泉水，如今到了齐国，又有潍水。韩信遇到水，就真的是如鱼得水。

韩信的敌人都以为，能用河流当作天然的护城河挡住韩信。可是，偏偏韩信最喜欢做的就是以水代兵，以水破敌。韩信对山水之势主要是水的运用已经达到出神入化的境界。

韩信的习惯还是战前勘察地形，名将们的爱好大同小异，都喜欢看地图勘地势。一张地图能看上一天的大有人在。韩信的那个时代，真正意义上的军事地图尚未出现，只有简单标注的示意图。所以，实地勘察更为重要。战场附近的山川河流，韩信都要记住并印在脑子里，只有熟悉，才能运用好自然的山川水势。

韩信将潍水上游的河道地势反复勘察之后，做到了心中有数，选好地点，便令人准备一万多条口袋装满泥沙，随时用来堵塞河道。

之后，韩信在潍水西岸布好阵势，专等龙且的到来。

在得知齐楚联军已到对岸的消息后，韩信连夜命人用事先准备好的一万条口袋堵塞河道。

于是，昨天还在尽情奔流的大河之水，一夜之间就变成了涓涓细流、潺潺小溪。

次日清晨，汉军在潍水西岸列阵。之后，汉军在韩信的率领下，涉水过河，主动对齐楚联军发起进攻。

韩信走在队列的前面，他的大将旗鼓格外显眼。这是韩信有意为之。他就是要用自己来诱敌，将敌人吸引过来。

齐楚联军主场作战，又兵力占优，当然不会示弱，见汉军主动渡河攻击，立即起兵迎战。

两军在潍水东岸展开厮杀，陷入混战。但齐楚联军兵力上的优势很快显现出来。汉军的攻势被压制住。齐楚联军凭借人多，甚至开始反推。汉军兵力不及对方，渐渐落入下风，被逼得步步后退。

汉军且战且退，向潍水靠拢。齐楚联军见汉军败退，岂肯放过，趁势追击。

汉军在韩信的指挥下从潍水东岸一路败退，蹚过涓涓细流的潍水，撤回西岸。

齐楚联军随后追杀过来，也趁势开始抢渡潍水，准备过河追击。

龙且更是得意忘形，对身边的人说，我就知道韩信是个胆小鬼，看看，果如我所料吧。他就只会逃跑。快，赶紧追，不要放跑韩信。

龙且率部渡河正追得起劲儿。河水突然暴涨，刚才还是涓涓细流的潍水瞬间就变得如奔腾咆哮的大江。正在过河的齐楚联军眨眼之间就被冲走。齐楚联军被潍水拦腰一分为二。

过河的只有一小部，大部分还在河对岸，尚未来得及过河，就被突然而至的大水挡在东岸。

跟着龙且到西岸的只是少数军队，大部队在对岸却过不来。

现在轮到龙且背水作战了。过河的齐楚联军并未因置于死地而战力飙升，反而陷入恐慌。其实，这才是普通人陷入险境的寻常反应。

而韩信并未给龙且更多的时间做战斗动员。龙且也喊不出"何不背水一战"的口号去动员大家跟着他拼命。因为韩信根本不会给他这个机会。

汉军返身杀回，也开始以多欺少，围攻过河的齐楚联军。在汉军的攻击下，主将龙且很快被杀。失去指挥的联军立刻陷入混乱，四散奔逃。

河对岸的联军士兵眼睁睁地看着这一切却帮不上忙，只能看着西岸的联军士兵在汉军的追杀下四处逃亡。

很快，西岸的战斗就结束了。过河的联军不是被杀就是被俘。东岸的联军士兵彻底崩溃了。这简直就是杀人诛心。

还未等汉军渡河攻击，东岸的齐楚联军便瓦解崩溃，四散而逃。

齐王田广见大势已去，仓皇逃走。但他也未能逃多远，就被汉军追上，成为韩信的俘虏。不久，田广被韩信下令处死。齐楚联军的统帅全部被杀。

大将灌婴率军追至博阳，俘获齐相田光。田横听说齐王田广的死讯后，自立为齐王，带兵反击灌婴，又被灌婴打败。

田横在齐地站不住脚，被迫逃亡梁地，投奔彭越。

汉军乘胜追杀齐军，灌婴杀齐将田吸于千乘，曹参杀齐将田既于胶东。齐地尽平。

韩信派人向上书刘邦说："齐人伪诈多变，反覆之国；南近楚地。请为假王镇抚齐国。"

刘邦见信勃然大怒，骂道："我被困于此，日夜盼着你能来救，可你倒好，竟要自立为王！"

张良、陈平在刘邦身边，二人见状赶紧用脚猛踩刘邦，低声耳语："如今我军处境不利，现在您能制止韩信不让他称王吗？不如允其所请，册立为王。不然，恐生变化。"

刘邦被张良、陈平这么一提醒，也反应过来。刘邦还在大骂，但骂的内容却来了一个一百八十度大转弯，刘邦骂道："大丈夫既然要做一方诸侯，做就做真王，做何假王！"韩信的齐王就在张良、陈平的脚踩耳语之下，被批准。

刘邦避免了一次危机，韩信也如愿以偿做了诸侯。而劝刘邦册封韩信为王，也是陈平六出奇计的第三计。

陈平的及时出手，避免了刘邦可能犯下的一个重大的战略失策。因为占据齐地的韩信，已经不是从前的那个韩信了。

韩信已经隐隐成为刘邦、项羽之外，能够左右时局的重要的第三方势力。

韩信有实力称王，但刘邦没实力阻止。

刘邦即使不同意韩信的请求，也一点不影响韩信的自立为王。

不过，那么做的后果，却是刘邦承担不起的。被激怒的韩信可能会做的选择有两种，要么在刘邦、项羽之间保持中立，看着他们互掐，谁也不帮；要么彻底倒向项羽。

不论哪种结果，对刘邦来说都是不可承受之重。刘邦能最终战胜项羽，他自己的实力当然是最重要的，但三位帮手韩信、黥布、彭越的助力也是必不可少的。战后，刘邦封三人为诸侯不过是依据其战功实力做出的利益分配。人家拿的都是应得的那份儿。

而三人中，最具实力、对战局走向影响也最大的就是韩信。如果缺少韩信，刘邦即使最后能赢，起码也要再多等上两三年。

如果韩信倒向项羽，那刘邦之前的所有努力都将付之流水。因为凭他自己，这两个人，他一个也搞不定。虽然这种可能性很小，但刘邦要是真的将韩信激怒，那事情的发展还真的不好说。

对刘邦而言，最现实的选择就是出让利益，稳住韩信。即使不帮自己，至少也不要倒向项羽。

而为了使韩信能助他一臂之力，刘邦对韩信的封赏还有加码。韩信只要求在齐地做假王，也就是代理齐王。刘邦则人情做到底，直接封顶，让韩信做真齐王。这么做的好处就是，一步到位，彻底满足韩信的需求，同时也堵住项羽渗透的口子。因为项羽能开出的最大价码也不过如此了，肯定不会比刘邦给的再多。

韩信提出做假王，也是对刘邦的一种试探。韩信何尝不想做真王？但他也想留有余地。韩信内心的真实期待自然是希望刘邦封他做真齐王。刘邦当然懂韩信的心思，事已至此，干脆要封就封真的，好事做到底。

封假王是韩信主动提出的，这确实就是一种要挟，令刘邦很不爽。刘邦大骂韩信也是因为这个。但刘邦主动给韩信升级，封真王，性质就不同了。不是你要挟我，而是我封赏你。不是被动接受，而是主动施恩。

如果刘邦只是按照韩信的要求去做，封假王。那就坐实了他被韩信要挟的事实。这么做，不仅会令刘邦颜面扫地，要挟成功的韩信也不会满意，因为真实需求未得到满足。

刘邦在明白阻止不了韩信称王的事实后，即刻承认事实，顺势而为，顺水推舟，册封韩信为真齐王。既化解了自己的尴尬，也令韩信心怀感激。这点相当重要。因为很快，项羽就派人来拉拢韩信了。

而正是因为刘邦价码给得够足，韩信才抵住了项羽的诱惑，坚定立场，不动摇。韩信的立场一坚定，项羽的死期就定了。而刘邦也可以准备欢庆胜利了。

刘邦从即将铸成大错到确立胜局，就是陈平踩他的那一脚。刘邦是英雄、是豪杰，但他也是人，是人就会犯错，刘邦也不例外。最初听到韩信的封王请求，刘邦的暴怒是一个普通人最寻常的反应。后来，刘邦醒悟过来及时改变策略，那才是他作为政治家的正常反应。

但这个转变也需要人的提醒协助才能做成，而陈平就是那个及时"唤醒"刘邦迅速完成角色转变的人。刘邦可以偶尔犯糊涂，但他必须时刻保持清醒。刘邦做得好，他要锦上添花。刘邦做得不好，他要及时补救。

汉四年（前203）二月，刘邦派张良带着做好的印绶前往齐国，正式册封韩信为齐王。

龙且的死，潍水之战的惨败，令一向骄傲的项羽第一次感受到了恐惧。

因为潍水之战后的形势完全变了。

刘邦由战略防御全面转入战略进攻。

项羽由战略进攻全面转入战略防御。

攻守易形。

刘邦据有关中控制韩、赵、魏三国。韩信占据齐国。

项羽已经彻底陷入刘邦的战略包围中，难以自拔。

项羽也第一次认识到了韩信的可怕，这个当年在他帐前的执戟郎才是真正能左右局势的人。

项羽派武涉前往齐国游说韩信。谁能想到，曾经高傲的项羽，那个在战场上横扫千军的项王，从来不屑于搞外交，习惯于对诸侯发号施令的西楚霸王，如今也干起了策反工作。

真是三十年河东，三十年河西。

其实，哪有那么多年。

从不可一世到危机四伏，只有三年。

楚王项羽的使者武涉对齐王韩信说："天下苦秦久矣，相与勠力击秦。今秦已破，项王计功割地，分土而王，以休士卒。而汉王再度兴兵东下，侵人之地，夺人之国；已破三秦，引兵出关，收诸侯之兵东向击楚，其意在尽吞天下，其不知足，得寸进尺，贪得无厌之状，亦甚明也！

汉王之生死数次在项王掌握之中，项王怜而活之；汉王得脱，即倍约，复击项王，其不可信如此。

今足下虽自以为与汉王交厚，为之尽力用兵，然观汉王之为人，终必为其所擒。足下之所以能称王于两千里之齐地，有今日之势，只因项王尚存。

当今二王之命，权在足下，足下右投则汉王胜，左投则项王胜。项王今日亡，则明日必及于足下。狡兔死，走狗烹。足下与项王有旧，何不反汉与楚连和，三分天下！今不以此时为长久之计，必助汉以击楚，此岂智者所为？"

韩信婉拒道："臣事项王，官不过郎中，位不过执戟；言不听，画不用，方才倍楚而归汉。汉王授我上将军印，予我数万之众，解衣衣我，推食食我，言听计用，才得以有今日之贵。汉王于我有恩，倍之不祥；士虽死不易其主！幸为信谢项王！"

项羽肯屈尊降贵去争取韩信，完全是形势所迫，并不是他真的欣赏韩信。对此，韩信也是心知肚明。

项羽在与刘邦对阵的荥阳成皋主战场上，一直占据上风，处于主动。但随着韩信北举燕赵，东击齐的战略大迂回的完成，项羽陷入刘邦、彭越、韩信的集体包围。而能决定他命运的居然是韩信。

项羽拉拢争取韩信的策略是对的。可惜，为时已晚。加上，他以前对韩信未予重用。导致韩信至今仍对他耿耿于怀。

韩信是不会倒向项羽的，这点项羽也知道。项羽其实真正想做的是争取韩信的中立。不帮他，不要紧；不帮刘邦，就行。

而从韩信封王到垓下之战前，韩信按兵不动的种种举动，以及在此期间，他与刘邦的微妙关系，说明项羽的策反其实也并非完全失败。韩信在事实上确实保持了一定的中立，直到刘邦开出更高的价码。韩信在利益的驱使下，才有所行动，对项羽展开攻击。

而事实也如汉王刘邦、楚王项羽跟齐王韩信的预估，韩信站队哪边，胜的就是哪边。韩信才是那个决定楚汉之争胜负结局的人。

当时，很多人也都看出这个形势，其中就包括韩信身边的谋士蒯通。

楚使武涉悻悻而归。蒯通知道，楚汉之争，胜负在信。于是，蒯通就借相人之术游说韩信说："观君之面，不过封侯；相君之背，贵不可言。"

韩信不解便问："此话怎讲？"蒯通说："起兵之初，忧在亡秦。今楚、汉分争，使天下之人肝脑涂地，父子暴骸骨于荒野，不可胜数。楚兵起于彭城，转斗逐北，乘利席卷，威震天下；然兵困于京、索之间，迫西山而不能进，三年矣。汉王将数十万之众，距巩、洛，阻山河之险，一日数战，却无尺寸之功，屡屡败北。此所谓智勇俱困。百姓疲敝怨望。

当今两主之命，悬于足下，足下为汉则汉胜，与楚则楚胜。诚能听臣之计，不如两利而俱存之，叁分天下，鼎足而立。以足下之贤圣，有甲兵之聚，据强齐，从赵、燕，出空虚之地而制其后，因民之欲，西向为百姓请命，孰敢不听！臣闻'天与弗取，反受其咎；时至不行，反受其殃'。愿足下熟虑之！"

韩信说："汉王遇我甚厚，岂可见利背主？"蒯通说："当初常山王张耳与成安君陈余为布衣时，为刎颈之交；后因巨鹿之事，反目为仇，常山王杀成安君泜水之南，身首异处。此二人相交之深，世人皆知，然而两人最终反目相杀，为何？患生于多欲而人心难测也。

大夫文种助越王勾践复国称霸，功成身死。足下与汉王，以交友言之，则不如张耳之于陈余；以忠信言之，则不过大夫文种之于越王勾践，此二者足以为鉴前车之！愿足下深虑之。

臣闻'勇略震主者身危，功盖天下者不赏'。今足下戴震主之威，挟不赏之功，归楚，楚人不信；归汉，汉人震恐。足下欲归何处？"

韩信见蒯通言语露骨，赶紧制止，不敢让他再说下去，只得对蒯通说："容我三思。"

数日之后，蒯通再次劝说韩信早定大计："功者，难成而易败；时者，难得而易失；时乎时，不再来！"

韩信犹豫再三，终不肯背汉，又自以军功多，便不纳蒯通之言。蒯通话已出口，见韩信不听，也不便久留，假装发病装疯，避祸而去。

站在韩信的立场上，他只能如此。韩信有自知之明，他做不成皇帝，只想做一方诸侯，而能满足他愿望的只有刘邦。尽管，他与刘邦也有矛盾，但在对抗项羽上，两人的利益是一致的。

尽管刘邦对韩信处处防备，到底还是未防住，让韩信在齐地坐大。但只要刘邦重用韩信，那么韩信羽翼丰满迟早会另立门户。刘邦想用韩信又怕他趁机独立，因而处处小心提防，这种矛盾的心理，从韩信东征伐魏到封王齐国，一直都有。

韩信也知道刘邦对他不放心，暗中各种牵制，又是派张耳监视他的一举一动，又是不停地抽调他的军队削弱其实力。

但韩信能有今日，靠的还是刘邦。所以，韩信对刘邦还是有感恩之心的。他对楚使说，汉王解衣衣我，推食食我，言听计用，才有今日之贵。应该是韩信的肺腑之言，真情流露。

刘邦、韩信都是性情中人，他们既感恩也记仇。

刘邦封给他开门的小兵为侯，韩信赠千金给当初送饭的漂母。

刘邦对当初背叛他的雍齿始终念念不忘，韩信对项羽不提拔他做执戟郎也始终耿耿于怀。

潍水之战是楚汉真正意义上的决战，潍水之战的胜负也直接决定了楚汉争霸的胜负。

项羽败局已定。且不提从前的恩怨，以现在的局势，韩信也不会站队项羽。但其实，楚使武涉与蒯通的话，韩信还是听进去了。

因为从汉四年（前203）二月，韩信封王，到汉五年（前202）十月，刘邦与项羽发生固陵之战。其间，韩信在事实上一直保持中立，看着刘邦与项羽在那里捉对厮杀，却按兵不动，作壁上观。刘邦在战前就令韩信、彭越引兵来会，但二人不为所动。

而当刘邦开出更高的价码，承诺将西楚大部分给韩信后，韩信才率兵南下。仅仅两个月后，项羽即败亡垓下。

如果韩信在齐地称王之后，不是选择事实上的中立而是迅速南进，那么项羽的败亡还会更快。

十面埋伏——垓下之战

西楚的形势急转直下，项羽全面转入守势。楚军的战略机动兵团十万精锐楚兵已随龙且一起瓦解消散，项羽已经没有多余的兵力用于进攻。

而刘邦此时的情形也不比项羽好多少。因为一直以来，项羽都将刘邦当作主要攻击目标。数年血战下来，刘邦的精兵猛将也折损不少。

双方都已经精疲力竭，打不动了。

汉四年（前203）八月，刘邦提出双方停战，进行谈判。项羽起初并不愿谈，因为在与刘邦对峙的正面战场，直到此时，他还略占上风。但考虑到后方还有彭越跟韩信，尤其是韩信在他背后对他的巨大威胁，项羽最终还是同意谈判，与刘邦平分天下。

九月，经过一番讨价还价，双方达成协议，以鸿沟为界，以西归汉，以东归楚。

鸿沟是中国古代最早的连通黄河与淮河的运河。始建于战国魏惠王十年（前360）。鸿沟修成后，一直是黄淮之间主要的水运交通线之一。

鸿沟从荥阳引黄河水，东经中牟、开封而后向南，经尉氏东、淮阳，分成两条支流：一条向南进入颍河，一条向东进入沙河，最后又都汇入淮河，形成黄淮间的水运交通网。

鸿沟起于荥阳，刘邦与项羽相当于就地停战，以实际对峙线划分势力范围。

虽然在这次谈判的过程中，双方都未提及韩信，但双方能够最终达成协议，还是因为韩信的存在。项羽肯妥协，不是因为刘邦，而是因为韩信还站在刘邦这边。

项羽依照鸿沟之约，放回了刘邦的父亲跟妻子吕雉，率军东归。

刘邦也打算领兵西撤回关中的大本营。但刘邦身边的两位谋士张良跟陈平劝说刘邦，不可撤兵。

他们告诉刘邦，项羽颓势已现，如今天下大半归汉，诸侯皆从。西楚孤立东南，已是日薄西山。楚军兵疲粮尽，士气衰减，此时，不但不能退，反而要进，挥师东进，追击项羽，将其彻底击败，统一天下。

刘邦当然愿意东进，追杀项羽。但以他的实力占据险要还只能跟项羽打个平手。双方势均力敌，想要战胜项羽，谈何容易。如果项羽那么容易被打败，何至于等到现在。

双方刚刚罢兵停战，就是因为谁也奈何不了对方，才被迫划界停战，这才有鸿沟之约。但张良、陈平提醒刘邦，追击楚军，当然要叫上齐王韩信跟魏相彭越一起。

十月，楚军东归。汉军在后一路跟着，一直跟到阳夏。注意，汉军开始不是在追击而是在尾随。为何不击呢？当然是打不过。

但在阳夏，汉军先锋樊哙对殿后的楚军突然发起攻击，俘虏四千楚兵。

汉军为何又开始攻击了呢？因为援军将至。刘邦已经派人征召韩信、彭越，约定在固陵附近会合，一起围攻项羽。

再说项羽得知后军遭遇攻击，怒不可遏，他知道是刘邦背信弃义撕毁协议，对撤退的楚军发动突袭。

项羽立即下令停止撤退，就地在固陵组织反击，与追击而来的汉军展开激战。汉军大败，因为期待中的彭越、韩信的部队并未如期而至。

而刘邦的背约激起楚军上下的一致愤恨，充满怒气的楚军将愤怒全都倾泻到追击而来的汉军身上。惨败的刘邦意识到，靠他自己还是打不赢。而更令他烦恼的是，韩信跟彭越二人不听他的指挥。韩信、彭越在事实上早已是一方诸侯，刘邦已经控制不住他们。

韩信、彭越失期不至。刘邦为此很是恼火，但时至今日对二人也没有办法。对韩信、彭越的按兵不动，刘邦不但不敢处罚，还要加大筹码进行拉拢。毕竟，现在是刘邦有求于人。

刘邦收拢败兵坚壁固守，重新摆出防守阵型。刘邦对张良说："诸侯不从，为之奈何？"这里的诸侯，主要就是指韩信跟彭越。刘邦说韩信、彭越不听诏令，这可如何是好？张良的一番话帮刘邦解开了疑惑。

张良说："项羽大势已去，楚军败亡在即，而二人未有分地，失期不至，亦属寻常。齐王之立，非您本意，韩信亦知；彭越本定梁地，大王以魏豹尚在之故拜彭越为相国，如今魏豹已死，彭越也有封王之愿。

今大王诚能取睢阳以北至穀城封彭越，从陈以东至海封韩信。齐王韩信家本在楚，欲得旧土，衣锦还乡。大王如能捐出梁楚之地许给两人，彼为其地，必率兵而来，则楚军之败，指日可待。"

张良说得很清楚也很明白，韩信、彭越之所以不肯来，是因为您给的利益不够多。

韩信那个齐王，是他主动要求。他也知道，您封他做齐王不是出于您的本意，因而心中常怀忐忑。加之，其家在楚，韩信也想分得西楚之地，富贵归乡。

彭越想做梁王，由来已久，荥阳成皋对峙之时，彭越在梁地数有战功，今已据有梁地，您却迟迟不封。韩信、黥布都已封王，彭越也想封王。只要您册封其为王，彭越欣喜，自然会带兵前来。

张良告诉刘邦，只要好处给到位，满足韩信、彭越的需求，他们自然会来。

刘邦听从了张良的建议，对两人做出许诺，韩信、彭越二人果然出兵。

在北线策动韩信、彭越出击的同时，刘邦在南线也有动作。

刘邦派将军刘贾南渡淮河，深入西楚腹地。刘贾围攻寿春，招降楚大司马周殷，再下九江，迎淮南王黥布于九江。

可以看出，南线行动最为活跃的不是彭越也不是黥布而是将军刘贾。直到刘贾将西楚南部彻底荡平，黥布才南下与刘贾会师。

黥布在此期间发挥的作用极其有限，这就难怪刘邦以玩笑的口吻贬低随何之功。随何的功劳就是策反黥布。但黥布的表现与刘邦对他的期待差距不是一般的大。当初，张良下邑献谋推荐黥布、韩信、彭越三人。相比韩信、彭越的功劳，黥布要逊色不少。

黥布确实在刘邦正面打得最艰难的时候拖住楚军数月之久，但相同的事情，彭越也干过，而且比黥布更出色，因为彭越拖住的是项羽，而且还是两次。黥布只有一次，拖住的还是项羽的部将龙且。

黥布的战功比韩信差得就更远了。龙且击败黥布还夺走他的九江，黥布妻子被杀，部队损失殆尽。韩信击败龙且还将其阵斩于军前，聚歼楚军精锐，一举夺占齐国。

以韩信、彭越的战功，刘邦觉得让这两人封土称王，多少还是值得的，毕竟，人家的付出也配得上这个赏赐。

但黥布几乎是单枪匹马来投刘邦。之后，黥布被派回九江，战绩也不尽如人意。寿春跟九江还是刘贾打下来的。这么算来，刘邦总觉得这笔生意有点亏，但又不得不遵照约定封其为王。

心里不平衡，感到吃亏的刘邦又不好说张良跟黥布，那就只能以开玩笑的口吻跟随何发泄，表达不满了。

很多时候，玩笑话其实才是真话，只不过不便于用寻常方式表达，便以开玩笑的方式说出来。

相比韩信的齐王、彭越的梁王，黥布的淮南王水分是最大的。以刘邦的性格吃这么大的亏，说两句牢骚话，也在情理之中，不说就不是刘邦了。

而其实，当初，随何的辩白也很有意思。随何其实是承认黥布对汉军不是很重要，但他强调的是，失去黥布对楚国很重要。

刘邦也认可了随何的功劳，他给随何的护军中尉，就是之前陈平的职位。

随何令刘邦明白，他得到黥布确实收获不大。但项羽失去黥布损失却很大。而这才是他随何的功劳。

淮河以南被刘贾扫平。淮河以北也是捷报频传，那里是韩信的战场。

韩信在刘邦的利诱之下，迅速出兵，南下击楚。

韩信兵分两路，以灌婴率骑兵快速突进，利用骑兵的速度优势，将远程奔袭与快速突击相结合，迅速前出至楚军防线的后方。

韩信则率主力步兵军团沿沂水东岸南下，大举压上。主力步兵军团与先锋骑兵军团遥相呼应。

之后，韩信与灌婴在下邳会师，然后在这里与项声、薛公、郯公率领的楚军在下邳展开决战。

韩信的步兵是这次战斗的主力，下邳城也是韩信攻下的。灌婴的骑兵主要负责在外线阻击从彭城方向赶来的楚军援兵。

韩信围点，灌婴打援。

韩信乘胜又攻占楚都彭城。

刘邦在正面固陵与项羽对阵。韩信从侧翼迂回包抄项羽后路，突袭其大本营彭城。

一直以来，这都是汉军的策略部署。刘邦在正面牵制项羽，韩信则从侧翼进行迂回大包抄。

刘邦从荥阳成皋到固陵陈县，担当的都是正面对阵牵制。韩信从伐齐到击楚都在执行迂回包抄。

张良说得很对。在刘邦的这些将领之中，能独当一面的只有韩信。帮助刘邦平定天下的也是韩信。

韩信打得这么卖力，当然是有原因的，从齐地南下直至淮北，都是刘邦许诺封给他的土地。打下的都是自己的地盘，韩信当然要拼，先把封给他的地抢到手，相比承诺，实际拥有才更令人放心。

与韩信持有相同想法的还有彭越。其实，一直以来，彭越都在学韩信。韩信不动，他也不动。韩信出兵，他也出兵。

韩信攻彭城，彭越夺睢阳。彭城是楚都，睢阳是魏地。他们打下的地方都是刘邦承诺封给他们的。

韩信、彭越确实在抢地盘，虽未出现在主战场，但间接的帮助，也是帮助。

项羽还在跟刘邦对峙，可是他的西楚几乎被韩信、彭越瓜分完毕。淮北彭城，项羽已经回不去了。淮南寿春，项羽也回不去了。

项羽的西楚主要是由淮北、淮南跟江东三部分组成。如今长江以北的楚地几乎都被汉军占领。

项羽再退，只能退往江东。

韩信在攻占彭城后，远近各城望风而降。灌婴随后西进增援刘邦。

此时，项羽也得知彭城失守的消息，他知道不能再与刘邦纠缠，必须尽快脱身向南撤退。

项羽留下大将钟离昧守固陵、利几守陈县，他则率楚军主力与刘邦脱离接触，迅速南撤。

刘邦很快得知项羽逃走，留下部分兵力围困钟离昧。他与周勃分兵追击相遇。追到陈县，利几投降。

项羽在前面紧逃，刘邦率军在后猛追。在刘邦的后面，柴将军陈武也加入追击，与周勃一起在刘邦后面追项羽。

虽然项羽跑得足够快，但他注定跑不出去。因为韩信早在项羽的前方布下阵势，阻击项羽。

韩信率三十万大军拦住去路。

韩信挡在正面，孔将军孔聚在左，费将军陈贺在右，在项羽的逃跑路上摆下口袋阵。

败退的项羽迎面撞上韩信的中军。韩信假装不敌，向后退却，将项羽引入阵中，位于左右的孔聚、陈贺趁势收网，将项羽的楚军四面合围。项羽被杀得大败，突围失败，只得就地修筑工事进行防御。

这个时候，从后面追击的刘邦、陈武、周勃才赶上来。大家一起将项羽团团包围。

韩信预判了项羽的预判，在项羽撤退的路上将其拦阻并实施合围。项羽突围失败，才不得不就地防御。

项羽被困的地方就是垓下。这里本来只是项羽撤退路上经过的一个地方，正是因为韩信的阻击，项羽才被迫在这里停下来。

垓下是项羽偶然被包围的地方，不是他有意选择的进军之地。如果不是韩信，项羽可能已经逃出去了。

楚汉争霸

　　被逼困守垓下的项羽已经被汉军合围，接下来，各路汉军以及诸侯军会从四面八方赶来，越聚越多。而他的西楚，在长江以北的地方已经被汉军占领。不会再有援兵来救他，围上来的都是他的敌人。项羽跟他麾下的楚军是真正的孤军。

四面楚歌——霸王别姬

汉五年（前202）十二月，项羽被围垓下，只剩数万之众，粮草将尽。而外面被汉军及诸侯军围之数重。

入夜，楚军营外，四面响起楚歌声，项羽大惊，难道汉军已尽占楚地了吗？这么会有如此之多的楚人！

深夜，项羽在帐中愁饮，不觉悲从中来，慷慨悲歌：

> 力拔山兮气盖世，
>
> 时不利兮骓不逝。
>
> 骓不逝兮可奈何，
>
> 虞兮虞兮奈若何！

项羽的宠妾虞姬亦拔剑起舞，以歌相和凄然唱道：

汉兵已略地，四方楚歌声。

大王意气尽，贱妾何聊生！

项羽感叹，他的英武豪气世间难有，却遭众叛亲离，兵败至此。如今兵困垓下。项羽看向虞姬，轻轻地说，虞姬，虞姬，这可如何是好！

项羽唱罢，不觉已是泪湿衣裳，左右皆泣。

十面埋伏，四面楚歌。

英雄末路，儿女情长。

西楚霸王项羽败亡之际的《垓下歌》唱尽悲情英雄面对失败的悲伤。

虞姬为她的霸王献上最后一曲剑舞，即拔剑自刎，以此为她的爱人、她心目中的英雄送行。

当心爱的人倒在怀里，项羽只感到万箭钻心般疼痛。项羽知道虞姬是不想他有所牵挂，才以这种方式与他诀别。

霸王别姬，千古悲情。

项羽乘其骏马名骓，率麾下八百骑兵，于当天夜里，杀出重围，疾驰南下。

第二日早上，汉军才发现项羽已经突围。刘邦立即令骑将灌婴率五千骑兵在后急追。

项羽当夜突围，为何汉军第二天才发现？因为汉军未曾想到项羽会丢弃大军只率少数精锐出走。

有人突围，汉军当然知道，不过，当他们发现对方不过只有千余人的规模时，便放松警惕，认为不过是楚军的小股部队，因而并未在意。而这也正是项羽只带数百骑兵突围的原因。目标小，才更容易冲出去。

项羽丢弃大军，独自逃走，未免过于冷血。但项羽也有他的苦楚。

与其说是项羽弃军而走，还不如说是多数楚军不愿再追随项王。

当楚营四面响起楚歌声时，项羽就知道，军心已散，不可复战。

汉军已经攻占彭城、寿春等楚国故都重镇。楚军士兵的家乡大多都在这些地方。连战连败，又被四面围堵，楚军士气本已十分低落，当得知彭城失守，便彻底陷入崩溃。

四面楚歌，瓦解的是楚军的军心，更是士气。此时处于重围之下的楚军，士无战心，军无斗志，一盘散沙。以至项羽最后只能率八百骑兵突围。项羽算到千余人的小部队突围，汉军不会引起重视，他就是要利用汉军的这点疏失，趁机杀出重围，然后再以骑兵的速度优势摆脱追兵，渡江南下，回到江东去，那里是他仅存的根据地。

当项羽率军渡过淮河时，八百骑兵，已经仅剩百余骑。这里面，战斗死亡恐怕不多，更多的可能是突围而出便一路逃散。

精锐尚且如此。如果项羽率大军突围，很可能不但杀不出去，部队还会立刻土崩瓦解。

项羽退至阴陵，迷失方向，便向田边的一位老农问路，老农告诉他向左走。不问还不要紧，一问却问出问题，因为这位老农给项羽指的路是错的。左边是沼泽，项羽率部进去，很快就陷进去了。等他们好不容易走出沼泽，汉军已经利用这个时间追上来了。

项羽率部一路东撤，走到东城时，百余骑只剩二十八骑。而汉军追兵数千。

项羽知道他已经走不脱了。既然如此，不如与汉军决一死战。

项羽对追随他的二十八骑说："自我起兵，已有八载，其间大小七十余战，未尝败北。然今日竟困于此地，此天之亡我，非战之罪也。今日固当与敌决死一战，愿为诸君快战，必溃围，斩将，刈旗，三胜之，令诸君知天亡我，非战之罪。"

于是，项羽将二十八骑分为四队，面向四方。汉军追至将其包围。虽在重围之中，项羽依旧沉稳如常，从容对部下说："看我为公等取彼一将。"说罢令二十八骑四面驰下，然后分为三处。项羽大呼飞驰而下，汉军披靡。项羽阵斩汉军一员大将。当时，郎中骑杨喜追击项羽。怎料项羽突然一个转身瞋目怒吼，吓得杨喜人马俱惊，跑出数里才停下来。

项羽与其麾下二十八骑分为三处。汉军不知项羽所在，于是也将部队分为三处，分别加以包围。

项羽再度纵马飞奔，疾驰而下，又斩杀汉军一个都尉，杀数十人。当项羽与部下重新会合，二十八骑，只亡两骑。项羽很是得意，问部下们说："如何？"大家拜服说："果如大王言！"

项羽的勇猛一度镇住追兵。项羽这才率剩下的二十六骑南下，来到乌江岸边，准备东渡乌江。此时乌江亭长已经在此等候，见项羽到来，说道："江东虽小，地方千里，众数十万人，亦足称王。愿大王急渡！今独臣有船，汉军至，无以渡。"项羽笑笑说："天之亡我，我何渡为！且籍与江东子弟八千人渡江而西，今无一人生还；纵使江东父兄怜而王我，我何面目见之！纵彼不言，籍独不愧于心乎！"八千子弟无一人生还，项羽自感无颜见江东父老，决意赴死，于是下马将所乘骓马赠予亭长，令从骑皆下马步行，持短兵接战。

项羽一人便杀汉军数百人，身亦被创十余处。混战之中，项羽望见汉军骑士司马吕马童，便喊道："来的是我的故人吗？"吕马童闻声看去，一眼就认出是项羽，便指给中郎骑王翳看说："这就是项王！"项羽说："我听说汉军悬赏千金封万户侯要我的人头。我就成全你吧。"说罢，项羽便自刎而亡。

王翳趁机取走项羽的人头，重赏之下，骑兵们蜂拥而上，甚至自相践踏，为争夺首级之功，自相攻杀，数十人为此被杀。最终，王翳、杨喜、吕马童、吕胜、杨武，五人各得一体，五人皆封列侯。

项羽所率二十八骑，全部战死，无一人投降。可叹，一代枭雄，西楚霸王，自刎乌江。楚汉争霸，就此落幕。项羽败亡，刘邦获胜。

楚地悉平，独鲁不降；汉王刘邦亲率大军而至，到其城下，犹闻弦诵之声。刘邦知其乃礼义之国，为主死节，于是派人持项羽之头以示鲁人，鲁国乃降。汉王刘邦以鲁公之礼葬项羽于穀城，亲为发哀，哭之而去。

论功行赏——大封功臣

埃下之战一个月后，刘邦就兑现战前承诺。

正月，汉王刘邦将陈县以东的楚地分给韩信。因为韩信封地扩大，且是楚地，刘邦就将齐王韩信更立为楚王，都下邳。与此同时，彭越也由建成侯升为梁王，都定陶。

汉王刘邦与各路诸侯大会定陶。这是一次团结的大会、胜利的大会。

大会的第一项议程即是，刘邦封韩信为楚王、彭越为梁王。

第二项议程，也是本次大会最重要的议程，由楚王韩信领衔联合梁王彭越、淮南王黥布等七位诸侯王，共同上书劝进。

二月，汉王刘邦在各路诸侯的推举下，登基称帝，国号大汉。

一个伟大的朝代由此建立，他的国号也成为一个伟大民族永远的名字。

刘邦称帝。吕雉受封为皇后，嫡长子刘盈被册立为太子。

刘邦称帝于定陶，定都于洛阳。

大事已毕，刘邦去洛阳做他的皇帝，各路诸侯也返回各自封地。士兵退役回家。

皇帝刘邦在洛阳南宫大宴群臣，庆贺新朝建立。刘邦对着在场众臣说："大家说说，我为何能得天下，项羽又为会失败。"王陵说："陛下使人攻城略地，即酬其功，与天下同其利；项羽不然，有功者害之，贤者疑之，这就是项羽失败的原因。"刘邦只是笑笑说："公知其一，未知其二。夫运筹帷幄之中，决胜千里之外，我不如子房；填国家，抚百姓，给饷馈，我不如萧何；连百万之众，战必胜，攻必取，我不如韩信。此三者皆人杰也，而我能用之，这才是我能得天下的真正原因。项羽只有一个范增却不重用，这就是他被我打败的原因所在。"群臣听后不管心里如何想，至少表面上都装作心悦诚服，大家一致表示，您说得对。

刘邦说张良、萧何、韩信三人是人杰，也是他取得天下，功勋最为卓著的三位功臣。"汉初三杰"之名即由此而来。

刘邦在夸三人的同时其实也是在夸他自己。这三人都是人杰，但他们都为我所用。你们说谁更厉害。大臣们当然能听懂刘邦的话外之音，所以，才一致表示拜服。他们服的不是三杰而是刘邦。

萧何长于为政，张良善于谋略，韩信强在军事。三人各有所长，刘邦说到他们的强项时，说自己不如三人，但如果他真的不如他们。这三人怎么会甘愿在他手下称臣，听他驱使呢？刘邦只是在他们的专长上不如他们，但综合行政、谋略、军事三方面的能力，最强的人是刘邦。因为只有英雄才能驾驭英雄。

刘邦其实是想说，他们三人都很出色，所以他们是人杰。但我比他们都厉害，所以，我是皇帝。

当然，刘邦在庆功宴上如此说，并不是闲谈，他说这些话是有用意的，那就是为接下来的大封功臣定下基调。

萧何、张良、韩信，不仅各有所长，他们的身份也各有不同。

韩信是有军功助刘邦得天下的诸侯王们的代表。

萧何是刘邦的基本盘丰沛功臣的首席代表。

张良则是外来群体功臣的代表。

韩信在称王之后，与刘邦只是名义上的君臣，而在事实上独立为诸侯王。刘邦与韩信的关系更类似于从前的周天子与诸侯王。刘邦在称帝前已经分封诸侯。

下面要受封赏的才是刘邦自己的臣子。

剖符受封的功臣众多。同为功臣，也要按功劳大小排定座次。咱们中国人历来都很讲究排位名次。

萧何受封酂侯，食邑在众臣中最多，居首位。这下大家有意见了，特别是那些武将，将军们说："臣等被坚执锐，多者百余战，小者数十战。萧何未有汗马之劳，徒有文墨议论，反居臣等之上，这是为何？"

刘邦似乎对此早有准备，他对众将说："诸位知道打猎的事吧，追杀禽兽飞兔的是走狗；而发现野兽踪迹指示方向的却是人。诸位就是能捕捉飞禽走兽的功狗；至于萧何，他就是那个指明野兽踪迹的那个功人。"

刘邦怕这些大老粗不懂，特意用他们最熟悉的狩猎做比喻。皇帝既然如此说，众人也不敢再多言。

张良身为谋臣，虽未有萧何案牍之劳形，也不如众将有汗马之劳，但张良的功绩是显而易见的。刘邦特意让张良自选三万户做封邑。要知道，刘邦的文官之首萧何与武将之冠曹参，他们的封邑也才刚到万户。而刘邦给张良的待遇是三万户，远远超出众人。

张良知道一旦他接受，立即就会成为众矢之的。向来低调的张良表示陛下封赏过厚，臣当初与陛下相遇于陈留，封陈留足矣，不敢当三万户。刘邦于是封张良为留侯。三杰之外，紧随其后的就是善出奇计的陈平。刘邦封陈平为户牖侯。

刘邦对盟友对臣僚有功则赏，从不犹豫，分配利益及时到位还总能高于对方预期，从不吝啬。

刘邦能将丰沛功臣团结在自己身边，能让外来功臣心甘情愿为他效力、能让诸侯为其效劳都是由于这个原因。

感情跟利益在维系人与人之间良好的关系时缺一不可，又彼此交融，你中有我，我中有你。

因为利益需要感情来粉饰；感情需要利益来维护。两者互为面纱，不可说破。只谈利益，不讲感情，很难建立互信、维持长久。只讲感情，不谈利益，很难维系长远、保持亲密。

论功行赏，说起来容易，做起来特别难。因为谁都认为自己的功劳大。还会有不少人认为给别人的封赏比给自己的多而愤愤不平。处理不好极容易引发矛盾。

刘邦对汉初三杰的封赏，那是顶级的，普通大臣可望而不可即，即使有所不满，只要刘邦发话，他们也不敢多言。即使羡慕嫉妒也只能在心里不敢表现出来。但对自己的同列，那就用不着客气了，该争的必须争，该抢的必须抢。这个时候谦虚礼让，也不会有人称赞你高风亮节。待遇面前，谁也不会让着谁，抢到手才是自己的。涉及自身利益，大家比在战场上还拼命，那种激烈程度只有经历过的人才懂。

刘邦优先诏定封赏的都是大功臣。刘邦接连封赏功臣二十余人，但相对于那些未获封赏的，这个比例还是有点偏低。

剩下的大多数人整日在朝堂上啥也不干，只在那里吵吵嚷嚷，日夜争功，从白天到黑夜吵个不停。大殿比集市还热闹。这些人大多本来就是市井出身，也不讲究仪容礼节，逮哪坐哪，宫殿外、草丛中、土堆上，到处都能看见三三两两坐在一起讨论封赏的大臣。

刘邦在洛阳南宫，从复道上远远望见众将坐在土堆上聚成一团，在那里相互耳语，因为离得远，也不知他们说的是何等机密大事。

刘邦问身旁的张良："那些人聚在那里窃窃私语，他们在干吗？"张良故作惊讶夸张地说："陛下难道不知？他们在那里密谋反叛！"刘邦说："天下安定，何故谋反？"张良说："陛下以布衣取天下。今陛下为天子，而所封皆故旧亲信，所诛皆平生仇怨。以军吏所计之功，料检天下郡县亦不足封；这些人怕陛下不能尽封，又恐见疑，以平素之过遭诛杀，所以才聚在一处密谋造反。"刘邦当然知道张良这么说是故意夸大其词，事情虽不像张良说的那么严重。但刘邦也清楚必须尽早定封，稳定人心。

大封功臣，宜早，不宜迟。迟则生变。虽说众人不至于造反，但也说不定会闹出多少是非来，刘邦为此也很忧虑，他又说出了那句他常说的经典台词："为之奈何？"刘邦问的是张良。刚刚受封留侯的张良是刘邦的智囊。刘邦相信自己的智囊一定有办法解决眼前的这个难题。

张良沉思良久，忽然问："陛下平生最为痛恨憎恶、又是群臣人所共知的人是谁？"刘邦不假思索脱口而出："雍齿。我与此人有仇。这个雍齿多次令我困窘难堪；多少次，我都想杀他，只是念及他的功劳也不少，才作罢。"张良说："当今之计，陛下应先封雍齿。陛下痛恨雍齿，人所共知。陛下先封雍齿，则群臣之心自然安定。"

于是，刘邦置酒摆宴，当众封雍齿为什邡侯，同时命丞相、御史早早定功行封。酒宴散去，群臣人人欢喜，大家都说："雍齿尚侯，我们不用担心了！"

不久，列侯受封已毕，刘邦诏定元功十八人位次。大家一致推举曹参，说："平阳侯曹参，身被七十创，攻城略地，功最多，应排第一。"

这时，关内侯鄂千秋上前进言道："群臣之议皆误。曹参虽有攻城野战之功，此一时事耳。

陛下与楚相距五岁，失军亡众，脱身而走者数次。萧何常从关中发兵助军，有时甚至不待陛下上诏令，数万之众已在军前。

陛下在荥阳成皋剑与楚军对峙，军中时常缺粮，又是萧何都督漕运转输关中之粮，保证军食不乏。

陛下虽数亡山东，萧何常全关中以待陛下，此万世之功也。萧何应为第一，曹参当次之在后。"

刘邦当即称许鄂千秋之议，以萧何为第一。刘邦又赐萧何剑履上殿，入朝不趋。

很明显，谁都听得出来，这鄂千秋说的，就是刘邦想说但又不便说出口的话。刘邦不过是借鄂千秋之口说出来。否则，以鄂千秋的资历，借他个胆子也不敢跟丰沛功臣唱反调。而鄂千秋替皇帝出头，当面硬顶丰沛功臣，主动背黑锅的行为，自然受到刘邦的嘉奖。

刘邦必须做出补偿。要不以后谁还敢替皇帝往前冲。虽说大家知道，鄂千秋的背后是皇帝在撑腰，但不代表，大家不会因此恨他。

鄂千秋为皇帝陛下不惜牺牲人缘得罪丰沛功臣，这个人情，刘邦要领。以刘邦的作风当然要及时封赏，做出奖励。

刘邦说："我听说进贤当受上赏。萧何功虽高，得鄂君益明。"于是，之前不知名的鄂千秋，居然因此受封安平侯。

萧何排为功臣第一，他的家人也跟着沾光。当天，萧氏父子兄弟十余人都被刘邦赏赐食邑；这真是一人得道，鸡犬升天。

刘邦还特意给萧何加封二千户，凑足万户，令萧何成为名副其实的万户侯。

刘邦给萧何的待遇是群臣之中最高的。

剑履上殿，入朝不趋。之后，也成为历代权臣的标配。后来的董卓、曹操、司马懿也都享受过这个待遇。而在刘邦时期，享受这一超级特权的，只有萧何一人。

皇帝刘邦将能给予臣下的待遇都毫不保留地赐予萧何。此时的萧何可谓"集万千宠爱于一身"。即使在"汉初三杰"中，萧何的恩遇也是最高的。旁人看到只敢羡慕，都不敢嫉妒，更别说恨了。

刘邦为何对萧何如此礼遇？因为萧何的功劳。刘邦已经借鄂千秋之口说得很明白。彭城战后，楚汉荥阳对峙，项羽紧追刘邦不放，攻势凶猛。在荥阳，在成皋，刘邦多次死里逃生。打得有多艰难，刘邦是最清楚的。

刘邦最终能挡住项羽，靠的就是萧何在后方的关中向荥阳前线的刘邦持续"输血"的缘故。萧何在后方动员组织兵员粮饷不停前送。刘邦才能在前线挺过最艰难的时刻。曹参的攻城野战之功，要么是跟着韩信打的，要么是大反攻之后的战绩。曹参只是锦上添花，萧何才是雪中送炭。

对此，刘邦心中有数，这才力排众议，以萧何为功臣之首，排在第一。

萧何之功，还不止于此。刘邦说鄂千秋进贤当受上赏，因而封其为侯。其实，真正进贤的人是萧何本人，他进的贤人自然是韩信。

刘邦在荥阳成皋正面取守势。韩信从侧翼迂回取攻势。有韩信的攻，刘邦的守才有希望，才有意义。

三大诸侯韩信、彭越、黥布，韩信功最大。

汉初三杰萧何、韩信、张良，萧何功最大。

韩信之功也是萧何成全的。如果刘邦的正面防线被打穿，全线崩溃，韩信再怎么迂回也无济于事。只有守住正面，侧翼迂回才有效。韩信还是很有自知之明的，他做不成霸主，只能做一方诸侯。

韩信有功，作为举荐人的萧何自然也有功劳。陈平立功受封不忘魏无知的举荐，请刘邦对其封赏。同理，韩信立功，刘邦理应对萧何大加封赏。

对萧何本人的功绩，刘邦还可以鄂千秋之口说出，进行肯定。但对举荐韩信之功的封赏，刘邦甚至找不到合适的人去说，也说不出口。当年，要不是萧何月下追韩信，将韩信给追回来。楚汉战争还不知要打多久。

如此说来，萧何之功还在韩信之上。刘邦得天下，萧何功最大，居功臣之首，实至名归。

相比功劳，刘邦更看重萧何的忠诚。"汉初三杰"，对刘邦最忠的就是萧何，张良两度离开，韩信称王自立。只有萧何始终在刘邦身后，任劳任怨，辛勤操劳。刘邦在前线，后方全权交给萧何去管，这是多大的信任。

刘邦与项羽在前线相持不下之际，曾多次派人慰劳丞相萧何。这时一位姓鲍的书生对萧何说："大王征战在外甚为劳苦，却屡次三番遣使慰劳，当有疑君之心。为君计，不如遣子孙昆弟能胜兵者诣军。"萧何听从鲍生的建议，将萧氏子弟尽数派往前线，刘邦果然很是满意，也不再频繁遣使慰问。有人以此认为这是刘邦不信任萧何的表现。

事实并非如此，当时诸侯将军都有子弟在都城为质，这是规矩，萧何更不可例外。君臣关系再好，也是君臣，该有的常礼必须遵循。任何信任也都是有保留的，这其实对双方都是一种保护。

定都制礼——大汉威仪

刘邦称帝定都洛阳。但很快他就改主意了。

促使刘邦改变心意的是来自齐地的一个叫娄敬的戍卒。娄敬应调戍守陇西，路过洛阳，找到齐人虞将军请求觐见皇帝陛下。

一个普通的士兵想见皇帝，这在古时都是相当不容易的。但刘邦不同，他是平民出身，又是刚当皇帝，很是平易近人，当即召见。

娄敬见到刘邦说了很多，但中心意思其实就是一句话，您不该定都洛阳而应该去长安。那里才是您万世基业的根基所在。

娄敬说陛下您起兵丰沛，席卷蜀汉，还定三秦，与项羽战荥阳成皋间，大战七十，小战四十；使天下之民，肝脑涂地，父子暴骨于野，不可胜数。重点是下面这句话，如今伤夷者未起。言下之意，您当初正是背靠关中才夺得的天下，如今战事虽平，但是威胁依然存在。

秦地被山带河，四塞为固，八百里秦川膏腴之地，天府之国。陛下入关而都之，山东虽乱，秦地尚在。这个讲得就更露骨了。关中易守难攻，丰饶富庶，崤山以东如有战事，即使全部丢失，您还有关中四塞之地作为根本，依然能反败为胜。

天下初定，本应君臣共享太平。

戍卒娄敬却在这里大讲军事形势。山东怎么会乱且不说，先说山东都有谁，韩信、彭越、黥布。

这话摆明在说，关东诸侯是您的威胁，早晚必乱，您定都关中才安全。娄敬说的也不算夸张。刘邦称帝前后实际控制的地方其实差不多。之前，与项羽在荥阳成皋间对峙，刘邦能控制的只有巴蜀关中。之后，刘邦践行前言，将项羽的西楚故地分给韩信、彭越、黥布。他的地方还是那么大，诸侯王们的封地却比之前更大。

依旧是关中与关东的东西对峙，不过是刘邦对面的项羽换成了韩信、彭越、黥布。

当初，与项羽对峙时，荥阳成皋多次失守，刘邦一度退守巩县，而巩县的后面就是洛阳。娄敬的话意思很明白，一旦战事再起，那必然是与关东诸侯王们的战争，到时洛阳就是前线，将都城放在前线有多危险，显而易见。娄敬是从军事角度劝说刘邦迁都。

刘邦向群臣征求意见，多数人依旧坚持留在洛阳。他们的理由是洛阳东有成皋，西有殽、渑，北靠大河，也很险固。

刘邦问张良是留在洛阳还是去长安。张良说："洛阳虽有山河之固，然而土地狭小，方圆不过数百里，四面受敌，非用武之地。关中左殽、函，右陇、蜀，沃野千里。南有巴、蜀之饶，北有胡苑之利。阻三面而守，独以一面东制诸侯；诸侯安定，河、渭漕输西给京师；诸侯有变，顺流而下，足以制胜。此即金城千里，天府之国也。娄敬说是也。"刘邦听后当即决定迁都长安，即日启程。娄敬因功拜为郎中，号奉春君，赐姓刘氏。

乱世尚武功，天下太平，当用文治。众所周知，刘邦不喜欢读书人，尤其讨厌儒生，对那些繁文缛节极度反感。但是有一个人，凭一己之力让刘邦改变了对儒生的偏见。这个人就是叔孙通。

他的经历相当复杂，一生四易其主。不是说叔孙通投机多变，而实在是生逢乱世，身不由己。作为儒生，叔孙通学问不错，被召入秦廷为待诏博士。秦汉之际，天下大乱，叔孙通逃离咸阳，先后辗转于项梁、项羽之间，直到刘邦袭取彭城、叔孙通归顺刘邦才结束动荡的生活。

楚汉争霸，叔孙通的学问派不上大用场。天下安定，他出人头地的机会来了。

刘邦入关时就与秦民约定，悉去秦苛法，约法三章。

到刘邦称帝后，君臣之间也极为随意，大殿上，群臣饮酒争功，醉酒之后，更是大呼小叫，拔剑击柱，更有甚者，当庭便溺。刘邦之前也是他们中的一员，那时的他逍遥快活，可能还是最活跃的那个。可现在刘邦看到眼前的这群酒鬼却直皱眉头，因为身份变了。他如今是皇帝了。可手下这帮人显然还把他当成酒桌上的兄弟，一点也不见外。

叔孙通觉察出了皇帝的不悦。

刘邦看到的是乱糟糟一片纷乱。叔孙通看到的却是机会，一个展示专业才能的机会。他的专业是礼学。

这一天，他已经等很久了。

叔孙通对刘邦说："儒者难与进取，可与守成。臣愿与门生弟子共定朝仪。"刘邦当然愿意整肃朝堂，可他也厌烦烦琐的俗礼，怕麻烦。叔孙通精于人情世故，明白皇帝的心思。

叔孙通将古礼结合秦礼进行整合，大大简化，既要体现庄重肃穆，又要简便易行。

叔孙通找来许多学识渊博的儒者加上他的门生弟子一百余人，经过一个月的编排演练。

　　叔孙通觉得可以推广施行了。这才来见刘邦，请刘邦观看诸生演礼。

　　刘邦看过后，大为满意，简便易行，又不失威仪肃穆，他还做得到。刘邦当即下令将叔孙通制定的这套礼仪规范全面推广，文武大臣都要进行演礼学习。

　　汉七年（前200），萧何主持督造的长乐宫落成。群臣都来朝贺。平明，谒者治礼，将前来朝贺的诸侯大臣按照官职大小、禄位高低排班站队依次引入殿门，分别立于东、西两向。卫兵夹陛立于廷中，手执兵器，张列旗帜。群臣就位已毕，礼官传警，皇帝的车辇才缓缓而出；诸侯王以下文武将吏依次向皇帝陛下奉贺。礼毕，置酒，侍者坐于殿上，群臣皆拜伏于地；以尊卑等级依次起，为皇帝上寿。凡是做得不规范的，举止失礼者当场就被负责执法的御史带出朝堂。

　　整场仪式，庄严肃正，文武大臣没有一个敢大声喧哗的，大家全都规规矩矩、小心谨慎，唯恐出错，被御史押出去。

　　刘邦目睹了整个过程，不由得由衷发出感叹："我今天才知道做皇帝的尊贵！"这当然都是叔孙通的功劳。正是叔孙通让刘邦真正感受到了大汉威仪。

　　叔孙通的命运也由此彻底改变。刘邦不久即拜叔孙通为太常。叔孙通的出色表现，也令一向反感儒生的刘邦，对儒者的印象大为改观。儒生的仕进之路也就此被打开。

兔死狗烹——削平异姓诸侯王

楚王韩信衣锦还乡。曾经那个连饭都吃不饱的人，如今已是这片土地的主人。韩信找到当年给他饭吃的漂母，以千金相赠。这可真是一饭千金。韩信又找来南昌亭长，赐给百钱，这点钱与之前的千金相比，与其说是馈赠，不如说是羞辱。

韩信当然不会忘记当年那个让他受胯下之辱的市井小人。不过，韩信并没有杀他。不是不想，而是韩信想以此显示自己的宽宏大度。

楚将钟离昧与韩信颇有交情。项羽败亡，钟离昧跑去投奔韩信，而韩信居然收留了。他一点也未意识到问题的严重性。韩信可能认为他这是讲义气、够朋友。友人落魄来投，若拒之门外，那岂是大丈夫所为？如果他跟钟离昧是寻常百姓，他这么做是有情有义。但问题就在于，他跟钟离昧都不是普通人。

他是刘邦封的势力最大的诸侯王，但他至少名义上仍是刘邦的臣，而刘邦是他的君。

钟离昧是何人？他是曾经的楚将，如今的在逃通缉犯。当年楚汉荥阳对峙，项羽可没少让刘邦吃苦头。而钟离昧就是当时项羽麾下最得力的大将之一。钟离昧也多次使刘邦陷入危机，刘邦恨死钟离昧了。项羽已死，但钟离昧还在。而作为刘邦亲封的最大的诸侯王，韩信居然敢收留刘邦的仇人。这事情就变得严重了，不是普通的窝藏逃犯而是严重的政治事件。

更严重的是，刘邦很快就知道了。刘邦听说钟离昧在楚国，就下诏给楚王韩信令他即刻将钟离昧捉拿归案，押送长安。

刘邦当然知道是韩信将钟离昧藏起来的。他这么做是给韩信一个台阶下，让韩信主动把人交出来，也是给韩信一个补救的机会。可韩信是怎么做的呢？不理不睬，将皇帝的诏令当耳旁风。后果是相当严重的。只不过当时，刘邦没有动他，但当时不动，不代表以后不动。

事实上，韩信早就已经在刘邦的黑名单上。韩信的政治嗅觉极其不敏锐，也可以说是很迟钝，只有刀架在脖子上才会知道怕。

刘邦分封异姓诸侯完全是迫不得已，被逼出来的。他从开始就未打算让这些异姓诸侯做长久。他们要是长久了，刘邦的江山就不稳了。

刘邦本已定都洛阳，为何听了刘敬的话，就要匆匆迁都？因为刘敬完全是从战争视角、战备模式，去考虑都城的选址的。为何不可定都洛阳？因为洛阳靠近关东，容易受到军事威胁。受谁的威胁？谁在那里，就受谁的威胁。在关东的三大异姓诸侯，就是楚王韩信、梁王彭越、淮南王黥布。

刘邦正是感受到了来自关东异姓诸侯王的威胁，才匆匆迁都，离开洛阳，前往长安。

而在异姓诸侯王中，韩信是势力最大的那个，也是实力最强的那个。强到刘邦都不敢跟韩信硬碰硬进行军事较量。但也正是因为此，韩信会成为第一个被收拾的异姓诸侯王。不摆平韩信，刘邦估计是连觉都睡不好的。韩信的存在就是威胁，时刻都在提醒刘邦，必须尽快解除这个威胁。

汉五年（前202）二月，刘邦称帝。

七月，燕王臧荼就起兵谋反。

刘邦亲自带兵征讨。

九月，臧荼被俘，叛乱平定。

刘邦立自己的发小也是亲信的太尉长安侯卢绾为燕王。虽然还是异姓诸侯王，但这个异姓不同，卢绾是刘邦的同乡也是从小到大的玩伴。卢绾享受的待遇从来都是超出常人的，从刘邦封他的长安侯，就能看出他的与众不同。

才刚刚分封，就开始行动，刘邦铲除异姓诸侯的心情是相当之迫切，甚至有点急不可待。

十月，不出预料，有人上书告发楚王韩信谋反。

至于这人是谁，一点都不重要。因为有需要，这类人就会出现。

刘邦对此极为重视，立即召集众将开会，商讨对策。皇帝问将军们，怎么办。大家的反应很一致，发兵，击杀反贼。

面对群情激奋的将军们，皇帝的表情耐人寻味。刘邦默然。刘邦对慷慨激昂的将领们报之以沉默。因为他知道，这帮人只是在表演，但他此时没有心情看他们的表演。

刘邦转身看向陈平，他相信这个人一定有办法。这些年来，陈平从未令他失望。

陈平说："有人上书言韩信谋反，这事韩信知道吗？"刘邦说："不知。"陈平沉思片刻，开始他一连串的灵魂发问。陈平问刘邦："陛下的精兵与楚相比如何？"刘邦说："不如楚。"陈平又问："陛下众将，用兵有能超过韩信的吗？"刘邦略显尴尬地说："众将皆不及。"陈平于是进行总结性发言："今兵不如楚精，而将又不及，举兵攻之，取败之道。"刘邦又问出他的经典语录："为之奈何？"

陈平敢对皇帝陛下进行灵魂考问，自然是心中已有妙计。陈平对刘邦说："古者天子有巡狩，会诸侯。陛下可以南游云梦为由，大会诸侯于陈地。陈县，楚之西界；韩信闻天子出游，必来迎谒；陛下可趁机擒之，只需一两个武士就能办到。"

刘邦深以为然，认为此计可行，省时省力，不动刀兵，不用开战，不愧是善出奇谋的陈平，也只有他才能想出如此妙计。刘邦当即遣使四出，告谕诸侯："我将南游云梦，与各路诸侯相会于陈。"

楚王韩信得到消息，心怀疑惧，不知如何是好。韩信为何疑惧？因为他心里有鬼。因为钟离眜躲在他这里。当初楚汉对峙，钟离眜在荥阳把刘邦搞得很狼狈。刘邦是个记仇的人。当年的仇，现在要报。

韩信觉得刘邦的云梦之游，不会如刘邦说得那么简单，肯定还有别的目的，说不定背后隐藏着不可告人的阴谋。而这个阴谋很可能是冲着他来的。这点韩信倒是猜对了。但接下来的事他都错了。

韩信猜测刘邦此行可能是来收拾他的，理由是他窝藏皇帝陛下的仇人逃犯钟离眜。既然如此，将钟离眜交出去，是不是就可以躲过去呢？韩信是这么想的，他的亲信部下也是这么想的，还劝他赶紧交人免祸。

他们看问题过于肤浅了。

刘邦的确是冲着韩信来的，但原因不是钟离眜，而是韩信本人。收拾钟离眜这类小角色，用不着刘邦亲自动手，但收拾韩信，刘邦必须也只能自己来。

刘邦要收拾韩信，不是因为韩信窝藏逃犯，而是因为韩信是异姓诸侯王，还是实力最强的那个。韩信的楚国，疆域几乎相当于鼎盛时期的项羽的西楚。而韩信的军事能力是超过项羽的，至少是平分秋色。站在刘邦的角度，韩信对他的威胁甚至要大于项羽。

才推翻一个项羽的楚国，又冒出一个韩信的楚国，而且比之前的更强。这叫刘邦如何受得了？

但韩信的楚国是早有约定，事先说好的，刘邦只能履行诺言，封其为王，建立新楚。但对刘邦而言，这不过是权宜之计，能扶你上去，也能拉你下来。

韩信不知刘邦的底牌，还真以为只要交出钟离昧，就能保住他的楚王。蒯通走后，韩信的身边就找不出顶级的谋士为他出谋划策了。

韩信带兵打仗是个不可多得的帅才，奇计迭出，屡有奇谋。但一涉及政治，他就变得很幼稚。

当初，韩信认为自己很仗义收留钟离昧。如今，韩信不得不打脸，出卖钟离昧来保全他。

早知今日，何必当初。既然不具备那个能力，当初就不要收留。现在的韩信是猪八戒照镜子——里外不是人。他窝藏钟离昧得罪了刘邦。如今要交出钟离昧卖友求荣讨好刘邦，遭到的是钟离昧的唾骂跟鄙视，而刘邦也不会领他的情。这能怪谁呢？只能怪韩信虑不及远，自作自受。

韩信找到钟离昧，委婉地进行暗示。钟离昧得知韩信的来意，明白自己的死期已至。谁让他得罪了不该得罪的人——刘邦。但钟离昧临死前对韩信说，汉军之所以不攻打楚国，正是因为钟离昧在此。钟离昧今日死，大王明日必随之亡。钟离昧大骂韩信不是厚道人，说罢，拔剑自刎。

十二月，刘邦在陈县大会诸侯。韩信持钟离昧的首级拜谒皇帝。刘邦看着韩信露出微笑，叫人接过首级，随即突然变脸，呵令武士将韩信拿下。韩信还不明白是怎么回事就被绳捆索绑，沦为阶下囚。

刘邦来此的目的就是擒拿韩信。既然目的已经达到，也就不再停留，当即打道回府。韩信被扔在后车，随刘邦回洛阳。

韩信在车上高声大呼："狡兔死，走狗烹；飞鸟尽，良弓藏；敌国破，谋臣亡。天下已定，我固当烹！"擒获韩信，除去刘邦的一块心病，为庆贺这一并不光彩但意义重大的胜利，刘邦宣布大赦天下。

刘邦以南游云梦为由，兵不血刃诱捕韩信，最大的功臣当数陈平。伪游云梦，计擒韩信。此即陈平六出奇计的第四计。

刘邦带着韩信回到洛阳，却并没有杀韩信。刘邦很是"宽宏大度"，赦免韩信的死罪，将其贬为淮阴侯。

韩信也知道刘邦忌惮他的才能，于是称病不出，朝会也不去，耻于与周勃、灌婴等人同殿称臣。

韩信整日在家待着，闷闷不乐。一天，因为实在闲得慌，韩信随意闲逛，走到将军樊哙的府邸，就想进去瞧瞧，樊哙得知韩信大驾光临，受宠若惊，跪拜送迎，口称臣说："大王乃肯临臣！"韩信已经是淮阴侯了。但樊哙依然称韩信为大王。

韩信出门，苦笑道："平生竟与樊哙辈为伍！"

从樊哙对韩信恭敬的态度也能侧面看出，韩信在当时的威望跟地位。

要知道，樊哙的身份可不低，甚至可以说非常之高。他是丰沛功臣的核心人物。鸿门宴上，刘邦的四大护卫之一。他也是吕氏外戚的主要成员，因为他娶了吕雉的妹妹，跟刘邦是连襟。

身份、地位如此显赫之人，居然跪拜迎送韩信。更不可思议的是，跪拜的樊哙与接受跪拜的韩信都认为这是理所当然的，并不认为这么做有何不妥，而是觉得这是很自然的事情。这就很令人惊叹了。

韩信已经落魄到淮阴侯了。还有如此地位，还有如此威望。可以想见，当年处于巅峰的韩信是何等威风。

韩信是淮阴侯，人家樊哙也是舞阳侯。韩信是明日黄花，而樊哙正当红。

韩信的骄傲是骨子里带出来的。要他谄媚逢迎，还不如直接弄死他。

刘邦有一次与韩信闲谈，他俩聊的自然是军事方面。刘邦与韩信讨论朝中众将的才能。刘邦问韩信，这些将领都能带多少兵。以韩信对樊哙的轻视，不用想也知道，评价不会很高。

说到最后，刘邦问韩信，你看我能带多少兵。韩信说，陛下能将十万。刘邦反问，那你能带多少。韩信说，至于臣多多益善。

刘邦笑着说："多多益善，何为为我禽？"韩信从容对答："陛下不善将兵而善将将，此乃信为陛下禽也。且陛下，所谓天授，非人力也。"

刘邦虽惮韩信之能，亦爱其才。对韩信，刘邦是爱恨交织，心情复杂。但至少在当时，刘邦自认为还能控制韩信，因而并未对其起杀心。

真正导致韩信被杀的是陈豨谋反事件。

刘邦任命阳夏侯陈豨为赵相，统领赵、代边兵；陈豨赴任前，去向韩信辞行。

韩信拉着陈豨的手屏退左右，与之散步于后庭。郁郁不得志的韩信仰天长叹，说道："可以跟将军说说心里话吗？"陈豨闻言赶紧说："唯将军令！"

韩信见陈豨态度恭敬、言语谦卑诚恳，这才说："将军将守之地，天下精兵所在；而将军乃陛下宠信之臣。人言将军反，陛下必不信；再至，陛下将疑；三至，陛下必怒而兴师，亲率大军而至。果真如此，待陛下军出，我在京师为将军后援，天下可图。"陈豨素知韩信之能，对其向来仰慕钦佩，对韩信的话，深信不疑。他相信以韩信的能力，说到就能做到。当即答道："谨奉教！"

汉初，陈豨是一个不引人注意，却特别重要的人物，因为他过于特别。史书对他的记载很少，但同时他又很重要。看似矛盾，其实不矛盾。就是因为他特别重要，所以才要极力忽略，抹去他的痕迹。

从韩信对陈豨的态度，就能看出陈豨的与众不同与非同寻常，心高气傲羞与绛、灌为伍的韩信，面对樊哙的跪拜迎送坦然接受的韩信，居然拉着陈豨的手信步闲谈，能享受这个待遇的，满朝之中恐怕也只有陈豨了。连周勃、灌婴、樊哙都不放在眼里，刘邦的那些将军，韩信还能看上谁？可偏偏，韩信对陈豨青睐有加。

因为陈豨统领的是赵、代边兵，面对的是强敌匈奴。能同时被刘邦与韩信赏识，又被放在最凶险的战场，统领最精锐的边军，陈豨的能力由此可见。

一晃数年过去，陈豨守在边地，并未起兵，一切如常。

引发纷乱的起因是刘邦对异姓诸侯王处心积虑的排挤削夺，汉初几乎所有的动荡都是因此而起。

平定燕王臧荼的叛乱，刘邦即以自己的亲信卢绾接替。

汉六年（前201）十二月，刘邦南游云梦擒获韩信。正月，刘邦就将韩信的地给分了。韩信的楚国之地被一分为二，淮东五十三县分给从兄将军刘贾封其为荆王；薛郡、东海、彭城三十六县分给弟弟文信君刘交封其为楚王。

稍后，刘邦又以云中、雁门、代郡五十三县册立兄长宜信侯刘喜封其为代王；韩信的齐国旧地胶东、胶西、临淄、济北、博阳、城阳郡七十三县被刘邦分给庶子刘肥封其为齐王。

韩信的封地被刘邦一分为三，全部封给自己的兄弟跟儿子，这就叫肥水不流外人田。

刘邦在裁撤掉最大的异姓诸侯王韩信的同时，一口气连封四个同姓诸侯王，其中，三个是兄弟，一个是儿子。

刘邦用同姓诸侯取代异姓诸侯的意图已经摆在明面上，极其坦诚。因为对他威胁最大的韩信已经被扳倒，剩下的这些人，在刘邦看来，不足为虑，他都有能力搞定。坦诚是因为自信，而自信源于实力。

　　对于那些一时不便于裁撤的异姓诸侯王，刘邦的办法是让他们搬家。首当其冲的是韩王信，因为他的封地在颍川。就是因为这个地方好，刘邦才想让韩王信搬走。

　　颍川，北近巩、洛，南迫宛、叶，东连淮阳，位于中原腹心，如此重要的地方，自然不方便给外人。

　　至于韩王信的"新家"，刘邦早就替他想好了。去北方，刘邦将太原郡及所属三十一县封给韩王信作为新的韩国，以晋阳为都。韩王信的封国在太原以北，地近匈奴。所以，韩王信还担负着为刘邦守边防、御匈奴的重任。

　　刘邦的想法其实很单纯，利用匈奴削弱韩王信，同时利用韩王信消耗匈奴。通俗点说，就是打死敌人除外患，打死友军除内患。因为不管是匈奴，还是异姓诸侯王，都是刘邦的心腹之患。而对现在的刘邦来说，内患大于外患。

　　韩王信刚到封国就给刘邦上书："国被边，匈奴数入寇；晋阳去塞远，请治马邑。"刘邦愉快地批准了。

　　不久之后，韩王信就会为自己的这个请求悔青肠子。刘邦套路深，自己还有点嫩。

　　刘邦就是因为太原近匈奴才把他安排去守边塞，刘邦设好圈套让他往里钻，他请求再往里面进一点，刘邦当然同意了。

　　当年秋，匈奴骑兵大举入侵围韩王信于马邑。韩王信派人与匈奴谈判。汉军发兵救援，发现韩王信与匈奴秘密往来，疑其有二心，派人问责。韩王信唯恐被清算。

　　九月，韩王信以马邑降匈奴。

　　十月，刘邦率军从栎阳出发，从临晋渡黄河北上，翻越太行山，于铜鞮大破韩王信，斩其将王喜。韩王信败走，投奔匈奴。

匈奴左、右贤王率一万匈奴骑兵屯兵广武，又南下晋阳。汉军击败匈奴，乘胜逐北，追至离石，又大破之。

匈奴收拢败兵屯于楼烦西北，又被汉军击败。

刘邦令周勃、灌婴分兵进击，收复楼烦。汉军与匈奴数次交战，匈奴常败，汉军常胜。

十一月，刘邦在晋阳得到情报，匈奴冒顿单于军在代谷。刘邦立即率军北上追击匈奴。

因连战连胜，刘邦有轻敌之意，不待主力赶到，只带先锋部队追击，在平城以北的白登山陷入重围，被匈奴主力包围七日。

汉军虽少，据险而守。匈奴强攻不下，又得知汉军援兵将至，进退两难。这时，刘邦身边的谋士陈平献计趁机与匈奴谈判。双方在势均力敌相持不下之际，达成协议，汉以酒米布帛予匈奴，换取匈奴退兵。不久，汉军主力赶到，匈奴退走。计退匈奴，也是陈平六出奇计的第五计。刘邦突围后又在句注以北大破匈奴。

当月，刘邦率军南归路过曲逆，不禁感叹："壮哉曲逆！我征战南北，到过许多地方，称得上繁荣的只有曲逆与洛阳。"于是，刘邦改封陈平为曲逆侯，以曲逆为陈平封邑。

十二月，刘邦大军路过赵国。赵王张敖盛情款待，因为刘邦不仅是皇帝还是他的岳父，他的妻子就是刘邦的女儿鲁元公主。

刘邦与张耳是布衣之交，如今又是儿女亲家。双方的关系如此深厚，但因为赵王张敖也是异姓诸侯王，刘邦连女婿也不放过。只要是异姓诸侯王，都在刘邦的打击之列。

在张敖为刘邦举行的欢迎宴会上，刘邦故意找茬，当众对赵王张敖百般羞辱。刘邦做得相当过分，以至于赵王张敖的属下都看不过去了。赵相贯高、赵午等人找到张敖，表示要为赵王雪耻，刺杀刘邦。

张敖很清楚刘邦此来的目的，就是故意找茬想激怒他，好以此为由，夺他的封国。但这话张敖又不便对属下明说，只能好言相劝，要他们以大局为重。

张敖很聪明没有中计，可他的手下都是一根筋，瞒着他策划起一个大阴谋，刺杀皇帝。

汉八年（前199），刘邦二次北征韩王信，又来到赵国，路过柏人。贯高等人就藏在厕所准备行刺刘邦。这天晚上，刘邦本要在柏人留宿。不知为何，刘邦感到一阵不舒服，就问："此县何名？"手下回答："柏人。"刘邦说："柏人者，迫于人也。"这个名字不吉利，便决定立即离开，不在此地停留。贯高等人行刺失败，事情到此远未结束。

因为这场刺杀行动是集体密谋，知道的人很多，泄露是早晚的事儿。从这就能看出，这些人成事不足，败事有余。密谋刺杀，知道的人越少越好。人越多，暴露得越快。

不出所料，贯高的密谋被仇家告发。这是汉朝建国以来的第一大案，密谋行刺皇帝自然是重罪，那些人也很清楚，得知事情败露纷纷自杀。他们闯下的大祸，出事后，先自杀，将乱摊子丢给赵王张敖。

整场事件，赵王张敖是最可怜的。他知道刘邦的图谋，是想激怒他，然后撤销他的赵国。张敖忍辱负重，就是希望能保住赵国。

赵王张敖得知手下的密谋也劝阻过，可是，那些人不听，擅自行动，闯下的大祸却要他来背锅。

这个案件的过程并不重要，真正重要的是结果。刘邦就以赵国发生预谋刺杀事件为由，正式撤销赵国，罢黜赵王张敖，改封宣平侯。之前做那么多，只为这一个目的。

因为张敖表现良好，又是女婿，而且他确实没有错，他的岳母吕后又极力为女婿求情。张敖虽被免去赵王，但至少还是宣平侯。张敖的结局已经是异姓诸侯王中最好的了。

张敖被免去赵王，但新的赵王任命很快就下来了。赵王刘如意，刘邦最宠爱的妃子戚姬为刘邦生的儿子。

刘如意是刘邦的幼子，又是戚姬所生。子以母贵，刘如意很是受宠。刘邦撤掉女婿，换上儿子。这又是刘邦变异姓诸侯王为同姓诸侯王的标准操作。

刘邦北上扫平韩国，回来的路上顺便解决赵国。看到这里是不是感到很熟悉，有一种似曾相识的感觉？对！这就是历史上著名的假途灭虢之计。只不过，当初人家晋国用的是宝马玉璧，刘邦不用这些，直接开骂，这个风格果然很刘邦。看谁还敢说刘邦不读书？人家不仅会读书，还能学以致用。

刘邦对赵国极为看重。统领赵、代边兵的陈豨又行事高调，处在风口还不知收敛。新任赵相周昌早就注意他了。

刘邦是伪装成亭长的游侠。陈豨在发迹之前也是游侠，而且他也有一个偶像，跟刘邦崇拜的是同一个人——魏国的信陵君。刘邦喜欢陈豨的原因就在这里。

陈豨仰慕战国风尚，家中也是门客近千。从边地返回中原度假的时候，陈豨也带着这些门客一起走，排场那是相当大，路过邯郸时，城里的馆舍几乎住满陈豨的宾客，随行的车辆有一千多。如此规模，如此高调，想不让人注意都难。赵相周昌求见刘邦当面控告陈豨，要求严查此人。

周昌的理由是陈豨宾客幕僚甚多，又多年领兵在外，恐其有变。周昌就是看不惯陈豨的高调，认为这人有点过于嚣张，摆明就是想收拾陈豨。

刘邦派人调查陈豨门客在代地的不法行为。以陈豨的作风，他的那些门客也不会是安分守己之人，违法乱纪的事自然是少不了。果然，调查结果触目惊心，陈豨门客们在代地留的案底有点多，其中不乏重特大案件，更重要的是很多事情都与陈豨脱不开关系。

陈豨得知周昌在查他，当时就慌了。他很清楚，以他干的那些事真要追查下去，他就危险了。

韩王信听说陈豨被调查却很高兴，赶紧派大将王黄、曼丘臣等人去诱降，拉人下水。这时，又赶上刘邦的父亲病逝，刘邦派人召陈豨回朝。陈豨称病不去。他知道，去了，就回不来了。可是，就这么拖下去也不是办法。

汉十年（前197）九月，陈豨在代地谋反，自立为代王，起兵攻略赵国。刘邦闻讯亲自带兵平叛，率急行军来到邯郸，不见叛军踪影，不禁大喜，对人说："陈豨不南下据守邯郸而阻漳水为垒，我就知道他不会用兵，对付他很容易。"

赵相周昌向刘邦汇报战况："常山二十五城，失守二十城；请诛杀失城守、尉。"刘邦说："那些守、尉反了吗？"对曰："未反。"刘邦说："既然未反，那就是能力不足，不用治罪。"

刘邦令周昌选赵国壮士可令为将者。被选出的四人来见皇帝，却不料遭到皇帝的兜头痛骂。刘邦骂道："你们也配为将？"四人被骂伏地不起，连头也不敢抬。谁知，骂过之后，刘邦又封四人千户侯，拜为将军。这番操作把手下人彻底弄蒙了。

大臣们赶紧劝谏说追随陛下入蜀、汉，伐西楚的旧部很多尚未得到封赏。这些人未立尺寸之功，就获如此大封，怕是不合适吧？刘邦说："这些岂是你们能懂的？陈豨反叛，赵、代皆为陈豨所有。我以羽檄征天下兵，至今未到，如今只有邯郸兵可用。我用区区四千户，就能得到邯郸子弟的拥护！何乐而不为呢？"大家这才恍然大悟，原来是自己格局小了。

刘邦听说陈豨手下的将领许多是商贾出身，这就知道该怎么办了。又到了陈平出场的时候了，用重金收买离间敌方将领，这是陈平的专长。当年，对付项羽用的就是这招。陈平出手，果然不同凡响。在陈平的金钱攻势下，陈豨的很多部下向刘邦投降。用计瓦解陈豨部将，使其归降，这是陈平六出奇计的第六计。

汉十一年（前196）冬，刘邦驻军邯郸。陈豨手下大将侯敞率兵一万为各路叛军后援。韩王信的部将王黄率骑兵一千驻曲逆。张春率兵一万渡河攻聊城。汉将郭蒙出击，大破叛军。

太尉周勃由太原北上进入代地，围攻马邑。叛军赵利守东垣，被刘邦带兵攻下。刘邦将其改名为真定。

刘邦悬赏千金捉拿叛将王黄、曼丘臣，重赏之下，必有勇夫，这两人很快就被绳捆索绑押到刘邦面前，他们都是被自己的部下出卖的。背叛者终将为人所背叛。这两人都是叛军的大将。他们的被俘，对陈豨是相当大的打击。陈豨军不久即败走塞外。

淮阴侯韩信称病，不肯随军出征，却暗中派人与陈豨联系。韩信谋划率家臣趁夜诈称有诏赦免官徒、奴婢，率领这些人发动兵变袭击吕后。部署已定，只等陈豨那边有消息就行动。

这时，韩信的一个门客犯罪被其囚禁。韩信本想杀了此人，还未来得及动手。这个门客的弟弟就上书吕后声言韩信要反。吕后想召韩信进宫，又怕韩信不来，反而惊动对方，于是就找来相国萧何商议。吕后这招不可谓不高明，萧何与韩信的关系，众所周知，让萧何出面，韩信不会怀疑。

而韩信果真要谋反，萧何即使不参与，也要首先控制住，避免他被韩信抢走。

听到风声，先控制萧何，就掌握了主动，再以萧何的名义召韩信，就更有把握了。

吕后假称有使者从前线归来，声言陈豨已死，叛乱平定。列侯、群臣都已入宫朝贺。相国萧何骗韩信说："听说你有病在身，但今天这个场合，你还是出席一下为好。"韩信还不知萧何已被吕后控制，听信了萧何的话，结果刚进宫就被吕后预先埋伏的武士擒拿。吕后立即令人将韩信斩杀。韩信死前大喊："悔不用蒯通之计，竟死于妇人之手。"

刘邦回到洛阳，听到韩信的死讯，且喜且怜，表现出一言难尽的复杂心绪。刘邦询问吕后："韩信死前说过什么话没有？"吕后说："韩信说他后悔没用蒯通之计。"刘邦说："知道啦，是那个齐国的辩士蒯通。"

刘邦立即下诏令齐国逮捕蒯通。皇帝想抓的人，当然跑不了。蒯通被押到刘邦面前，刘邦质问他："是你教韩信谋反的吗？"蒯通回答："是的，臣确是教过他自立，可惜，他不用臣计，不听臣言，才落得今天这个下场；如果他肯用臣计，陛下怎么能这么容易就杀了他呢？"刘邦大怒，下令将蒯通烹杀。

蒯通大喊冤枉。这一喊，将刘邦给喊蒙了。刘邦说，是你叫韩信谋反，有什么可冤枉的。蒯通说："秦失其鹿，天下共逐之，先到者先得，彼时，各为其主。当时，臣只知韩信，不知陛下。天下想要称王称霸的人何其多，难道都要烹杀吗？"刘邦想想认为有理，便放了蒯通，饶他性命。

陈豨败走，代地失而复得。刘邦按照他的标准操作，又立儿子刘恒为代王，都晋阳。

刘邦征讨陈豨时，征兵于梁。但是梁王彭越称病不出，只派部将领兵去邯郸报到。

刘邦大怒，派使者责备彭越。梁王彭越害怕了，这就要亲自去向刘邦认错谢罪。

他的部将扈辄说："当初，皇帝征召，您不去，如今受到责备才去，这是欺君之罪。去了，必为所擒。不如发兵反了。"彭越其实不想谋反，只想做他的诸侯王。因此未听扈辄的话。但梁国的太仆有罪，得知此事，立即向刘邦告发说梁王与扈辄密谋造反。

刘邦趁彭越不备，突然派人将其抓捕，押在洛阳。有司治"反形已具，请论如法"，就是说彭越谋反，证据确凿，请依法将其处斩。这当然是有司秉承上意做出的审定。但刘邦清楚，彭越没想造反，于是只将彭越贬为庶民，发配蜀地。

彭越被押送着一路西行，路上与从长安东来的吕后相遇。彭越看见吕后犹如见到久别的亲人，当着吕后的面痛哭流涕，说他是冤枉的，事到如今，不求别的，只想回昌邑老家，做个普通的布衣百姓就心满意足了。吕后满口答应，带着彭越一起东归。

彭越以为他遇到的是救星，却不料是克星。刘邦没想杀他。但吕后是真的想。已经杀了韩信，再多杀一个，也不算多。

到了洛阳，吕后来见刘邦说："彭越非等闲之辈，将其发配蜀地，早晚都是祸害；不如杀之，我将他带回来了。"于是，吕后叫彭越的舍人告发彭越再度谋反。廷尉奏请杀彭越三族，这次刘邦批准了。三月，彭越被夷三族，枭首洛阳。彭越的尸体也被做成肉酱。

三月，彭越被杀。

七月，黥布就反了。

这个也容易理解，去年杀韩信，今年杀彭越。这么算，明年就轮到他了。

兔死狐悲，物伤其类。

韩信死的时候，黥布就已经心惊胆战，惊恐不安。如今的黥布已如惊弓之鸟，整日坐卧不宁，心生恐惧。

就在黥布担惊受怕、惶惶不可终日之时，他及时收到了刘邦跟吕后送给他的礼物，一罐肉酱。彭越死的时候，尸体被做成肉酱，遍赐诸侯。

使者到淮南的时候，黥布正在打猎，见到肉酱，得知来由，当即大惊失色。联系人彘事件，这个恐怖艺术很可能是出自吕后的主意，目的其实特别简单，逼反黥布。刘邦已经老了，他的身体也是一天不如一天了。要趁老头子还能动弹，帮她跟儿子铲除这最后一位有实力的异姓诸侯王。

黥布果然没有辜负吕后的期望，过程不必细说。直接说结果吧，黥布在淮南起兵谋反。

刘邦再次召集众将，大家的反应还是出奇一致，连台词都是上次问韩信时用过的："发兵击之，坑竖子耳！"

汝阴侯滕公召前楚令尹薛公问话。薛令尹说："黥布反叛很寻常，不意外。他早晚会反。"滕公说："皇帝裂地而封，疏爵而王。何故谋反？"令尹说："前年杀韩信，今年杀彭越，此三人，同功一体，黥布自疑大祸将至，所以必反。"滕公将薛公的话汇报给皇帝。

刘邦当即召见薛公，询问对策。薛公说："黥布谋反不足为怪。黥布有上、中、下三策可选，如选上策，山东恐非国家所有；选中策，胜败未可知；选下计，陛下就可安枕而卧。"刘邦问："何为上计？"对曰："东取吴，西取楚，并齐取鲁，传檄燕、赵，固守其所，崤山以东非汉所有。"又问："何为中计？"答曰："东取吴，西取楚，并韩取魏，据敖仓之粟，塞成皋之口，胜败之数未可知。"再问："何为下计？"对曰："东取吴，西取下蔡，归重于越，身归长沙，陛下可高枕而卧。"

刘邦说："依你之见，黥布会怎么选？"答："出下计。"刘邦问："黥布为何不用上计、中计，而要用下计？薛公说："黥布，原本是骊山囚徒，见识浅薄，思虑不到那么长远。他只顾眼前之利，所以，臣说黥布必选下计。"

刘邦对薛公的回答很是满意，当即封赏薛公食邑千户。既然黥布谋反，那他的淮南王当然就被罢免。

刘邦还是相同的操作，换下一个异姓诸侯王，换上一个儿子做诸侯王。刘邦立儿子刘长为淮南王。以同姓取代异姓，刘邦的这套系列操作，到此基本大功告成。

刘邦比之前还有进步。此前都是平定一个异姓诸侯，再封一个同姓诸侯。这次，仗还未打，就封王。为何这么心急呢？因为刘邦已经病了。他也不知能不能挺过这关，清除异姓诸侯王的行动，关乎社稷，关系重大，必须在他有生之年处理好。他才能放心去。

刘邦当时卧病在床，就想让太子领兵，去淮南平定黥布叛乱。

太子的幕僚东园公、绮里季、夏黄公、角里先生赶紧找到太子的舅舅建成侯吕释之说："太子将兵，有功则位不益，无功则受此祸。君当急请吕后，找机会在皇帝面前哭诉：'说黥布乃当世猛将，善用兵。军中众将都是皇帝故旧，太子领兵，这些人恐不听命，不肯为用。皇帝虽病，亦当强起，则诸将不敢不尽力。皇帝虽苦，但为妻子着想，还是御驾亲征为上！'"

于是，吕释之连夜来见吕后，将话转述吕后，请吕后看准时机对皇上言明。吕后当即照办，为了儿子，吕后也是拼了。

在吕后的哭诉下，刘邦只得亲自带兵东征。

留守群臣都到霸上来为刘邦送行。张良虽有病在身也来了。张良对刘邦说："楚人剽疾，不要与之正面争锋！"又劝说刘邦令太子领关中兵。这后面的话，才是张良此行的真正目的，为太子争兵权。

刘邦也知道张良与吕后暗中往来密切，而且这次强迫他出征，张良也是主谋之一。但太子身后的吕氏外戚势力强大，丰沛功臣集团大都心向太子。张良一个外来功臣，自然也不会违逆众意。张良做如此选择也很正常。

刘邦以叔孙通为太子太傅，张良为太子少傅，留在长安辅佐太子，又发上郡、北地、陇西车骑、巴蜀材官及中尉兵三万人为皇太子护卫，驻军霸上。

黥布起兵时对部下说："皇上老了，早已厌倦征战，必定不会亲自来。派众将来，大将之中只有韩信、彭越能战，如今都死了，剩下的人不足为惧。"

黥布只怕三个人，刘邦、韩信，还有彭越。别人，他是不怕的。黥布这么说当然是为鼓舞士气，同时也是壮胆。

黥布果如薛公之言，东击荆国。荆王刘贾兵败死于富陵。黥布将荆国余部收编，渡淮击楚。楚军一分为三，想以此布阵，彼此为援，缓急相救。

有人劝说楚将："黥布善用兵，民皆畏之。兵法：'诸侯自战其地为散地。'今分为三军，敌败一军，其余两军必散走，如何相救！"楚将不听。黥布破其一军，剩下二军果然逃散。

黥布得胜引兵西进。刘邦大军与黥布遇于蕲西。黥布兵精，刘邦筑垒于庸城，望见布军布阵如同当年的项羽，这引发刘邦想起当年那些不愉快的回忆，因而对黥布更加憎恶。

两军对阵，刘邦与黥布遥遥相望，两人开始在阵前喊话，刘邦问黥布："为何谋反？"黥布的回答相当坦诚："想做皇帝！"其实，刘邦也知道，这是黥布故意这么说来气他的。刘邦大骂黥布，两军随即开打，一场混战，黥布不敌，一路败走，渡淮南奔。

其间双方又大战数场，最后黥布只剩百余人，渡过长江南逃。黥布大势已去，刘邦令部将追击。他率大军北返。

路过沛县，刘邦停下来，与家乡父老相聚一堂，共叙离别之情。刘邦置酒设宴，款待乡亲，故旧亲朋悉数到场。

大家一起把酒言欢，说起当年的趣闻旧事，引发人群阵阵欢笑。酒酣之际，欢快的气氛达到高潮，刘邦起舞高歌：

大风起兮云飞扬，

威加海内兮归故乡，

安得猛士兮守四方！

一首《大风歌》唱罢，刘邦慷慨伤怀，泣数行下，对沛县父兄说："游子悲故乡。朕自以沛公诛暴逆，遂有天下；今以沛为朕的汤沐邑，世代免去赋役。"欢饮十余日，刘邦才依依不舍地离开故乡。

黥布逃亡，很快就被诱杀，淮南叛乱平定。

荆王刘贾被杀，刘邦在原地设吴国，以二哥刘仲之子刘濞为吴王，这个刘濞就是后来七国之乱的祸首。

南线告捷，北线也捷报频传。周勃率军连续收复代郡、雁门、云中，斩陈豨于当城。

陈豨之反，燕王卢绾发兵击其东北。当时，陈豨派王黄向匈奴求救；燕王卢绾也派使臣张胜去匈奴交涉。原燕王臧荼之子臧衍在匈奴，见到张胜趁机挑拨离间说："您之所以受到重用，在于熟悉边情；燕所以能久存，是因为诸侯数反，兵连不决。现在您为燕，欲急铲除陈豨，却不知陈豨亡，次必及于燕，到时您也得逃亡。不如令燕国暂缓攻击陈豨，而与匈奴讲和谈判！如此可以长保富贵。"

张胜被说动竟私下叫匈奴助陈豨攻击燕国。张胜的这番吃里扒外的举动，自然引起燕王卢绾的怀疑。

燕王卢绾当即上书请以叛国罪诛杀张胜全家。张胜回来，将事情经过都告知卢绾。想不到，燕王卢绾也被说服，随便找个人替张胜顶罪，又派张胜出使匈奴。燕王卢绾又派范齐到陈豨那里，想让陈豨逃亡塞外，只要战事不结束，他的位置就稳固。

汉军击斩陈豨，手下裨将投降，将燕王卢绾派范齐与陈豨通谋的事都招了出来。

刘邦派使者召卢绾进京，卢绾称病不去；这也是诸侯王对抗朝廷的基本套路，从韩信到陈豨，从彭越到卢绾，大家都是按同一流程操作。刘邦听说卢绾病了，派辟阳侯审食其、御史大夫赵尧去探望。

御史大夫是主管司法的官员，哪有派司法官员去探病的。卢绾越发恐惧，对亲信部下说，往年春，杀韩信；夏，诛彭越，皆出吕后。皇上病重，吕后专权，专欲诛异姓王。

卢绾于是称病不出。审食其将消息探听明白就回来报告。不久有匈奴降者来，说张胜在匈奴为燕国使臣与叛军相往来。刘邦终于确定，卢绾谋反属实！

刘邦令樊哙将兵讨伐卢绾，同时，他又册立儿子刘建为燕王。

在他的生命即将走到尽头时，刘邦终于完成他心心念念的以同姓诸侯取代异姓诸侯的战略布局。

刘邦征黥布时，为流矢所伤，路上伤情加重，等回到长安，已经病势沉重。吕后找来大夫为刘邦诊治。大夫看到伤情说："还能治好。"刘邦听后，破口大骂："我以布衣提三尺剑取天下，这是天命！我命在天，虽扁鹊何益？"将大夫赶走。但刘邦骂归骂，出手大方，赏赐大夫黄金五十斤，将其罢遣。

吕后问："陛下百岁后，萧相国既死，令谁代之？"刘邦说："曹参可以。"问其次："王陵可以，但此人专戆，陈平可以做他的助手。陈平智有余，但是难独当大任。周勃重厚少文，但将来保住刘氏天下的必是此人，可令其为太尉。"吕后再往下问，刘邦就不回答了。

不久，刘邦崩于长安长乐宫。卢绾率数千人居塞下，闻帝崩，亡入匈奴。

刘邦在死前终于完成用同姓诸侯取代异姓诸侯的布局，但他能做的也只有这些了。

能做到这些其实已经很不容易。称帝以后，刘邦处心积虑，南征北战，就是为了从异姓诸侯王那里夺过封国交给儿子们。异姓诸侯不可靠，只有儿子才靠得住。

但正如刘邦对吕后的回答，他只能预见到萧何、曹参，至于后面的事情只能交给儿孙自己去做了。

一代人有一代人的使命。

汉高祖刘邦完成从异姓诸侯到同姓诸侯的转变。

汉文帝刘恒完成对功臣集团的处置。

汉景帝刘启完成对同姓诸侯的削藩。

汉武帝刘彻完成对匈奴的讨伐。

当异姓诸侯消失，同姓诸侯最终确立。楚汉争霸的历史才真正结束。